国景点索引

亲历者Let's Go
丛书修订说明

2011年，我社推出的“亲历者Let's Go”系列图书出版以来，受到了众多读者的关爱，获得了市场的认可。其中，《美国旅行Let's Go》《欧洲旅行Let's Go》《澳大利亚旅行Let's Go》等书，在一年之内数次加印，取得了较好的销售业绩。

许多旅友纷纷通过微博、邮件以及电话等方式，向我们提供国外最新的旅游资讯，给我们邮寄拍摄的风光图片，并期望我们能逐年改版修订，使信息更加准确，图片更加漂亮，内容更加实用……

我们深知，广大旅游爱好者对我们的信任，就是我们的动力，更是编者与作者的莫大荣幸！

有鉴于此，我们将2011年出版的“亲历者Let's Go”系列图书，进行了一一修订，重新核实了旅游信息，更换了部分图片，变化了图书色彩。力争在延续以往的风格之下，竭力为读者提供更加准确的讯息，带来更多的阅读快感，减少在境外旅游的障碍。如能达到这一目的，便是编者与作者的最大心愿。

具体来说，在这次修订的过程中，我们主要做了如下工作：

一、重点核实了各使领馆及相关旅游资讯

由于各国驻华机构的信息每年都有一些变化与更新，为了避免读者在使用的过程中造成不便，我们在这次修订的过程中，重点对各驻华机构的地址、电话等信息进行了核实。同时，我们也对各景点的门票、电话、交通、地址、住宿等信息进行了逐一核对，以因此确保书中的资讯处于最新、最近的状态。

二、对内文的色彩进行了重大调整

在2011年版的“亲历者Let's Go”内文中，由于没有考虑到色彩的搭配，内文的色彩较为单一，没有太多的变化。这次，我们吸收了广大读者的意见，采取了一个地方一个主色调的方式，使内文的色彩变得更加活泼，更有层次，减少了之前一成不变的呆板。

三、更新了一大部分漂亮的风光图片

“好图片”是旅游图书的生命力。读者在去某一个地方游览时，除了热爱当地的人文风情外，更会对那些绝美的风景，情有独钟。所以，适时地更换书中的图片，对图书质量的提升，大有裨益。这次，我们重点对书中那些具有标志性意义的风光图片，进了更新。细心的读者只要翻开一看，定会有不同的发现。

……

我们深知，出版系列的境外游图书，是一项繁重的工作，而每年的修订工作，更是凝集了众多旅友和作者的心血。由于旅游信息的不断变化，也限于编写者的局限，书中的信息难免会出现错误或疏漏之处。

为此，本书的编委会恳请广大读者在境外旅行过程中，能为我们提供最新、最权威的旅游信息，以便我们在下次改版时进行完善和补充。众所周知，无论什么图书的出版，要想变得更加成熟与完善，都需要广大读者的帮助与支持，才能使书中的内容更臻完美，也才能为更多的读者提供服务！

编者在这里静候您的批评与指正！祝每一位出境游者：旅途愉快，万事如意！

投稿或意见信箱：
邮箱：tiedaoly@163.com; bjztyj@126.com

下一站美国

去美国旅行要做的10件事

1. 到西海岸最大的都会洛杉矶一睹名人豪宅的风采。
2. 登上钻石山，俯瞰Wakiki海滩和Honolulu美景。
3. 到洛杉矶看内华达山脉的高耸山地和令人肃然起敬的莫哈韦沙漠。
4. 去迪士尼乐园疯狂地玩一次，找回童年的快乐。
5. 到夏威夷的DFS环球免税店，体验畅通无阻的奢华购物给你带来的绝妙感受。
6. 去好莱坞体会“梦幻工厂”的独特魅力。
7. 参观珍珠港，感受历史遗迹带给我们的震撼。
8. 去美国无处不在的Tommy Bahama吃饭。
9. 到亚利桑那州的大峡谷国家公园，体验自然奇迹带给你的震撼。
10. 到爵士乐的发源地新奥尔良参加为期一周的Mardi Gras狂欢节。

Why 美国旅游有问必答

1.问：美国旅馆有开水供应吗？

答：美国一般的小旅馆都是没有水壶的，好一点的酒店会有咖啡壶提供，所以你只要不装咖啡只装水，就差不多能当热水壶用。只是用它烧水的话，大概只能烧到70～80℃。如果你有喝开水的习惯的话，可以自带电热水壶，也可以去餐厅打热水，这两个办法都是可行的。

2.问：夏威夷的毛伊岛和可爱岛哪个更值得游玩？

答：其实选择在哪个岛上游玩，还是要根据个人的喜好来定的。但如果非要在这两个岛上二选一的话，毛伊岛或许更值得去。毛伊岛上有火山，有美丽的Kanapali海滩，还有Road to hana， 都是非常值得体验的。

如果你喜欢打高尔夫球和开车兜风，毛伊岛也会是不错的选择，还可以到Lahaina旧镇观看鲸鱼游泳。而可爱岛相对来说，更适合新婚蜜月，这里有超大的游泳池提供。

3.问：带8岁的孩子去美国，办理签证时需要面试吗？

答：8岁孩子是不需要面签的，但是表格还是要填，就是DS160，正在就读的学校也要出具在校证明。家长则需要有完备的旅行计划，包括去哪些城市，酒店名称，停留多少天等等，机票可以先预订，不出票，拿行程单过去签证。

4.问：自驾去旧金山怎样玩？

答：旧金山市区内停车的地方还是有很多的，所以无论住在哪都不必担心停车问题。至于景点，驱车前往金门桥、艺术宫、双峰山等旅游景点，都是可以停车的。在具体的住宿方面，如果你住在郊区酒店名带“Airport”的三星级酒店，设施上会跟市区内的四星级酒店差不多，但是价格会便宜不少，在这些酒店开车到市区也就25～30分钟。然而，住在市中心肯定是很贵的了，而且晚上市区会比较吵闹，也不安全，因为旧金山的夜晚常有很多流浪汉在街上出没。

驴妈妈旅游网

旅游书架

美国旅行

亲历者

亲历 亲闻 亲拍

亲历者旅行指南

Let's Go

《亲历者》编辑部 编著

图书在版编目(CIP)数据

美国旅行 Let's Go/《亲历者》编辑部编著.–2版—北京：中国铁道出版社，2012.7

(亲历者)

ISBN 978–7–113–14609–2

Ⅰ. ①美… Ⅱ. ①亲… Ⅲ. ①旅游指南—美国 Ⅳ. ①K971.29

中国版本图书馆CIP数据核字（2012）第084221号

书　　名：美国旅行 Let's Go

作　　者：《亲历者》编辑部 编著

策划编辑：聂浩智

责任编辑：娄建国

版式设计：常美玲

责任印制：郭向伟

出版发行：中国铁道出版社（北京市西城区右安门西街8号　邮码：100054）

印　　刷：北京精彩雅恒印刷有限公司

版　　次：2011年3月第1版　　2012年7月第2版　　2012年7月第4次印刷

开　　本：889 mm×1194 mm　1/24　印张：13　插页：1　字数：383千字

书　　号：ISBN 978–7–113–14609–2

定　　价：49.80元

前言

美国旅行跟我走！

美国，是很多游客向往的国家。那里不仅有让人迷醉的滨海风光，还有让人百看不厌的大陆奇景；不仅有变幻莫测的特色地貌，还有四季长青的热带风韵；不仅有传奇的西部热土，还有蛮荒的土著聚落……除了这些，美国还有引领潮流的现代化都市。这一切吸引了每一个想要前往美国的人，难怪目前在中国正掀起“每个城市停留两小时，一次旅行转遍全美”的旅游热潮。

《美国旅行Let's Go》一书正是在这种“慢”旅游热潮之下诞生的，它以亲历者的视角讲述了美国热门旅游景点，系统地搜罗了美国著名旅游圈让您全方位的了解美国各州的独特的文化，更深入的体验美国。翻开本书，你会找到你渴望已久的旅游目的地；打开目录，你会发现全美不可不看的10大景点；合上本书，你将会迫不及待地想要踏上美国之旅的征程。

在本书的指引下，你可以在纽约的华尔街第五大道尽情淘宝，你可以在美国的政治中心参观世界上最大的博物馆群，你可以在美国的雅典寻觅美国的历史……逛累了，你还可以到本书推荐的餐厅去品尝万国美食，或是去有名的娱乐场所休闲放松。

到美国一些热点度假地旅游，比如纽约、夏威夷、旧金山或是华盛顿特区，恐怕都先要准备好大笔的钞票。其实你还有个选择，就是选择那些最可承担得起的季节来到这些地方。什么时候来这些地方旅游是最划算的？地点不同，答案也不一样。那么就让这本书给你一个答案吧！

到美国旅行，不单单是将身心沐浴在阳光下、浸泡在蓝宝石一样的海水中，也不仅仅是惊叹于美国特有的文化魅力，更多的应是身体的放松，心灵的愉悦。而这取决于出行得顺畅、住得舒适、吃得香甜、游玩得欢快……作为一本“美国游”的旅游指南，本书将以上所述和游客最关心的美国旅游热点城市及其旅游圈一一收录，而且给每个重要的观光据点城市提供了最实用的“旅游资讯”，可让游客吃、住、行、玩、购诸事无忧。

最后，还要感谢黄虫、叶子·爱玩、Miaomiao、Suchao、任意东西、犀利糊涂、行色、罗博凡、Seicy.Zero、Gzcyclist、远方的风景、马丁梦笔、Peng Wang、Future、陈安琪、Francy、wendy、lyt_36、北国游子，这些朋友为我提供了许多书中的图片，借本书的出版向他们致以衷心的感谢！

美国旅行 Let's Go

最新修订抢鲜看

NEW
第四版

A 最新修订的版式色彩多变，并且清新明快，真正带来阅读快感。

B 更新了美国大部分的风光图片，让读者未见其“面”先见其“影”。

C 对美国各个地方景点的地址、交通、电话等信息进行了一一核实，成为读者前往美国旅行的GPS。

如何使用本书

A 该版块对美国的历史、地理、气候、人口、时区、货币、节日、风俗等9个方面进行了高度概括，可让读者对美国的情况有个整体认识和了解，从而使读者对自己的“美国之旅”有所把握。

B 该版块认真细致地“解剖”了旅友酷爱的3种畅游美国的玩法，其中有经典游、精华游，还有深度游。可以说，读者通过阅读该板块内容，可使自己的“美国之旅”更加从容，想怎么玩就怎么玩。

C 每个景点都有亲历者第一视角的介绍，阅读该部分内容，有一种身临其境的感觉。而重要的景点，几乎都有“了解点儿历史掌故”，读者可从中了解该景点昔日的传奇。

D “亲历者体验”是全书中最有魅力、最吸引人的板块，可以说它是全书的“宝贝”，也是全书最有生命力的地方。因为它是亲历者在讲述自己的旅游的心得体验，从中你能挖掘到旅行途中“意想不到的宝贝”。

● 美国纽约夜景

CONTENTS 目录

导读

CONTENTS 目录

美国旅行行前准备

PART1: 纽约旅游圈

CONTENTS 目录

PART2: 华盛顿哥伦比亚特区旅游圈

CONTENTS 目录

PART3: 波士顿旅游圈

CONTENTS 目录

PART4: 迈阿密旅游圈

CONTENTS 目录

PART5: 洛杉矶旅游圈

PART6: 旧金山旅游圈

CONTENTS 目录

PART7: 西雅图旅游圈

CONTENTS 目录

PART8: 亚特兰大旅游圈

PART9: 芝加哥旅游圈

CONTENTS 目录

CONTENTS 目录

PART11: 休斯敦—新奥尔良旅游圈

CONTENTS 目录

PART12: 丹佛旅游圈

PART13: 美国其他可游地

●尼亚加拉瀑布

FEDERAL RESERVE NOTE
THE UNITED STATES OF AMERICA
I72850099E
ONE DOLLAR

导读

1K41

美国概况零距离 ①

1 美国的历史很“年轻”

美国是一个年轻的国家，从建国到现在仅有230多年的历史。但是生活在美国境内的土著人——印第安人、爱斯基摩人却分别有4万多年和1万多年的历史，他们是美国地地道道的先民。就在400多年前，美国建立者（其中多来自英国，也有一部分来自法国、德国、荷兰、爱尔兰和其他国家）来到了美国东海岸并开始殖民生活，经过约150年的发展，在18世纪中叶逐渐形成了13个英国殖民地。

这些殖民地从建成之日起便有很强的独立意识，随着殖民地与英国之间的裂痕逐渐加大，及波士顿倾茶事件（1773年）与莱克星顿枪声（1775年）的推波助澜，美国独立的战争便开始了，从《独立宣言》（1776年7月）的发表，到英国正式承认美国独立（1783年9月3日），共经历了长达7年的斗争。美国独立4年后，在费城举行联邦会议，会议决定采用孟德斯鸠的三权分立学说组建联邦政府，并推举乔治·华盛顿为美国第一任总统。

进入19世纪，美国开始了领土扩张运动，直到夏威夷并入美国并成为美国的最后一个州，美国由最初的13个殖民地变成了拥有50个州和一个联邦直辖特区、东西濒两大洋的超级大国。期间美国经历了南北战争和两次世界大战，并且还进行了波及全球的工业化改革。随着二战的结束，美国进入了与苏联的冷战时期和反恐战争的泥潭，期间美国虽然受到了全球经济危机的影响，但无论是从经济、军事，还是文化、科技等各个方面，美国仍旧是全球头号强国。

2 需要知道的美国地理

美国本土南临墨西哥，北接加拿大，东濒大西洋，西临太平洋。这还不算北极边缘的阿拉斯加，以及远在太平洋赤道地区的夏威夷。美国幅员辽阔，地形多样。本土地势东西高，中央低，主要山脉为南北走向。东部是阿巴拉契亚山脉构成的古老山地及大西洋沿岸平原；中部是大平原，地势低平，土壤肥沃，是美国最重要的农业地区，平原西部是著名的大草原；西部是科迪勒拉山系构成的广大高原和山地，包括东侧落基山脉、西侧内华达山脉和海岸山岭，以及两山之间的内陆高原和大盆地。

美国广大的领土内包含各种自然景观。从佛罗里达温暖的海滩，到阿拉斯加寒冷的北国地带；从中西部平坦广阔的大草原，到终年为冰雪覆盖的落基山脉；其中享誉全球的是壮观的大峡谷、伟大的密西西比河，及声如雷鸣的尼亚加拉大瀑布。此外，美国的离岛众多，且多是观光胜地，像风光无限的夏威夷、充满神秘色彩的关岛等都是许多人向往的旅游胜地。

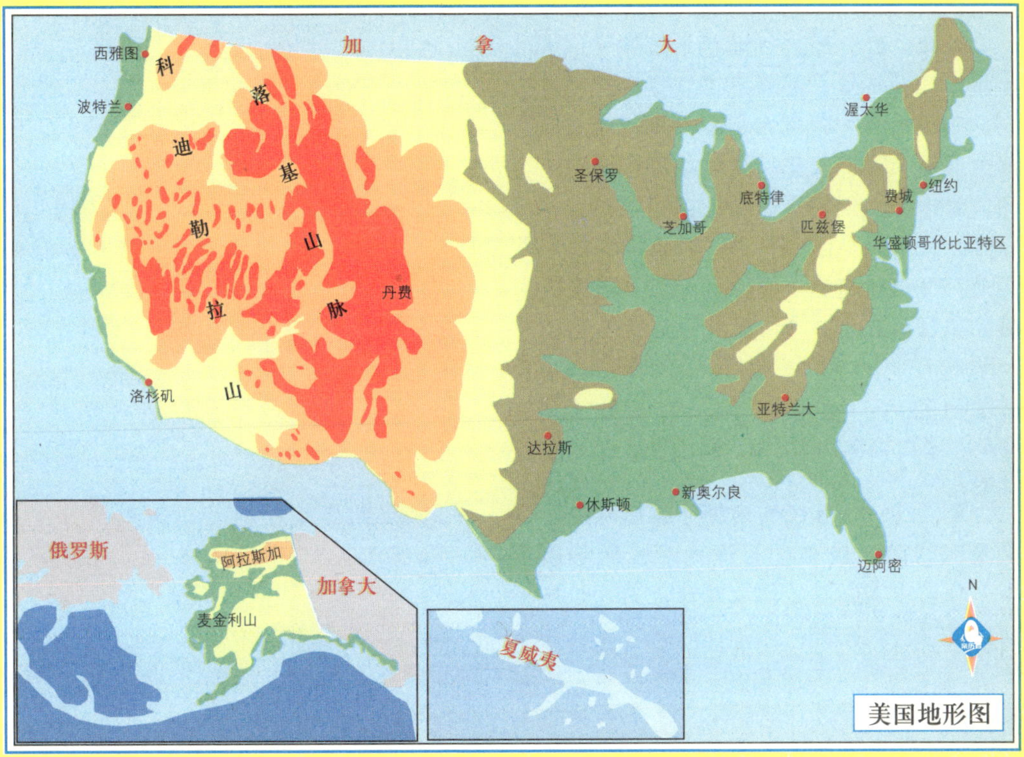

美国地形图

3 多样化的气候特征

美国地跨寒、温、热三带，世界上所有的气候类型几乎都有。美国本土位于北纬25°～49°之间，仅佛罗里达半岛南端属热带，大部分地区属温带和亚热带，气候比较适宜。阿拉斯加州位于北纬60°～70°之间，属北极圈内的寒冷气候区，冬天的冰雪期很长；夏威夷州位于北回归线以南，属热带。

由于美国幅员辽阔，地形复杂，并受不同气流的影响，各地的气候差别很大。太平洋沿岸北部属温带海洋性气候区，冬暖夏凉，雨量充沛。太平洋沿岸的南段属于亚热带地中海式气候，夏季炎热干旱，冬季温和多雨。西部高原干燥无比，山岳

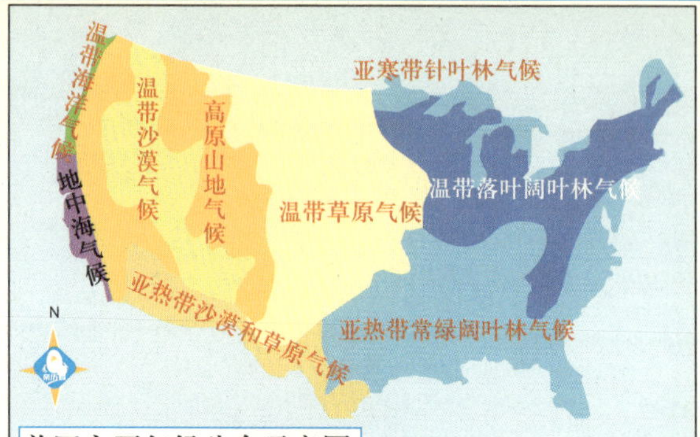

美国主要气候分布示意图

地区山势越高温度越低，年温差高达25℃。纬度的差异对温度气温的影响也很大，从哥伦比亚高原到科罗拉多高原，冬季平均气温高出10℃，夏季则更明显。

中部中央平原的气候基本上属于温带大陆性气候，冬季寒冷，夏季炎热，气温较高，湿度大。中央平原南部虽然受大西洋及墨西哥湾的影响平均气温很高，但常受来自北方寒流的侵袭。五大湖地区也属温带大陆性气候，不过由于受拉布拉多寒流和来自北方冷空气的影响，冬季寒冷的季节较长。东南部受墨西哥湾暖流的影响，温暖湿润，冬暖夏凉，但是夏末秋初墨西哥湾沿岸常有飓风侵袭。

4 复杂的人口来源

美国是一个移民的国度，人口构成非常复杂。除了土著印第安人、爱斯基摩人、阿留申人和夏威夷人等外，其人口构成主体是17世纪初从英国迁居到北美的英格兰人、苏格兰人和爱尔兰人，还有少数荷兰人、丹麦人、法兰西人、西班牙人等，当然，非洲的黑人也参与了美国民族的大融合。随着移民潮而至，大量的亚洲人、欧洲人也涌入了美国。

美国人口分布呈现出极不平均的现象，人口大部分集中在五大湖、密西西比河及大西洋沿岸附近，随着人口逐渐向西部和南部的“阳光带”迁移，西部落基山脉各州的人口迅猛增加，其中以加利福尼亚、得克萨斯和佛罗里达三大州的增长率最高。美国总人口中约有77%居住在城市地区，其中近半数集中在37个大城市。

根据美国最近的人口普查，常住人口3亿多，次于中国和印度；人口密度31人/平方千米，其中加利福尼亚州和得克萨斯州目前为美国人口最多的州。美国的族裔包括欧裔移民、非裔移民、亚裔移民等，其中亚裔移民人口有1000多万，约占亚裔移民总人口的4%，其中华人约占1%。

美国主要城市人口密度
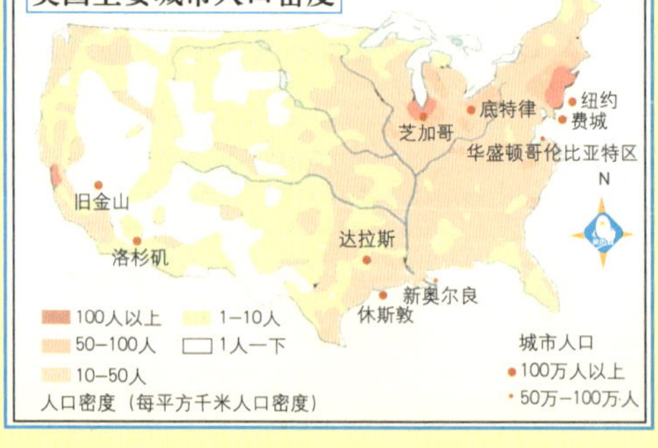

5 时区最多的国家

中国虽然横跨了5个时区（东五区至东九区），但是在任何一个角落用的都是北京时间（国际上称之为China Coast Time=CCT，也就是中国沿海时间）即东八区的时间。而美国却不同，不同时区的洲沿用不同的时间。

美国共有6个时区，除了阿拉斯加时区（Alaska Time）和夏威夷时区（Hawaii Time）外，本土有4个时区。这4个时区分别为美国东部时区（Eastern Time），华盛顿特区、纽约、波士顿、亚特兰大、费城、迈阿密均在此时区；中部时区（Central Time），芝加哥、圣路易斯、新奥尔良、休斯顿均在此时区；山地时区（Mountain Time），丹佛、凤凰城、盐湖城均在此时区；太平洋时区（Pacific Time），洛杉矶、旧金山、圣地亚哥、拉斯维加斯、西雅图均在此时区。

美国的时间分夏令时（Day Time）和

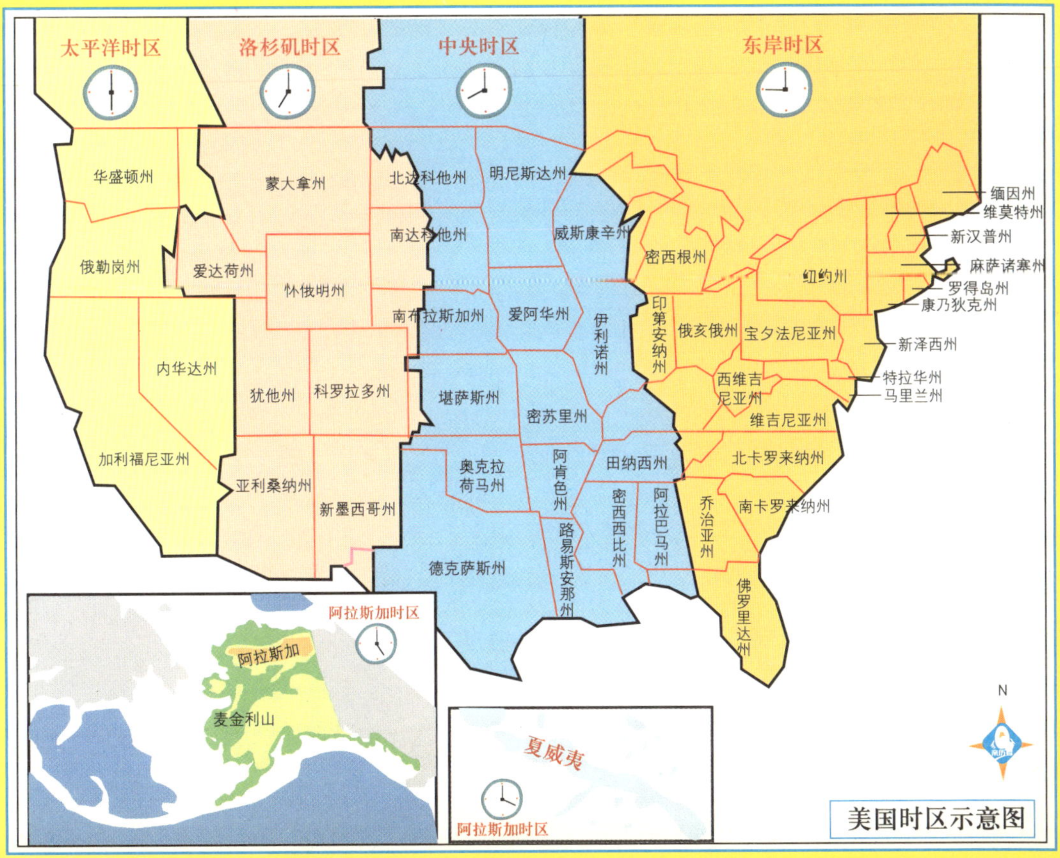

美国时区示意图

标准时（Standard Time）。夏令时始于每年3月的第2个周日，止于每年10月的最后1个周日，夏令时外则是标准时。进入夏令时，时钟要往前拨1个小时；而进入标准时，时钟在夏令时的基础上要往回拨1小时。其实计算时区有个最简单的方法，只要记住美国东部时区所在时区为西五区就行了，而其他5个时区依次类推，中部时区为西六区、山地时区为西七区，太平洋时区为西八区，另外还有阿拉斯加时区(Alaska Time)和夏威夷时区(Hawaii Time)分别为西九区和西十区（这里一定要记住，这是针对标准时而言的）。由于夏令时要将时钟拨快1小时，因此全部+1小时。

教你简单计算中美时差

北京时间=美国时间+时差（因为北京时间早于美国时间）

中美标准时差，即美国标准时间与北京时间的时差：

1. 东部时间：−13
2. 中部时间：−14
3. 山地时间：−15
4. 太平洋时间：−16
5. 阿拉斯加−夏威夷时间：−18

中美夏令时时差，即美国夏令时间与北京时间的时差：

1. 东部时间：−12
2. 中部时间：−13
3. 山地时间：−14
4. 太平洋时间：−15
5. 阿拉斯加−夏威夷时间：−17

北京与北美主要城市时差速查表

蓝色部分为当天时间 黄色部分为提前一天时间

北京时间	0	1	2	3	4	5	6	7	8	9	10	11	12	13	14	15	16	17	18	19	20	21	22	23
美国东部	11	12	13	14	15	16	17	18	19	20	21	22	23	0	1	2	3	4	5	6	7	8	9	10
美国中部	10	11	12	13	14	15	16	17	18	19	20	21	22	23	0	1	2	3	4	5	6	7	8	9
美国山地	9	10	11	12	13	14	15	16	17	18	19	20	21	22	23	0	1	2	3	4	5	6	7	8
美国西部	8	9	10	11	12	13	14	15	16	17	18	19	20	21	22	23	0	1	2	3	4	5	6	7
阿拉斯加	7	8	9	10	11	12	13	14	15	16	17	18	19	20	21	22	23	0	1	2	3	4	5	6
夏威夷	6	7	8	9	10	11	12	13	14	15	16	17	18	19	20	21	22	23	0	1	2	3	4	5
下表为美国夏令时时间对照表：夏令时时间从3月第二个星期天凌晨2：00到11月第一个星期天凌晨2：00																								
美国东部	12	13	14	15	16	17	18	19	20	21	22	23	0	1	2	3	4	5	6	7	8	9	10	11
美国中部	11	12	13	14	15	16	17	18	19	20	21	22	23	0	1	2	3	4	5	6	7	8	9	10
美国山地	10	11	12	13	14	15	16	17	18	19	20	21	22	23	0	1	2	3	4	5	6	7	8	9
美国西部	9	10	11	12	13	14	15	16	17	18	19	20	21	22	23	0	1	2	3	4	5	6	7	8
阿拉斯加	8	9	10	11	12	13	14	15	16	17	18	19	20	21	22	23	0	1	2	3	4	5	6	7

地区/时区	美国东部	美国中部	美国山地	美国西部
美国主要城市	纽约 华盛顿 费城 匹兹堡 亚特兰大 巴尔的摩 波斯顿 底特律 迈阿密	芝加哥 达拉斯 新奥尔良 圣路易斯	丹佛 休斯敦 盐湖城	丹佛 休斯敦 盐湖城
加拿大主要城市	蒙特利尔 多伦多 太华	丘吉尔巷	埃德蒙顿 温尼伯	温哥华

6 美国的流通货币

目前1美元约合3.3103元人民币，美元与人民币之间的汇率每天都在变。美元常见面额货币有1、2、5、10、20、50、100美元7种，少见的面额纸钞有500、1000、5000与10000美元4种，硬币有1、2、5、10、25、50美分6种。虽然美国货币种类非常多，但是美国人消费通常使用信用卡或个人支票而很少使用现金。

美元的颜色与大小都差不多，因此使用时要认真辨认。在美国使用美元时，要注意以下具体细节：

◆1美元、5美元、10美元、10美元的纸币和25美分的硬币是最常用的。打电话只收5美分、10美分、25美分的硬币，1美分是不收的。切记10美分的硬币要比5美分的硬币小得多，使用时别拿错了。

◆买东西时，店家有可能会说“nineteen ninety nine”，这时你就需要支付19.99美元了，因为它是“Nineteen dollars and Ninety nine cents”的省略说法。

◆1美分硬币叫penny，5美分硬币叫nickel，10美分硬币叫dime，25美分硬币叫quarter，1美元硬币即是dollar。

◆1dollar=100cents（分），1quarter=25cents，1dime=10cents，1nickel=5cents。

7 通用语言是美式英语

美国官方语言为英语。由于西班牙裔在美国的影响比较大，所以说西班牙语使用也很普遍。另外，美国很多城市的唐人街上基本是中国人，汉语在那里也可以使用。如果对于英语不太熟悉的人，可以随身携带一个电子词典，以便应付一些场合，如点菜、填表格等。

除了口语，美国人使用肢体语言比较多。比如，耸肩而面带不高兴的表情表示惊讶，耸肩而面带笑容则表示肯定，食指和中指松成“V”字形，表示“胜利、加油、鼓励”，拇指和食指构成“6”字形，表示“对、同意、很好”之意。

美国人讲话时，身体随时都在动，也传达着重要的信息。讲话时，身体不能向后仰、不能距离讲话者太远，应该面对对方、身体微微向前倾以示尊重。拇指与食指摩擦发出响声表示鼓励、支持或有了一个新的主意；两手交叉在一起或放在腰间表示要打架的姿势；手掌朝上向来回运动表示招呼人过来；单用食指表示挑衅或不礼貌的行为，但可用来招呼动物。

8 美国法定假日

美国的节日，有美国联邦政府法定假日和其他节日之分。联邦法定假日共有10个，第一个是1月1日的新年；第二个是1月第3个周一的马丁·路德·金的生日纪念日，这是美国最新的全国假日；第三个是2月中旬的总统日，时间定在华盛顿生日（2月22日）与林肯生日（2月12日）中间的一个周一；第四个是5月最后1个周一的阵亡将士纪念日，这也是美国传统节气中夏季的开始；第五个是7月4日的美国独立日；第六个是9月第一个周一的劳动节，它也是美国传统节气上夏季的结束；第七个是10月第二个星期一的哥伦布日，人们认为这一天是哥伦布发现美洲大陆的日子；第八个是11月11日的退伍军人节，最早称为停战纪念日，纪念第一次世界大战的休战；第九个是11月最后一个周四的感恩节，

这一天家庭成员要在一起聚餐，主餐一般是一只烤火鸡，大家一起感谢上苍的保佑；第十个便是12月25日的圣诞节。

在法定假日期间，美国的邮局、银行、政府部门及许多私人商务是不营业的。因为美国联邦政府雇员一般无需在联邦法定假日上班，美国一些州或地方政府、公立学校大多将联邦假日作为雇员休息日。私人企业、公司则往往有选择地将某些联邦假日作为休息日。

9 入乡随俗的那些事

美国人很爱“付小费”

美国是一个“小费至上”的国家，无论是就餐，还是住宿；无论是坐出租车，还是理发，在多数情况下，只要你享受了

服务，就应该付小费。

1. 就餐付小费的情况最多

在美国餐厅吃饭，侍者提供了服务，绝对要付小费。若是在像麦当劳这样的快餐店用餐，到柜台点完餐回到座位上去吃，就不需要给小费。一般的情况下，午餐的小费要付整体消费额的10%～15%，晚餐要付15%～20%，但是如果人数超过5人，则你必须付18%的小费，高级餐厅则需要付20%的小费，否则就算失礼。

在餐厅付小费有两种常用的方法，一种是把现金直接留在桌上，而且现金中至

少要有一张纸钞。如果没有零钱，则可以用信用卡付小费，方法是在账单上自己签上小费的数目及总和。由于小费是付给帮你点菜并给你提供其他服务的人，所以其他服务员没有义务帮你做事。

2. 旅馆住宿付小费有技巧

在美国住宿，支付小费一般是在早上出门前将纸钞放在床的枕头上。如果住的是平价旅馆，1美元即可；如果住的是高级旅馆，就需要多付一些。住宿时如果门房帮着提行李上楼，也需要给小费，一般是1美元的纸钞。

3. 坐出租车付小费

在美国乘坐出租车，一般是付总消费额10%的小费，如果高兴也可以付15%，如果司机帮你搬行李，则要多给1美元的小费。给小费时，你可以跟他说“Keep the change”，或是直接拿纸钞给他，说“Thank you very much”就可以了。

4. 理发时的小费

在美国的理发店理发，男人付10%～15%的小费就够了，女人的话，则需要多付一些，帮你拿外套的那个人要付1美元的小费，帮你洗头的人要再付1美元小费，最后帮你剪发的设计师还要再付消费额15%的小费。

5. 其他付小费的情况

在美国有些Night Club的厕所里面会有一个人坐在洗手台的旁边，帮你送毛巾、喷古龙水，这不必说也是在赚小费了，通常是1美元。如果要去美国这种叫Night Club 的场所，别忘了要多带1美元的纸钞，并折成长方形，到时你就知道有什么用了。在这里你给1美元的小费，通常还可以享受到一点特别的服务。

美国人非常注重礼仪

美国也是个“礼义至上”的国家，不仅有中国人见面时的嘘寒问暖，还有欧洲人拜访的预约礼貌。此外，用餐、走路或乘车，也颇有讲究。

1. 见面有讲究

美国人见面时都互相问安，初次见面时，主人会主动向客人介绍自己的身份和以及工作、爱好。与美国人握手，用力不能太小，因为这是不礼貌的表现。握手时，要面带笑容，身体微微向前倾。男士与女士握手时，要待到女士伸出手时方可与对方握手。见面结束时，要把有关下次见面的计划或反馈意见告诉他们。有美国人在场的公共场合，切忌老与中国人聚一起，或当着美国人面用中国话交谈，这都是不礼貌的行为。

2. 拜访的礼仪

虽然美国人常会说“请随时来找我”，但是美国人很珍惜时间（浪费他们的时间等于侵犯个人权利），因此拜访美国朋友须预先约好。准备好话题，谈完事就告辞。如果送上点小礼物，他们会很高兴。客人没有得到主人的同意不能参观房间。美国人不喜欢串门，而喜欢在周末邀上一些合适的朋友一同外出观光、钓鱼、搞派对等。

3. 赴约的礼仪

若接到邀请，出于礼貌都要答复。没有赴约的把握，不要应允。临时不能赴约，务必电话通知。大型活动请帖，一般不参加时才需通知。赴约应准时，赴宴会可迟到几分钟，若比主人先到，反而失礼。

应邀参加家庭聚会，需带上一瓶酒、一束鲜花，或有中国风味小礼物。一般的聚会活动以不带小孩为宜，如聚会为野餐烤肉性质，可全家参加。宴后三四天内不要忘记寄一张感谢卡或谢函给主人，若在主人家过夜，感谢卡通常应寄给女主人。

4. 美国人用餐也很讲究

美国人用餐时，把碗碟、刀叉平放好，左手用叉，右手用刀。美国人习惯喝点加冰的饮料、葡萄酒，大型宴会喝鸡尾酒，一般不喝烈性酒。喝酒，不能大口大口的喝，不能发出响声，同样吃饭时也尽量不要发出响声，否则，他们认为是不雅观的行为。用餐结束时，要把你用过的餐具整理好，放在你原来的位置上，并把剩下的东西收拾干净。另外，在比较高级的餐厅用餐，必须穿比较正式的服装。

美国较正式的宴会，餐桌上的餐巾是用来拭嘴的，切忌用来擦手或餐具；要清楚使用刀叉顺序以及叉勺性质，刀叉斜放在盘缘表示尚在用餐中，若完全放在盘中则表示已使用完毕；盐、胡椒瓶若离自己座位较远，不可直接伸手去取，应请隔座代劳递送；上甜点或咖啡时，主人一般开始致辞，客人亦可利用此时答谢。

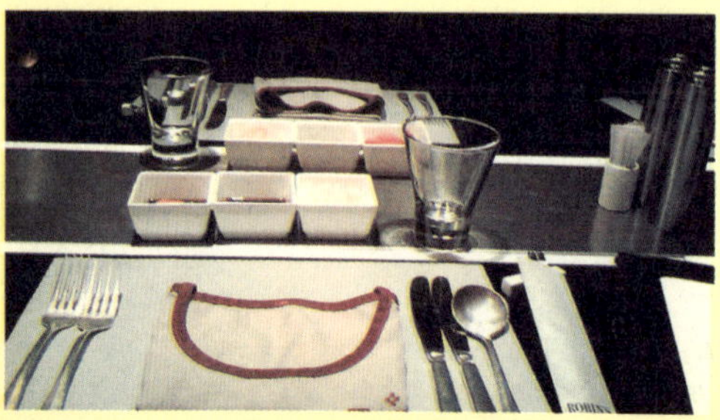

5. 走路乘车的礼仪

美国人走路和乘车也有一些讲究。走路时，一般以右边为尊，男女同行时，男士应走左边，出入应为女士开门。在人行道上行走时，绝不能踏得啪啪响。如果有人这样做，就等于是在咒骂自己的母亲。

乘车时，如是搭乘出租车，应该以后座右方的座位为最上座，后座的左位为次之，再其次为中间，而司机旁的座位为最卑微。如开车的是友人，则他旁边的座位为最尊位，其次才是后座右、左及中间位。和女士乘车，应先让女士入座，然后绕到左边车门自行上车入座。

6. 美国人穿戴的礼仪

美国人平时不注意穿戴，但在重要场会却非常讲究穿戴。因此，参加重要活动，应注意请帖上有关的服装规定。如不确定服装要求，可先问问其他参加者，以免尴尬。若请帖上写着“便装”，并不意味可以穿牛仔裤；若写有“半正式装”，也不表示可不打领带，最好先问清楚。

穿西装外套通常只扣上扣，也可全部不扣，但切忌全扣。西装背心最下一个扣通常不扣。深色西装应穿黑色皮鞋、深色袜子，切忌白袜黑鞋。正式场合或上班，女性以裙装为宜，男性应打领带穿深色西服，女性穿晚礼服，裙摆应长及脚踝，并穿高跟鞋。

拜访美国人时，进了门一定要脱下帽子和外套，因为这是一种礼貌；穿睡衣、拖鞋会客，或是以这身打扮外出，都会被美国人视为失礼；美国人还认为，出入公共场合时化艳妆，或是在大庭广众之前当众化妆补妆，不但会被人视为缺乏教养，而且还有可能令人感到“身份可疑”。

不可不知的美国人禁忌

美国人有很多禁忌，数字上最忌讳13，而且对“星期5”也同样抱有恐惧心理。此外，在其他方面也有很多禁忌。下面就详细介绍一下美国常见的禁忌。

1. 交际时的忌讳最多

与美国人交往，忌讳问个人收入和财产情况，忌讳问妇女婚否、年龄以及服饰价格等私事；忌讳向妇女赠送香水、衣物和化妆用品；忌讳别人冲他伸舌头，因为这种举止是侮辱人的动作；忌讳黑色，黑色是肃穆的象征，是丧葬用的色彩；特别忌讳赠送带有自己公司标志的便宜礼物，因为这有义务做广告的嫌疑。

另外，一位女士要是随随便便地在男士面前脱下自己的鞋子，或者撩动自己裙子的下摆，往往会被看做有引诱对方的嫌疑。而在室内依旧戴着墨镜不摘的人，往往会被美国人视作“见不得阳光的人”。

2. 美国常见的其他禁忌

在美国吸烟，千万不要用一根火柴连续点燃三支香烟，因为美国人认为会给人带来灾难。所以，美国人为别人点烟，总是到第三个人时就另外擦一根火柴，这已成为一种礼貌。

在美国，黑猫是人们极其畏惧和讨厌的动物，因为美国人认为是黑猫是女巫的宠物。如果黑猫从面前跑过，就会大难临头。

在美国千万不要把黑人称作“Negro”，最好用“Black”一词。因为Negro主要是指从非洲贩卖到美国为奴的黑人。因此，在谈话时要注意这一词语的应用，否则，黑人会感到你对他的蔑视。

美国人有意思的习惯

1. 美国人是“卫生楷模”

美国人都非常爱卫生，出门不用带卫生用品和水，到处都可以见到卫生设施，如厕很方便，用水也很方便。家庭的房间里一般都铺上地毯，有抽风设备、空调设备，房屋内外装点得非常好看，周围环境整洁美观。没有人乱扔垃圾、乱吐痰。

2. 工作与休息习惯

美国人的工作与休息时间分得很清楚，该工作就工作，该休息就休息，不能打扰。

美国人喜欢当场或谈判桌上解决问题，而不喜欢在事后或私下找关系解决问题。星期五晚上是朋友们相聚的习惯时间，他们可以尽情地唱歌、跳舞、喝酒、玩游戏，到了周六、日他们会带着家人或和三五个朋友一起开车到外面郊游或者旅行。

3. 用钱习惯

美国人用钱与中国人有很大不同。美国人给自己花钱大手大脚，有时简直可以用浪费来形容。但给别人花钱，美国人是出奇地仔细，分得非常清楚，连一分钱都不想多花。同美国人一起到外吃饭，付费一般各付各账，对方是女性亦如此。即使美国人提议出去吃饭，也千万不要以为他或她要请客，通常仍是各自付费。

在美国，最好不要开口向人借钱，即使你不得已张口，往往也被拒绝。当然，一点小钱还是可以借的。不过，美国人有捐款的习惯，不少美国人每年捐出大笔大笔的钱。

美国的有趣风俗

1. “镜子”在美国很不一般

关于镜子在美国也有不少迷信。公元1世纪时，罗马人认为人的健康状况每七年要变化一次，而镜子是人们健康状况的反映，因此打破镜子就意味着会生七年病或死亡。这种说法为后世不少迷信的人所接受。还有一种古老的风俗是，如果人死了，就要把死者房间里的镜子翻过面，因为他们认为凡是照这面镜子的人，自己也要死亡。后来在美国的某些地方，甚至发展到挂在死者房间里的相片也要翻过去。

2. 美国人的“吉祥物品”

美国人把蜗牛看作吉祥的象征，常常用玻璃或其他材料制成精制的蜗牛模型，用来馈赠亲友，表示亲切友好的感情。

许多美国人还喜欢在“没有字母”的月份，也就是5～8月里吃牡蛎，认为这样可以避邪。

马蹄铁也是美国人的吉利象征之一。对此，有人说，基督是在马槽中降生，所以马蹄铁也因之具有神奇的力量。还有人认为，马蹄铁形似人们所喜爱的新月，因此被视为吉祥之兆，认为拾到一块废马蹄铁便会交上好运。制造商们还常常利用人们的心理创作马蹄铁形的工艺品，用来佩挂在表带等物品上作为装饰品。

四叶车轴草也是能带来吉利的物品，美国人相信它能给人带来财富和幸福。按照古老的传说，夏娃被逐出伊甸园时，曾摘了一棵四片叶子的车轴草并带出来。因此四叶车轴草被认为是乐园里生长的植物，如果谁的花园里长了这种草，谁就是幸运的人。

3. 美国人很特别的“万圣节”

在美国的万圣节时，如果猫在一个人旁边静静地坐着，那意味着平安和顺遂；如果猫在一个人身上蹭来蹭去，也意味着他有好运气；如果猫跳到一个人腿上，那就意味着福星高照；如果猫对一个人打呵欠，意味着他将碰到好机会；如果猫从一个人身旁跑开，那就意味着他有个

秘密会在一周内被泄露。

万圣节这天，在费城，人们认为倒退着走出前门，拾把草或土包在纸里放在枕头下面，就会梦见未来发生的事情；在马里兰，人们认为姑娘们在炉子上煎鸡蛋，并且敞开门户，她未来的丈夫就会走进来把鸡蛋翻个面；在南部，人们认为在万圣节前夜临睡时，吃一块干面包，他所希望的任何事情都能如愿以偿。还有一种古老的风俗，就是人们把酒精倒放在碗里点燃，再把用锡纸包裹象征运气的无花果、橘子皮、葡萄干、杏仁或枣扔进火里。如果哪位姑娘能够从火里把东西抢出来，她未来的丈夫就会在一年之内碰到最幸运的事。

●美国万圣节

去美国不可不看的10大景点②

TOP 1 黄石公园

它是世界第一座国家公园，原本是印地安人的圣地，因美国探险家路易斯与克拉克的发掘，而成为世界上最早的国家公园。

TOP 2 科罗拉多大峡谷

科罗拉多大峡谷是世界上最长的峡谷之一，拥有地球上最为壮丽的景色。峡谷河水激流奔腾，是漂流探险的胜地。

TOP 3 自由女神像

自由女神像是法国赠送给美国独立100周年的礼物，坐落于纽约市附近的自由岛，是美国重要的观光景点。其基座已被辟为移民博物馆，每天吸引着无数游人光顾。

TOP 4 帝国大厦

这是众人皆知的摩天大楼，位列世界七大工程奇迹，是纽约市的标志性建筑之一。在世界贸易中心于“9·11”事件中倒塌后，继续接任纽约第一大楼的头衔，直到自由塔建成。

TOP 5 好莱坞

好莱坞是全球最著名的影视娱乐和旅游热门地点，就在洛杉矶市市区西北郊。好莱坞大道上的中国戏院有众多国际明星的手印、脚印，因而吸引了无数游客到此一游。

TOP 6 尼亚加拉大瀑布

它位于美国纽约州和加拿大安大略省交界处，是全球水量最丰富的瀑布，一天可在瀑布上看到数次彩虹，位列世界七大奇迹之一，每年吸引1200万游客到访。

TOP 7 金门大桥

金门大桥是世界著名桥梁之一，大桥雄峙于美国加利福尼亚州宽1900多米的金门海峡之上，造型宏伟壮观、朴素无华，是近代桥梁工程的一项奇迹。

TOP 8 夏威夷火山

夏威夷火山拥有世界上最大的两个活火山，两座火山就像矗立在太平洋上的两个巨塔。火山猛烈的喷发不断地改变周围的景观，熔岩流揭示了奇妙的地质构造过程。

TOP 9 渔人码头

渔人码头是旧金山最负盛名的旅游观光地区，每年有大约1400万人来此尝试各种海上活动，品尝全球闻名的Dungeness螃蟹和各种各样的美味海鲜。

TOP 10 迈阿密海滩

迈阿密海滩以白净的沙滩和纯净的海水而著称于世，这里美丽的海岸风光、阳光都是无以伦比的，难怪每年有1 500万人的游客纷纷来此度假。

美国最值得一游的11大名城③

TOP 1 纽约

纽约（New York）位于美国东海岸，濒临大西洋，是美国的最大城市及最大港口，也是世界第一大经济中心，素有“世界之都”的美誉。纽约拥有众多的世界级博物馆、画廊和演艺比赛场地，堪称西半球的文化及娱乐中心之一。纽约因为有24小时运营地铁和从不间断的人群，所以是名副其实的“不夜城”。到了纽约，不要忘了去美国财富和经济实力的象征的华尔街逛逛，也不要忘了去体验世界级的艺术。

TOP 2 旧金山

旧金山位于美国西海岸，濒临太平洋，是随着19世纪中叶的采金热迅速发展起来的城市，素有美国“西海岸门户”之称。旧金山也是美国西部的金融中心，闻名全球的硅谷就在旧金山的南端。旧金山是个世界民族之林的城市，除了白种人外，以黑人、华人、日本人、菲律宾人居多。最有名的风景是缆车、金门大桥、海湾大桥、泛美金字塔和唐人街，到了旧金山若没有去这些地方则等于白去了旧金山。

TOP 3 华盛顿哥伦比亚特区

华盛顿哥伦比亚特区（Washington D.C.）简称华盛顿，在行政上由联邦政府直辖，不属于任何一个州。华盛顿是美国的首都，白宫、国会、美国最高法院以及绝大多数政府机构均设在这里。华盛顿还是美国的文化中心之一，不仅有华盛顿大学世界著名的高校，还有华盛顿歌剧院、肯尼迪艺术中心等驰名世界的文化设施，另外还有自然历史博物馆、宇航博物馆等相当多博物馆。到了华盛顿，以上的地方都不可错过。

TOP 4 波士顿

波士顿位于美国东北部大西洋沿岸，是美国马萨诸塞州的首府和最大城市，也是新英格兰地区的最大城市。波士顿还是美国最古老、最有文化价值的城市之一，为美国革命期间重要事件的发生地点，曾经是一个重要的航运港口和制造业中心。现在，波士顿是高等教育和医疗保健的中心，它的经济基础是科研、金融与技术特别是生物工程，并被认为是一个全球性城市或世界性城市。

TOP 6 费城

费城在位于宾夕法尼亚州东南部，在美国史上排名第四，是美国最老、最具历史意义的城市，美国的国旗就是从这里设计和升起的。费城不仅有很多美国独立战争前后的古迹文物，也有宾夕法尼亚大学、德雷塞尔大学等高等学校及众多的科学研究机构，还有许多艺术氛围非常活跃的博物馆、美术馆等，从而构成了费城的艺术区及历史区，而这些地方恰恰是费城的主要观光地，每年都会涌进不计其数的游客。

TOP 5 西雅图

西雅图是美国太平洋西北区最大的城市，也是美国太平洋西北部商业、文化和高科技的中心。世界著名的微软公司就在西雅图，世界最大的飞机制造厂家波音公司则是它最大的雇主。西雅图拥有青山、湖泊，常年被青山绿水环绕，素有“绿宝石城”的美誉。无论是在美国本土，还是在世界其他地方，几乎找不到第二个城市能像西雅图那样，山峦、平地都被密密的、几近原始的森林所覆盖。

TOP 7 洛杉矶

洛杉矶是全世界的文化、科学、技术、国际贸易和高等教育中心之一，拥有世界知名的各种专业与文化领域的机构。洛杉矶引领者全球流行文化，在大众娱乐诸如电影、电视、音乐方面在国际上颇有声誉和地位。一望无垠的沙滩和明媚的阳光、闻名遐迩的“电影王国”好莱坞、引人入胜的迪斯尼乐园、峰秀地灵的贝佛利山庄使洛杉矶成为一座举世闻名的“电影城”和“旅游城”。

TOP 8 芝加哥

芝加哥地处北美大陆的中心地带，东临密歇根湖，是美国最重要的铁路、航空枢纽。芝加哥同时也是美国主要的金融、文化、制造业、期货和商品交易中心之一，是具有世界影响力的大都市之一。芝加哥也被誉为全球十大最富裕城市，芝加哥的天际线更是全球十大天际线之一。芝加哥市区内摩天大楼之多，仅次于纽约。到了芝加哥，大可攀上这些摩天楼去欣赏芝加哥的现代美景。

TOP 9 亚特兰大

亚特兰大是美国南部最具代表性的大城市，既是一座历史名城，也是一个新兴的工商业城市和文化、医疗卫生中心。亚特兰大在南北战争期间是南方军的战略要地，所以有很多与内战有关的游览名胜。亚特兰大有许多公园，市内的格兰特公园是最大的公园之一，可以说亚特兰大整座城市就像一座大花园。此外，亚特兰大还是美国的有线电视频道CNN、可口可乐总部所在地。

TOP 10 迈阿密

迈阿密位于佛罗里达州东南角比斯坎湾、佛罗里达大沼泽地和大西洋之间，是南佛罗里达州都市圈中最大的城市。迈阿密是文化的大熔炉，受庞大的拉丁美洲族群和加勒比海岛国居民的影响很大，与北美洲、南美洲、中美洲以及加勒比海地区在文化和语言上关系密切，因此被称为“美洲的首都”。迈阿密因其良好的空气质量、大量的植被覆盖、清洁的饮用水、干净的街道和全市范围的垃圾回收计划而被《福布斯》评为“美国最干净的城市”。

TOP 11 拉斯维加斯

拉斯维加斯是闻名世界的赌城，也是世界知名的度假胜地之一。它就在内华达丹沙漠边陲，经过多年的改造发展，拉斯维加斯已近从一个巨型游乐场已变成了一个真正有血有肉、活色生香的城市。此外，拉斯维加斯还是世界上结婚最简单的地方，一天大约发出230张结婚证书，一年大约发出10万张结婚证书。如今来拉斯维加斯旅游人们，更多的是享受购物和美食，而专程来赌博的只占少数。

畅游美国的3种玩法④

1 6天经典游

6天经典游

Day 1	纽约 参观纽约最繁华的曼哈顿第五大道，这里聚集了世界上最为顶级的各种名牌，气派非凡，可以的逛逛。晚餐后入住酒店休息，并初步做好行程规划。
Day 2	曼哈顿岛 早餐后，再度前往曼哈顿岛，参观世贸中心遗址、华尔街、纽约证券交易所，联合国总部、乘搭曼哈顿游轮沿着哈德逊河欣赏纽约独特的摩天楼群，观赏自由女神岛。漫步于繁华时尚的时代广场、气度非凡的洛克菲勒中心，并参观闻名于世的世界三大博物馆之一的大都会博物馆，还可登上帝国大厦顶端的瞭望台，欣赏纽约都市丛林美景。晚饭后返回酒店。
Day 3	纽约→西点军校→长岛 早餐后参观闻名世界的西点军校，它曾经是美国陆军的军事堡垒。下午到纽约周边的长岛游玩，在这里可潜水、滑水，与沙滩、水、阳光来个亲密接触。
Day 4	纽约→费城→巴尔的摩→华盛顿哥伦比亚特区 早餐后乘车前往费城，欣赏记载这座城市光荣历史的独立宫、自由钟等名胜古迹，在众多的建筑中，最著名的当属“独立宫”。之后前往美东著名的海港城市巴尔地摩，了解美国国歌的典故，并漫步于著名的明珠港。傍晚抵达华盛顿哥伦比亚特区。

Day 5	华盛顿哥伦比亚特区→大西洋城 早餐后，参观巍然屹立的华盛顿纪念碑、举世闻名的白宫、宏伟壮观的国会山庄、传奇神圣的林肯纪念堂、杰弗逊纪念堂、设计独特的越战军人和韩战军人纪念碑。领略美国首都的雄伟庄严。午餐后乘车前往大西洋城，大西洋城不仅有赌场，还有海滨浴场，重要的一点这里是每年一度美国小姐选美的地方。
Day 6	大西洋城→纽约→Woodbury Outlet 早餐后乘车返回纽约，午餐后直接前往北美地区最大的Woodbury Outlet自由购物，这里集中了世界各地的时尚名牌商店，不但有流行的二线品牌，而且有GUCCI、PRADA、BURBERRY、DIOR、D&G等一线高端品牌，充分享受血拼的乐趣后返回纽约。

●美国纽约市景

2 8天精华游

8天精华游

Day 1	洛杉矶观光 吃过早饭后，开始洛杉矶观光之旅。洛杉矶市音乐厅、柯达剧院、好莱坞环球影城、迪斯尼乐园等均不可错过。如果时间太紧凑，那么最好上午去好莱坞环球影城，下午则去迪士尼乐园。
Day 2	洛杉矶→拉斯维加斯 乘车前往拉斯维加斯，途径林伍德名牌购物中心购物，抵达后晚餐。晚餐后观赏火山爆发、音乐喷泉。最后可以略备筹码小赌怡情或欣赏大型歌舞表演。
Day 3	全天游拉斯维加斯 全天游览金碧辉煌、如梦如幻的拉斯维加斯。不论是金殿的“人造火山爆发”，凯撒宫的“雕像秀”，还有赌城中最神秘的百乐宫，其壮观迷人的“芭蕾水舞”，都会一饱眼福；还有旧城的大型“天幕秀”，五彩缤纷的街景尽入眼帘，精彩刺激，让人在有限的时间里，达到无限的欢乐与喜悦。夜晚可自费观看歌舞秀，并到酒店里一试身手。
Day 4 ～ Day 5	拉斯维加斯→华盛顿哥伦比亚特区 Day5乘机飞往华盛顿哥伦比亚特区，抵达后入住酒店休息。Day6早餐后参观航天博物馆、国会大厦、白宫、华盛顿纪念碑和越战纪念碑等著名景点，下午去参观林肯纪念堂、杰佛逊纪念堂等著名景点。

Day 6	华盛顿哥伦比亚特区→费城→纽约 早餐后乘车前往纽约，途经美国旧都费城参观。费城的早期国会、独立宫、独立广场、自由钟等景点都不可错过。晚上抵达纽约，并登上摩天大楼欣赏夜景。
Day 7	全天游纽约 早餐后，参观世贸中心遗址、华尔街、纽约证券交易所、联合国总部，并搭乘曼哈顿游轮沿着哈德逊河欣赏纽约独特的摩天楼群，观赏自由女神岛。然后漫步于繁华时尚的时代广场、气度非凡的洛克菲勒中心，并参观闻名于世的世界3大博物馆之一的大都会博物馆。
Day 8	纽约→旧金山 乘机飞往旧金山，游览金门大桥、金门公园、九曲花街、渔人码头、大教堂等。如果有兴趣，可乘坐缆车游遍市区，随着高低起伏的地形，欣赏旧金山市容，其美景更是美不胜收。晚餐后入住酒店。

● 华盛顿哥伦比亚特区风景

3 15天深度游

15天深度游

Day 1	纽约机 参加纽约市夜游，饱览纽约大都市的五光十色，像时代广场、百老汇舞台剧院区、第五大道精品街、洛克菲勒广场、南港街码头、布鲁克林大桥都可灵活选择。
Day 2	纽约市观光 吃过早饭后，在纽约市区游览，充分体验纽约的魅力。可以选择像华尔街金融区、世贸遗址、自由女神环岛游、帝国大厦、联合国总部、五大道名店街、洛克菲勒中心、大都会博物馆、中国城等景点参观。
Day 3	纽约→费城→华盛顿哥伦比亚特区 早餐后乘车前往美国独立诞生地费城，参观自由钟、独立宫。午后往首都华盛顿特区，参观林肯纪念堂、越战纪念墙、韩战纪念广场、杰佛逊纪念堂、白宫、国会大厦及史密森博物馆区。
Day 4	华盛顿哥伦比亚特区→康宁中心→尼加拉瀑布 早餐后北上途经宾州首府哈里斯堡，参观老少皆宜赫氏巧克力世界，午后抵达康宁玻璃艺术中心，参观玻璃工艺制作表演，玻璃古董艺术品展览。傍晚抵达尼加拉瓜瀑布区。
Day 5	尼加拉瓜瀑布→波士顿 早餐后参观尼加拉瓜瀑布区，游览公羊岛，眺望河对岸加拿大美景，欣赏由美国瀑布、新娘面纱瀑布、马蹄瀑布等组成的瀑布群，此外还可乘坐“雾之女神号”观瀑船，亲身感觉瀑布万马奔腾之气势。午后前往美东历史文化名城波士顿，晚上抵达波士顿品尝龙虾大餐。
Day 6	波士顿→洛杉 波士顿可谓美国现代文明的摇篮，早餐后可参观红砖碧瓦的哈佛大学、培育高科技人才的麻省理工学院、诗情画意的查理士河、金顶州政府大楼、母亲大教堂等。并于昆西市场选购各种纪念品及特产，享受传统美食。下午从波士顿搭机前往洛杉矶。

Day 7	洛杉矶→迪士尼乐园 清晨由洛杉矶前往坐落在加州举世闻名的迪斯尼乐园，园内近年陆续推出的“神奇游行”、“空传奇”、“玩具总动员2”、“泰山”等新的游乐项目吸引了众多游客。最新落成的“明日乐园”吸引了更多的游客，让人流连忘返。游毕迪斯尼乐园后，返回洛杉矶。
Day 8	洛杉矶→丹麦村→赫氏古堡→旧金山 清晨搭乘豪华大型巴士，开始黄金海岸之旅。大约中午时分到达丹麦村，这里有古老的风车，北欧式的建筑，灿烂的阳光，一望无际的田野，悠悠的群山，这正是被丹麦移民称之为“太阳峡谷”的真实写照。离开丹麦村后，沿着黄金海岸北上，抵达美国报业巨子斥资千万美元所修建的赫氏古堡参观。古堡内珍藏着价值连城的古董和艺术品，豪华镶金的室内游泳池，富丽堂皇的大厅令你叹为观止。傍晚抵达旧金山。
Day 9	旧金山观光 早晨欣赏旧金山著名的“雾锁金门”，这是旧金山的特有景观。夏日，白雾总爱与金门湾的入海口纠缠在一起，笼罩住海湾里起伏的山丘。诗情画意一般的金门大桥飞跨金门湾，连接旧金山北边的马林郡与红木森林；橙红色长龙卧波，更成为旧金山著名的商标之一。沿海湾讨生活的渔夫销声匿迹，渔人码头已成为观光圣地。 或乘游轮出海，畅游海湾。刚刚和魔鬼岛、天使岛、金银岛擦身而过，而东湾的奥克兰、伯克利以及海湾大桥又纷沓而至。富豪岗立即展现了黄金与铁路供给的金碧辉煌；俄罗斯山的陡峭，反而成就了伦巴街独特的九曲十八弯。缆车不但是旧金山居民的交通工具，成为美国独一无二的活动历史地标，更是观光客的最爱；搭乘缆车游览市容，驶进旧金山的风景，也走入往日情怀。
Day 10	旧金山→优胜美地国家公园→洛杉矶 早上前往加州最著名的优胜美地国家公园，园内有巍峨雄伟的花岗岩，气势磅礴的瀑布和宁静的山谷，无论从哪一个角度看上去，公园都宛如仙境一般。而那参天的巨木、流水萦绕的高山，以及被冰川雕琢得嶙峋不堪的巨岩峭壁乃至波光粼粼的湖面，使人恍若置身于世外桃源。游毕后，你可沿着5号公路南行，于傍晚时分返抵洛杉矶。

Day 11	洛杉矶→拉斯维加斯 早上前往内华达州世界著名的赌城拉斯维加斯，抵达后到中国城逛逛。晚上夜游拉斯维加斯，感受这赌城五光十色的夜生活，另外还可欣赏耗资千万的天幕、Bellagio喷泉及Rio空中花车等表演。
Day 12	拉斯维加斯→大峡谷/大峡谷西缘→拉斯维加斯 清晨，驱车前往拥有世界七大奇景之称的大峡谷。大峡谷纵横千里，深不可测。站在峡谷的边缘，凝视那宽广无垠的峡谷，会给人一种平静与空旷的感觉。你可选择前往大峡谷国家公园，或者选择游览大峡谷西缘、玻璃桥。午后返回赌城拉斯维加斯。华灯初上，漫步在拉斯维加斯大道上，满眼闪烁的是七彩的华光。这时别忘了欣赏难得一见的街头表演，意犹未尽之时，你可买一张秀票，去体会赌城的另类文化。
Day 13	拉斯维加斯→巧克力工厂→仙人掌公园→名牌工厂直销购物中心→洛杉 上午参观巧克力工厂和仙人掌公园，然后离开拉斯维加斯前往洛杉矶。回洛杉矶途中，会经过工厂直销购物中心，此时你可选购价廉物美的世界名牌。傍晚时分便可抵达洛杉矶。
Day 14	洛杉矶→圣地亚哥海洋世界 上午前往南加州的圣地亚哥海洋公园，在这里你可欣赏海豚、海象、海狮等海洋动物的精彩表演，此外还可以去参观百慕大魔鬼三角，从而进入一个多彩的海底世界，在这里你可以探索深海的秘密。傍晚时分便可返回洛杉矶。
Day 15	洛杉矶→好莱坞环球影城 吃过早饭后就去好莱坞游历好莱坞恐怖片的拍摄场地，雪崩断桥、山洪暴发、大白鲨、金刚咆哮等场地均不可错过，此外还可以观看电影《回到未来》、《侏罗纪公园》和《异形》的仿真表演，当然也可以感受《终结者2》的3D、4D立体影片。可以说，在这里你可以充分地体验场面宏大的表演和动物秀，以及幽默滑稽的儿童节目。

美国旅行 Let's Go

美国旅行行前准备

如何作好行前准备①

1 怎样搜集最有用的资料

游客中心

前往美国旅游，第一步就是去当地游客中心获取各种旅游信息。在游客中心内，可以获取各种各样的免费旅游地图、旅游小册子或杂志，甚至还有不少的折价券。旅游中心内的免费月刊Where Magazine对于游客来说非常重要，上面有当月最新的生活娱乐情报。如果游客中心内的免费月刊发送完了，可以到街头的报亭去拿。

街头报亭

到美国旅游的第二步就是去街头的报亭搜索各种旅游信息，这些报亭多是自助型的，通过投币可以获得的那个地的英文报，此外还有娱乐周报可以拿。纽约最有名的娱乐周报有Am New York Metro、Village Voice等，旧金山最有名的吃、喝、玩、乐周报是Guardian、SF Weekly、Metro等。这些娱乐周报完全免费，是寻找当地热门表演活动、热门餐厅、热门酒吧、热门去处的好帮手。

纽约游客中心	地址：810，7th Ave.（52th St.与53th St.之间） 交通：乘地铁B、D、E线至7th Ave.或乘N.R.S.Q线至57th St. 电话：212-4841222
旧金山游客中心	地址：Hallisie Plaza地下一层（Powell&Maiket St.交叉口） 交通：坐Bart捷运在Powell St.下 电话：415-391200
美国热门旅游网	travel.yahoo.com expedia.com www.citysearch.com

2 旅行前需要制订的旅游计划

决定旅行

美国幅员辽阔，拥有众多的旅游资源。前往美国旅游，可以在美国大陆上进行周游；也可以逗留在某一座城市进行深度游；或者是在疗养地内进行各种海上运动，享受悠闲的假期生活……每个人或每个家庭可根据自己的喜好、旅行的时间、费用预算的不同，拟定灵活多变的旅行计划（可参看本书《美国旅行必备功课》和《导读》篇）。这是前往美国的第一步，如果很难解决的话，可以找以组织前往美国旅游为主要线路的旅行社进行咨询。

旅游方式

如果选择全自助旅游，你的时间可以任自己安排，也能更贴近当地人的生活，体验当地的风情，但是你在行前要做好充分的准备工作。

半自助旅游有两种。一种是由国内的旅行社代定好往返机票与住宿的酒店，另外一种是机票与酒店自己预定，到了目的地时跟当地的团参加旅游。这两种半自助游的方式都有缺点，第一种的缺点是出发日与回程无法由自己把握，不能更改时间；第二种的缺点是不适合在美国呆的时间较短的游客。

如果担心自己的英语能力，也怕在当地遇到麻烦，可以选择随团旅行。

旅游天数

若计划在美国进行2周以内的旅游，或是旅途中想选择高档酒店（饭店）住宿，最好选择一条龙服务的旅行团。且一定要提前拟订好旅行计划，最好是在预定好交通工具和酒店（饭店）后再出发。但是个人旅行所需要的交通工具和酒店（饭店）的预定手续在美国是非常困难的，若是利用旅行社的一条龙服务，所有问题就迎刃而解了。况且，一般高档酒店（饭店）只有团体住宿时才可以得到优惠，比个人预约住宿要便宜。

若计划在美国进行2周以上的旅行，或是2周以内但是参观城市并不多的话，以个人旅行为佳。个人旅行的最大优点，就是旅行途中所有的计划都能按照自己的意愿去决定。参加旅行团，在自己喜欢的城市想要多待几天是不可能的，而个人旅行碰到这种情况是可以随意调整的。

旅游季节

每年3～5月和9～11月是美国的最佳旅游季节。这两个季节不太冷也不会太热，旅馆的价格也有下降。夏季的风光比较好，只是景点游客多，旅馆价格较高；冬天较冷，却是滑雪的好季节。

在纽约，每年4～7月是最佳旅游时间；旧金山全年都适合旅游，每月都有节庆活动；在拉斯维加斯，尽管偶尔会出现非常高温天气，但是春季和夏季仍然是最宜人的季节；夏威夷全年的气温变化不大，旅游旺季是从12月中旬开始到复活节以及6月中旬到9月初。不过在这期间，饭店住宿费昂贵，各个旅游点都是游人如织，热闹异常。

旅游预算

出门在外，住宿、吃饭、交通、游玩、娱乐都要钱。因此在旅游之前，为自己的开支做个预算必不可少，不然会玩得不尽兴。

1. 住宿费

在美国，住宿最便宜的是青年旅舍，最低只要15美元一晚，豪华的则是几百上千美元。另外，不同的城市其住宿的价格也不一样，如纽约、华盛顿、旧金山、芝加哥、波士顿这些城市的房价要高得多，尤其是纽约。一般来说，中档旅馆的单人间是90～180美元；双人间是100～190美元。如果通过国内的旅行网预定，还可以享受一定的折扣。

另外，每当有重要会议召开或者其他活动举行时，房价一下子就会提得很高。

2. 饮食费

美国到处是快餐，如果对吃不是太讲究，可以用这些填饱肚子，也可以自己买些面包与火腿做三明治。一般来说，早餐4～7美元；午餐15～20美元；晚餐25～35美元。但是，一直吃快餐以及三明治对于讲究吃的中国人来说，一定不习惯，因此，你可以到一些休闲餐厅偶尔尝试一次，大概是50美元左右/人。

你可能有些不习惯美国的饮食，但是在美国可以尝到世界各国的美食，如意大利菜、墨西哥菜，还有中国菜、越南菜、泰国菜，只是消费比较高。

3. 观光费

观光费是指参加当地旅游团、参观主题乐园、博物馆和美术馆以及各地著名景点的名票，当然，也少不了听音乐会与演唱会的门票钱。

4. 交通费

如果你不租车，那么公共汽车与地铁将是你主要的代步工具，一个区间的费用大约是1～2美元。如果乘坐出租车，基本上10美元就够了，而从机场到市内的机场大巴单程的花费一般是10～20美元。

如果经常穿梭于市内的人，建议购买市内巴士和地铁等公共交通工具一定期限的通票。通票在大多数城市都能买到，有了它，你就可以在一定时间内随意乘坐市内的交通工具。

5. 其他费用

除了基本的费用，还要准备日常用品的费用，零食的费用，给司机、服务生的小费，往国内寄信的邮票费，而到美国带些特产回家也需要准备些钱。

另外，在美国购物以及住宿时都会有税金，在餐厅就餐也要支付营业税等税金，各个州的缴纳比例都不同。

省钱方法

1. 可以尝试网上预订机票和酒店，这会比在门市预订便宜10%左右。

2. 提前做好出游计划。因为越早预订机票和酒店，享受低价的可能性越高。预订后要保持沟通，许多航空公司和酒店在你预订之后，如果价格下跌，都会提供一个更低的价格。因此，尽早计划行程，在发现降价时要求供应商提供折扣，最多甚至可以节省25%左右。

3. 可以找免费旅游机会。由于航空公司运力过剩和有些景点急于推广，旅行者仍然拥有“经典的”省钱机会。在旅游淡季，机会甚至更普遍。可能的话，应该随时找机会与免费旅游赠券“不期而遇”。

USA 小贴士

在美国玩得越久，钱就花得越少，住宿得越久，则可以要求旅馆打折或住短期公寓。而在淡季去旅游或借助在朋友家也是一个省钱的好办法。

3 美国旅行必备的证件

办理护照

护照办理者须在本人户口所在地公安局入境管理处领取《中国公民出入境申请表》，并按要求填写完表格。

携本人户口簿原件及B5规格复印件（复印件提供首页、户主与本人页即可），身份证原件与B5规格复印件，连同两张护照专用照片（最好去公安局出入境管理处指定照相馆拍照，数码照片无效）与填写好的《中国公民出入境申请表》到户口所在地公安局出入境管理处申请办理护照。

政府部门、企事业机关工作人员须有单位批准出国证明并在《中国公民出入境申请表》上加盖单位公章。

一般地区，从申请到出照需14～21个工作日。部分试点城市需7～10个工作日。护照办理的基本费用为人民币200元。北京市公安局出入境管理处受理申请后，审批、制作和签发护照的时间是5个工作日。领取护照时，须携带本人身份证或者户口簿、领取护照《回执》和200元工本费。凡在《回执》上标明取证日期3个月后没有领取证件的北京市公安局出入境管理处将予以销毁。

申请护照程序：

1.填写《中国公民因私出国境－申请表》

此表可以到各派出所、公安局出入境管理处网点领取，也可以到网上下载。

2.提交申请

提交申请时要携带下列的材料：

A.本人户口簿、居民身份证原件与户口簿首页、本人资料页、变更页及居民身份证的复印件；

B.填写完整的申请表原件

C.符合要求的彩色照片一张

3.领取护照

办理签证

美国的旅游签证也称为B－2签证，在美国最长可停留6个月，到期可向美国移民局申请延期，最多可延两次，每次6个月。

办美国签证时，要准备以下的资料：

1.照片：50毫米X50毫米3个月之内近期彩色免冠照片3张（要求背景须为白色，且露出耳朵），并在背后签字。如果当地无条件拍摄，可于面试前一天到使馆附近的照相馆照。

2.护照：护照有效期自申请人出国旅

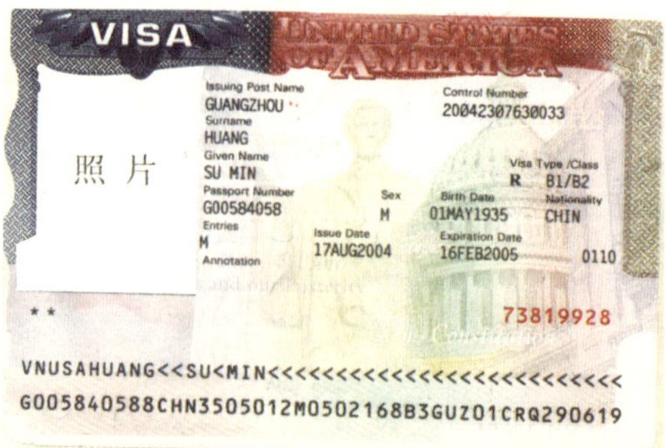

行之日起不得少于6个月（若为换发的新护照，必须将旧护照一并提供），护照末页要有本人签名。

3.身份证原件、全家户口簿原件和结婚证原件（若夫妻不在同一户口本上，则需另一方户口本所有页复印件）。

4.如果退休，须带退休证。

5.本人或配偶的房产证正本、购车发票、汽车行驶证、股票交割单、有价证券、银行存折、存款单（10万元人民币以上）或银行卡水单原件以及其他能证明个人财产状况的资料原件。(此款特别重要)

6.加盖公章的公司营业执照副本复印件（有原件最好带原件）。

7.申请人的中英文任职证明原件：注明申请人姓名、性别、出生日、所在单位、职务、服务时间、年薪、游览费用来源、回国后是否仍任原职、保证按期回国等。

8.收入证明原件、工作证、个人名片3张。

9.单位宣传手册或加盖公章的简介（成立时间、性质、规模、产品、效益等）。

10.学历证书原件、职称证明原件、荣誉资格证书原件。

11.有出国记录的护照、签证及复印件、在国外拍摄的背景为当地标志性建筑本人纪念照数张。

12.全家福照片。

13.须在面试前提供盖章的空白单位信纸两张。

14.请认真填写赴美报名表及申请表。

以上所需复印件资料请保证资料的清晰、完整，所有复印件均需A4纸张复印。

办理签证注意事项

1.着装整洁。

2.回答问题口齿清晰、简明扼要。

另外，具备签证所要准备的资料并不

美国签证办理地点

使馆名称	地址	电话	工作时间
美国驻华大使馆	北京市朝阳区安家楼55号	4008872333	周一至周五8:00～17:00，必须提前预约面谈时间
美国驻上海总领事馆	上海市南京西路1038号梅龙镇广场8楼	4008872333	必须通过预约由签证服务处确定时间
美国驻沈阳总领事馆	沈阳市和平区十四纬路52号	024-23221198	周一至周五8:00～17:00，必须提前预约面谈时间
美国驻成都总领事馆	四川省成都市领事馆路4号	40008872333	必须通过预约由签证服务处确定时间
美国驻广州总领事馆	广东省广州市天河区林和中路136－142号天誉花园二期5楼	40008872333	拨打4008812333预约面谈时间
美国驻香港总领事馆	香港花园道26号	90060798798	周一至周五15:00～16:00

保证申请人能获得签证，在办理过程中可能因为材料不清楚、不准确、不真实或其他方面的原因，要求申请人补充相关材料时请给予配合；凡申请过移民或非移民签证的客人，无论申请是否被批准，都要如实说明；申请人提供材料务必要详尽、真实，因申请人提供虚假资料导致拒签或引起的其他问题，责任由申请人本人负责。

其实，取得美国签证有一些秘诀。比如，你应简要说明赴美的理由，而且要证明该项计划仅仅是临时性的，无意在美长期居留，如你在国内有较高的社会地位和工作，你从事的工作不允许你长期住在国外等，只要领事官员对你排除移民嫌疑，就会给你颁发签证。

在美国自驾旅行需要什么条件

在美国旅行，最方便的当然是自驾旅行。美国有着发达并且多数不收费的公路，还有清晰的路标，价格比较令人心动的汽油以及租车价格，所以，如果是有汽车驾照的人，到美国，不放体验一下自驾旅行的感觉。

在美国驾车，中国驾照是可以使用的，但是一定要备一个翻译公证件，以方便租车公司或者交警读取你的拼音姓名。不过，行前最好上当地DMV网站查询下美国一些州的具体交规，或者向租车公司询问是否可以用中国驾照+英文件租车。如果允许的话，可以在走之前就在Hertz、Avis、Alamo、National、Budget等租车公司的网站上订车。下飞机后，顺着租车公司的指示标记，到租车公司在机场的租车点去提车就可以了。

ISIC的办理申请以及办理

ISIC就是国际学生证，是目前唯一国际确认的全日制学生证明文件，如果你年满12岁或以上，是全日制学生（包括大专生，海外学生及就读12星期短期课程的全职学生）就可以申请ISIC。申请了国际学生证，你可以在120余个国家和地区享受学生的待遇，4万余项的全球优惠，1200项机票、巴士以及火车、轮渡的优惠，还有多个文化场所以及博物馆进场的优惠，2万多家酒吧、餐厅以及购物的优惠，如果想要了解更为全面的全球优惠，可以浏览ISIC国际网站：www.isic.org。

申请ISIC，可以通过网站www.isic.cc，只要如实填上你的信息，并提交学生证、录取通知书或者学费单的图片文件，身份证、护照或者出生证明的图片文件还有1张一寸正面免冠彩色照片的电子版，申请的费用为95～105元，如果想了解更为详细的信息，可以拨打电话4006-100-116咨询。

此外，ISIC也可以亲自上门办理，但是需要你亲自前往ISIC中国签发机构领证。

北京ISIC中国签发机构

地址：北京市东三环北路甲二号京信大厦2142-2145室（100027）

电话：010-65981876/65981976/65981955

传真：010-68002938

开放时间：周一至周五9:00～18:00

交通：乘坐地铁10号线在亮马桥站下，或者乘坐公交405、416路、421路在三元庵站下。

南京ISIC中国签发机构

地址：江苏省南京市白下区太平南路1号新世纪广场B座1803室

电话：025—66662456/66662453

传真：025—66662453

开放时间：周一至周五9:00～18:00

交通：乘坐公交1、3、5、9、25、31路在大行宫站下可到

在ISIC，除了可以办理国际学生证外，还可以办理国际教师证（ITIC）以及国际青年证（IYTC）。凡任职认可注册教育机构、学校、大专院校的全日制教师、教授（每星期工作最少18个小时）可以办理国际教师证；25岁或以下的青年可以办理国际青年证。办理的方式与办理国际学生证一样。

USA小贴士

国际青年证的优惠很多，只要未满26周岁而不是学生的人都可以办理。办理时拿身份证、护照复印件或出生证明加上彩色证件照到相关地点就可以办理。

青年旅舍会员卡

青年旅舍并非只能住宿青年，不论是谁都可以住宿，但较贵。如果办理YHA国际青年旅舍会员卡，价格就要便宜很多，另外，还可以在世界各地享受食、住、行、游、购、娱等优惠，并能享受折扣。因此，在出发前，申请青年旅舍的会员卡是比较明智的选择。

在国际青年旅舍网站（www.yhachina.com），你可以办理YHA国际青年旅舍会员卡，还可以链接到全球的青年旅舍网站，并能直接在网站上订房。

1.网上申请

在网上输入申请人资料，会费只可以通过邮局汇款。费用收到后，就会寄来会员卡。

2.亲自申请

亲自到各青年旅舍或当地的YHA国际会员卡代理商处申请，办妥手续

后，就可以取卡。

或者直接到国际青年旅舍中国总部办理会员卡。手续办妥后，就能立即取卡。

3.其他申请方式

如果无法在网上申请，则可以下载会籍申请表简体中文/繁体中文/英文，填写后通过电邮yhachina@yahoo.com.cn或传真020—87345428/020—22386639到国际青年旅舍中国总部，会费可到邮局汇款。费用收到后，就会寄来会员卡。

国际青年旅舍会员卡的有效期为1年，全球可以通用。期满后可把旧卡复印后传真至青年旅舍中国总部，第二年会员可激活享受九折优惠。

4 兑换货币的窍门

兑币分析

大部分的美国银行都无法把人民币兑换成美元。因此，你只能在机场、某些大型旅馆、便利店或者跟导游兑换，但是，人民币跟机场、旅馆、导游兑换的汇率都不是太高，所以，建议在国内把需要的钱兑换成美元比较好。换钱时，最好多准备一些零钱或者20美元的钞票，用来付小费、车费等。

在中国的各大银行兑换货币，需要一些手续：

1.客户需持以下有效证件之一办理：本人身份证（中国公民）、户口簿（十六岁以下中国公民）、军人身份证件（中国人民解放军）、武装警察身份证件（中国人民武装警察）等有关法律、行政法规规定的有效证件。

2.填写外汇兑换水单。

信用卡使用

美国现在已经进入了使用信用卡的阶段，因此，到美国，你可以携带信用卡。最通用的是万事达、VISA或者有银联标志的国际信用卡，其中标有银联标志的国际信用卡可以直接用人民币兑换成当地的货币。

USA小贴士

银联卡目前在国外的受理网比不上万事达与VISA这两种国际卡，建议你除了写到银联卡外，还携带一张其他信用卡，以备不时之需。

旅行支票

旅行支票是银行或旅游公司为方便旅行者在旅行期间安全携带和支付旅行费用而发行的一种固定面额票据。购买时，须本人在支票上签名，兑换时，只需再次签名即可。签名的笔迹必须上下相同。

旅行支票很像现金，具有良好的流动性，并能永久有效且使用时无时间限制，另外，旅行支票的购买和使用手续费低廉，它也不像信用卡那样会受到通信状况制约。最重要的是，旅行支票有多种币种选择，避免了汇率的损失。

目前，全球通用的旅行支票品种有运通AMERICAN EXPRESS、VISA以及通济隆THOMASCOSK等，而印有中行字样的上述旅行支票能够在世界各地800余家旅行支票行兑行兑换，也可在各国的大商铺和宾馆饭店直接使用。

旅行支票有不同的面额，以美元为例，有20美元、50美元、100美元、500美元与1000美元。购买时，境内居民可以用外汇存款内资金或外币现钞购买外币旅行支票，也可以用人民币账户内资金或人民币现钞直接购买旅行支票。

购买旅行的支票手续：

1.客户须持本人有效护照或港澳台通行证及购买协议兑付旅行支票。

2.客户须当面即时复签旅行支票，复签与初签应一致。

3.填写外汇兑换水单：填写内容与外币现钞兑换水单相同。

4.在中国银行兑付旅行支票需先期垫款，故旅行支票兑付现金或存款时，须扣除票面金额7.5‰的贴息，按支票面额货币支付。

跨国取款

有Cirrus、Plus标志的取款机就能使用国际现金卡，只要取款机上有和你银行卡上相同图案的标志，你就可以取款。但这类取款的汇率很低，而且会收取手续费与汇率差额服务费。因此，不到万不得已的情况，还是不要用为好。

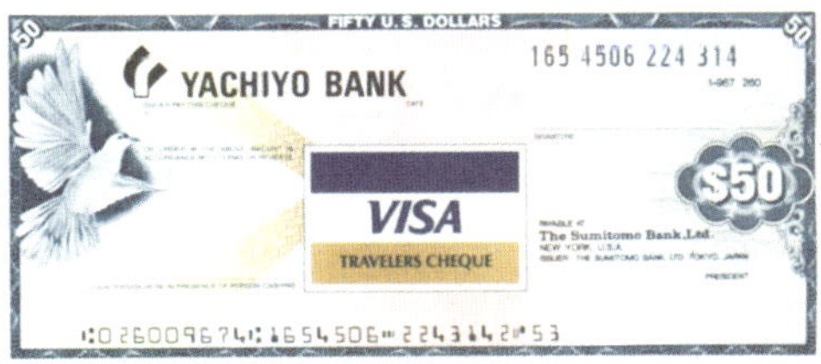

5 准备行李的诀窍

悉心考虑

旅行的行李越少越好，既大又重的行李会在旅途中限制游客的行动，非常的麻烦。一定要考虑清楚，旅行过程中那些是需要的，哪些是不需要的，这样行李就会减少很多，可以轻装上路了。

贵重物品

护照、现金、旅行支票、信用卡、飞机票等贵重物品须细心管理。如果是在一级以上酒店住宿，只携带最低限度的钱出门就可以，其它贵重物品可以存放在保险箱内。便宜的旅馆没有保险箱，那么就需要贴身携带了。

携带服装

最好是穿平时的服装出门，相同样式的服装尽量少带。美国一些地区所在的纬度比我国更高，即使在夏天，早晚都很凉，因此长袖T恤衫、毛衣或是风衣是必不可少的。对于户外运动而言，则需要带分上下穿的雨衣和风雪衣；对于城市游来说，带上折叠雨伞即可。

至于鞋子，带上平时自己穿惯了的轻便运动鞋和旅游鞋即可，如果出席正式场合，需要带上与之相称的鞋子。冬季前往美国，与其在国内准备防寒衣服，倒不如在美国租借防寒的服装和鞋子更合适。

携带背包

参加一条龙服务的旅行团或是只在一个地方游览的话，需要带着行李走来走去，最好选择结实的行李箱。如果是个人在美国周游，最好是选择使用背包。若背包不适合，那就选择大的挎包，和行李箱比，挎在肩上一定会觉得轻松一点。

其他必备

照相机是必备品，充电器以及预备电池不要忘记，很多人会带上吹风机、摄像机、游戏机等。美国野外的蚊虫比较多，尤其是北部地区、纽芬兰等地，前往这些地方最好带上驱虫喷雾剂，常用药和急救包也不可缺少。此外，为了预防紫外线，须带上太阳镜、防晒霜。

行李规定

机场可登记托运的行李（Free Bagage，Free Checked Bagage）要求两件以内，长（L）+宽（W）+高（H）合计每件不得超过158厘米、合计限制273厘米以内，重量不得超过32千克。

可带入机舱内的随身行李（Cabin Baggage），美国航空公司规定经济舱的旅客可携带1件一般随身行李（23厘米×40厘米×50厘米以内）和1件商务随身行李（16厘米×33厘米×43厘米以内），重量控制在10千克以内，携带摄像机没有装入袋内时可以忽视上述规定。

USA小贴士

进入美国，有些东西是禁带的。如新鲜、脱水或罐装的肉类、肉制品；植物种子、蔬菜、水果及土壤；昆虫及其他对植物有害的虫类；非罐装或腌熏的鱼类及鱼子；野生动物及标本；毒品及危险药品；盗印无版权的书籍及录音、录影带；彩券；军火弹药等。

行李清单		
	名称	备注
必须物品	护照	有效期是否有6个月
	旅行支票	下方签名处没有签名
	现金美元/人民币	少量即可，足够交通费与小费
	信用卡	随身携带
	飞机票	确认出发日期和航线
	国际驾照	打算租车旅行的人
	ID卡	国际学生证、国际青年证
	国外旅行伤害保险	尽量购买国外旅行伤害保险
	衬衫	2～3件
	内衣、袜子	2～3套
	薄外套	美国夏天的傍晚也有些凉
	洗脸用品	根据旅行时间长短携带
	电子词典	在紧急时备用
	相机、DV	旅行时用于记录精彩瞬间
	笔记本电脑、手机	可以用于上网
	基本药品	肠胃药、感冒药、创可贴以及消炎药
	旅行充电转换器，笔记本、手机、DV盒带、充电器	如果需要电池，一定要在国内准备好，因为国外电池非常贵
选择性携带物品	毛衣	冬天的必需品
	护肤品	美国一些地区气候比较干燥
	帽子	夏天可以用于防晒
	泳衣	如果去海滩，建议带一件
	针线	有小型包装的，以备不时之需
	大号保鲜袋	用于装衣物或者小物品
	墨镜	遮阳
	手表	最好是有双表盘的，用于快速掌握国内外时间
	女性用品	建议女性朋友准备一点
	雨具	可以选择比较轻巧的折叠伞
	计算器	用于人民币与美元兑换时
	打火机、指甲刀、吹风机	也可以在当地购买
	防晒霜	用于紫外线特别强的时候

美国旅行的必备功课②

吃 FOOD 美国有哪些美食

美国有什么特色美食

美国有多元化的餐饮，大城市中有世界各地风味的餐馆。欧洲餐厅以法国和意大利餐馆为主，这些地方环境很好，价格也较高；中餐馆遍布全美，以广东餐馆为主，多售卖海鲜类菜肴，价格适中；另还有日本、印度、中东、拉美和东南亚餐馆。

餐厅点餐、用餐步骤

在美国的餐厅用餐，有很多的讲究。基本步骤为：带位—点酒水—点前菜、主餐—餐后甜点—结账。

带位：进门后，与门口的服务员打招呼，告诉服务员是坐吸烟区还是禁烟区，让服务员给你找位子。需要提醒的是，到餐厅就餐千万不要自己找位子，如果不满意，可以提出意见，让服务员调换。

点酒水：坐好后，服务员会给你菜单，要你点酒水，如果不需要就说喝水就好。

点前菜、主餐：点完酒水后，服务员会给你介绍今天的特餐，或者介绍店内的招牌餐，这时你就可以点菜了。

餐后甜点：主餐吃得差不多了，服务员就会问你需不需要餐后甜点，如果不需要就说不要，如果需要，则可以点甜点、咖啡或者蛋糕。

结账：一般都在座位上结账。你仔细核对记账单上的金额后，将现金或者信用卡给服务员。最后，不要忘记给为你服务的服务员小费，小费的数额一般是餐费的15%～20%。

USA小贴士 如果进入美国的高级餐厅，一定要记得穿正装，只有这样才能得到最好的服务。

如何看懂美国的菜单

美国餐厅的菜单一般分为前菜、沙拉、汤品、主菜、餐后甜点等。如果英

文不是特别好，建议带上电子词典，这样就能知道菜单上都有什么菜了。如果实在不行，你可以询问服务员，餐厅的招牌菜或者比较实惠的菜，让自己有一个总体的把握。

美国有便宜的食物吗

美国也有比较便宜的食物，如快餐、外卖、自助餐以及顾客自取饭菜的食堂、咖啡店和西餐馆。

快餐是一种点餐之后，自己将食物拿到餐桌吃的餐饮店，除了汉堡包、披萨、中餐这些食品外，还有墨西哥菜、亚洲式面条等，像盖饭那样的快餐也有。便利的购物街里一定会有食街，所有的快餐店都会在那里集聚一堂。在喜欢的店铺里点餐，拿到食物，交钱之后就可以在大厅中央的桌子旁就座品尝了。吃快餐不用付小费。

外卖可以买一些食品，然后在旅馆的房间或是公园里吃，既可以品尝诸如肉饼、土豆泥之类的美国风味，又不用给小费，且购买方便。

自助餐是让我们在众多的选择中自由选择自己喜欢的食物。就餐时，不要一次在盘子里盛满各式各样的食物，这样会显得很没教养。而且，在盘子里剩食物也是违反规定的一种行为。

顾客自取饭菜的食堂是指实行自助服务的餐馆。就餐时，在入口处取盘子，然后自取食物，放在手上的盘子里。这种形式的餐馆经常可以在美术馆、博物馆或国家公园里见到。

想品尝美味的咖啡或提神时，最好的去处就是咖啡店。如果身处郊外，停车场旁边就会有。

另外，你还可以在超市购买面包和火腿，自己制作三明治。

住 Accommodation 去美国住哪儿好

美国的青年旅舍

美国的青年旅舍隶属于联合国教科文组织下的国际青年之家总会，由各国的青年协会独立经营。青年旅舍有大通铺也有个人住房。在这里，你可以自由结交世界各地的朋友，也能得到一些旅游的折价优惠。但是，青年旅舍的地点离市区比较远，而且设施简陋，共用卫生间。

USA小贴士 由于青年旅舍基本上都是公共卫生间，建议带好毛巾以及个人卫生用品。另外，多准备一些零钱，以便使用投币式锁物柜。

另外，到美国，你还可以寻找YMCA与YWCA这两种住所。这些地方的住宿费非常便宜，也是共享浴室，且提供短期住房。

美国的星级宾馆

美国的星级酒店一般在市中心的繁华地带，治安与环境都很好，装修比较豪华，工作人员较多，酒店内，餐厅、游泳池到体育俱乐部等辅助设施都有。

高档星级酒店单人间在170美元以上，双人标准间是190美元以上。中档酒店单人间在80美元到170美元之间，双人标准间是90到170美元之间。入住这些酒店，你可以让国内的旅行社帮忙预定，也可以到网上查询并预定，可以节省不少开销。

美国的短期公寓

美国有不少公寓型的旅馆，里面有完备的家具、电器与生活用品，还有厨房，适合居住时间较长的游客。而这些短期公寓所在的地方交通非常方便，价格也比较实惠，住宿的时间短到1天，长的话可以延伸到1年。如果是一家人到美国旅游，可以选择这样的住宿地。

寻找短期公寓，可以利用以下的方法：

www.woogo.com，是英国在美国纽约公寓出租及旅馆的网址，没有要求最低住宿的天数，电话：866-365-2226。

www.HospitalicyCo.com，是纽约出租公寓的网址，从简易型到豪华型都有。电话：212-813-2244。

www.extstay.com，在全美200多个城市都有连锁，可以提供长期或者短期的公寓，简易型与豪华型都有，电话864-573-1600。

USA小贴士 在寒暑假（12月至次年1月，5～8月）时，美国有很多的留学生回家探亲，因此会空出一些便宜的公寓，如果你这时候出游，而且时间比较长的话，就可以捡到大便宜。可以登陆纽约newyork.craigslist.org/sub/；旧金山www.craigslist.org/sub/；全美地区www.sublet.com进行查询，另外你也可以用“sublet”、“Temporary housing”等关键词在网上搜索相关信息。

美国的经济住宿

如果要找经济型的旅馆，最好是到达目的地后再寻找。因为到达目的地后，你可以询问当地人，如出租车司机，各个商店的服务员等，也可以询问背包旅行客，这些人的旅行经验丰富，知道哪里有经济型的旅馆。

一般来说，汽车旅馆比较便宜，每间

房一天30到80美元之间另外还可以试试B&B住宿加早餐的旅馆。到美国最热门的旅馆搜寻地址，也能找到价格便宜的旅馆。如果你在旅馆住1个月以上，不要忘了询问折扣。

USA小贴士 在美国很多餐厅或者加油站能拿到旅馆折价指南Traveler Coupon Guide，这上面有很多旅馆的折价券，也可以到网站www.hotelcoupons.com上看看。

住宿时应该注意的事项

为了防止意外的情况发生，办理入住手续之前一定要确定以下的事项：酒店周边的环境；房门钥匙、链条锁、窗户是否都好用；房间是否干净；公共浴室与卫生间能否提供热水和凉水。

入住旅馆后一定要注意，锁好门内的链条锁，有人敲门不要轻易开门。如果不知道是谁敲门时，一定要问清楚是谁，说话时也不要打开链条锁；不要超过青年旅舍的门禁时间，也不要在深夜或者凌晨使用公共浴室，不要弄脏公共的洗脸池和厕所，不要弄湿浴室地板等事项。

请搬运工帮忙搬行李、接受房间服务时要给与小费。搬运行李至房间的小费，每件1～2美元；清理房间，每晚每床1～2美元；客房服务的小费金额是消费金额的15%～20%；叫出租车，1美元。

除住宿外其他还有一些和旅馆有关的费用，包括旅馆税，不同的地方税率有所不同。电话费是在使用的情况下才根据所花话费的多少收取相应的手续费，不过在汽车旅馆中，拨打市内电话是免费的。另外在大城市的酒店一般都征收停车费，但是汽车旅馆基本免费。

USA小贴士 几乎所有的美国旅馆的房间内都有煮咖啡的壶，也免费供应咖啡。

行 Transportation 乘哪种交通工具最合适

美国有哪些交通工具

城际交通

美国城际间的交通工具有飞机、火车、长途巴士等，这些交通工具都各有优点和缺点，若想高效地运用这些交通工具，需要对这些交通工具做详细的了解。

而且这些交通工具的沿途景色也不一样。

飞机：美国的航空业很发达，全国拥有大型航空公司50多家，有机场设施的城市1300多座以上，几乎所有的城市都有飞机航班相通，城市之间的飞机往来，就像地面的公共汽车一样频繁。

火车：美国铁路分布不平均，北部密，南部稀。北部拥有全国铁路里程的1/2，美国最主要的铁路枢纽也集中在此，其中最大的是芝加哥，是30多条铁路的交会点，其次是圣路易斯、纽约和匹兹堡等。在铁路网中，以东西干线为主，南北干线较少，东西干线有芝加哥—匹兹堡—费城—纽约—芝加哥—堪萨斯城—洛杉矶等。南北干线有西雅图—洛杉矶、纽约—华盛顿—迈阿密等。

长途巴士：美国的长途巴士主要是灰狗长途巴士，它服务于美国与加拿大之间，在美国各地都有班车服务。

市内交通

在美国的大城市内，主要的代步工具是专线巴士、城市巴士、出租车、地铁等。

专线巴士：可以在旅游观光信息中心或者巴士的信息中心拿到巴士的路线图，然后参照路线图了解目的地的巴士路线。乘坐巴士时，从前门上车，支付票款。市内的巴士基本上是统一票价，而到郊区的巴士或者特快巴士的票价有所变化。另外，记得自备零钱，因为美国的巴士都没有零钱找。

地铁：票价的支付方式有两种，一种是全市区内票价统一，进地铁站时支付票价，只要不出地铁站就可以随意乘坐；另一种是根据目的地的不同支付不同的票价。乘地铁时，先确定好目的地，然后在自动售票机上买票。

出租车：在美国，只有较大的城市才有出租车，如果没有出租车，就要给一些大的酒店打电话，叫车来接。

观光巴士：观光巴士可以运行到专线巴士不能到达的郊区，因此要到郊外观光的游客可以乘坐有导游陪同的观光巴士。美国有的巴士可以通过预约派车到酒店接客人。

如果你有国际驾驶证，你就可以在美国租车游玩，比较方便，也没有时间上的限制。

如何从机场到达市区

在美国，飞机场一般设在城市附近，旅客下了飞机之后，从机场到达市区，可以乘坐机场巴士、出租车、公共汽车等交通工具。另外，还可以租车到达市区并在所在的城市游玩。

机场巴士：每个机场都有这种专为旅客接送的交通车。一般的路线是从机场到市中心或大的车站，中途停靠主要的饭店，也有直达游览景点的，如布法罗的机场巴士就直达尼亚加拉瀑布。这是旅客最为便利的交通方式，价格也适中，车费在15美元左右，司机收小费。

机场巴士的标志比较醒目，车身印有该机场特征的字母或线条，很容易辨认。乘车点通常设在行李提取处或机场出口，上车方便。服务台向乘客提供机场巴士询问服务。

出租车：如是在深夜下飞机到达一个生疏的地方或有急事时，选择出租车是一种较为明智的办法，不过车费较高，甚至有可能受到某些不良司机的“宰杀”。美国出租车有两种计费方式，一是按表收费，堵车时另加；二是事先讲好价钱。无论是何种收费方式，旅客切记要认明出租车辆是否正当，如纽约市的出租车一律为黄色，其余的是非法的，可靠程度就难估计了。出租车司机收小费，一般为车费的10%。

公共汽车：许多美国城市公共汽车都统一票价，同方向的路线还可以转乘，旅客可在下车时向司机索取转乘票就能转换到另一辆车。但是，由于公共汽车路线多而复杂，初到一个地方的游客往往难以掌握，当乘客带的物品较多时，有不让上车的现象。

在美国乘车要注意什么

在美国乘坐公交车时，重要的是要注意自己的钱物，不要交给不相识的人看管，也不要随便答应替不相识的人带东西或托运行李，更不要擅自搬动不明来历的包裹，乘客如有发现，须向司机汇报。此外还要留心车内的动静，如发现异常赶快告诉司机处理，自己不要随便介入。

普通公交车上贯穿整个车厢均设有灰色的拉绳，轻轨上是灰色的塑条，即将到达目的地时，顾客拉动这根灰色的绳子或摁动灰色塑条，就会有提示音和铃声响起“Stop Requested”，它是提醒司机有人要下车了。如果没人下车，车子可以一直不停地向前驶去。这种服务偏于人性化，也比较科学合理。

等车时要和其他乘客站在一起，不要太靠近地铁站台或马路，以保证安全。如果是夜晚，一定要在灯光明亮和有人的地方等车。上车后假如乘客稀少，要坐在尽量靠近司机的地方。下车的站和回家的路尽可能选择人多灯亮的地方。另外，应尽量避免在深夜搭乘公共交通工具，以免出现意外发生危险。

乘飞机游美国

在美国旅行，如果时间较短或是游览的城市较少，乘飞机是最好的选择。因为飞机可以在短时间内移动更远的距离，而且在美国乘坐飞机就像中国人乘坐长途巴士一样平常。在纽约、洛杉矶、芝加哥等大城市，不断有飞机起飞和到达。乘飞机还可以在空中看到漫山红叶、落基山上的积雪、小小的村庄……这是其他旅行方式所没有的乐趣。但是乘飞机游美国，既有优点，又有缺点。

飞机旅行的优点和缺点	
优点	**缺点**
◆短时间内可以移动更远的距离	◆不能到达小城镇
◆可以俯瞰大地的美景	◆不能近距离欣赏到街区的景色和其他景观
◆提供饮料、食品	◆票价比长途汽车贵
◆大中城市都可以到达	◆从机场到市区会花费时间和金钱

购买机票

区域制联票：美国的某些航空公司将美国领土分成了好几个区域，推出了“区域制联票”，意思是只要购买美国单一城市的国际票价，就可以在划定的区域内额外乘坐美国国内航线到达其他城市。在美国旅行，如果你选定的城市有好几个，不要忘记了查询是否可以购买“区域制联票”。

购买周游券：美国的某些航空公司会推出套票，此类套票用于多个城市的飞机旅行较为划算，如美国航空、大陆航空、西北航空、联合航空等都有此服务。

上网买机票：上网买机票是最快的方法，自由选择度较高，而且还有特价的便宜票。不过在美国上网买机票，需要注意一些事项。

航空公司	简称	免费电话	网站
美国航空American Airlines	AA	1-800-4337300	www.aa.com
大陆航空Continental Airlines	CO	1-800-2130856	www.continental.com
达美航空 Delta	DL	1-800-2211212 1-800-2414141	www.delta.com
西北航空 Northwest	NW	1-800-2252525 1-800-4474747	www.nwa.com
联合航空 United	UA	1-800-5210810 1-800-5382929 1-800-4265560	www.united.com
西南航空 Southwest	WN	1-800-4359792	www.southwest.com
全美航空 US Air	US	1-800-4284322	www.usair.com
蓝机航空 Jet Blue	B6	1-800-5382583	www.jetblue.com
阿拉斯基航空 Alaska Airlines	AS	1-800-4260333	www.alaskaair.com

◆网上买票通常需要信用卡，只要打印出电子票（Electronic Ticket）并带到机场向柜台报到即可，不需要对方邮寄真正的机票。

◆有一些便宜的机票订购网站，如Jet Blue航空公司的网站、Southwest航空公司的网站，都提供有廉价的机票。

◆买票时要注意票的种类，比如是直飞（Direct Flight）的还是非直飞的。非直飞的会转机，而且时间会延误很长。一般情况下，廉价的机票都是非直飞的续 表

◆购买机票时，要看清楚机票可不可以改签，它的有效期是多长。因为有些便宜的机票是时间不可改变（non-changeable）和退换（non-refundable）的。

◆预订美国班机，最好要提前7天，因为便宜的机票往往很早就售完了。美国的暑假、每年4月中的春假和年底圣诞节是飞行旺季，此时的机票都非常昂贵。

热门机票查询网站	
	◆www.travelocity.com 只要输入出发、回程的日期、城市，及想要起飞与到达的时间，就可以筛选出美国航空公司的班次和价钱。价钱通常由低向高排，自由选择后网上购票。此外，还可以查询到旅馆及租车的信息。
	◆www.expedia.com 除了上个网站的功能外，还可以订到机票加酒店的套装行程。
	◆www.travelzoo.com 这是个门户网站，可查询到所有销售机票的相关网站。

乘坐飞机

前往机场：最好提前1.5～2小时到达机场，因为每个航空公司的候机楼都不大一样。乘出租车或机场巴士前往机场时，要告诉司机你所搭乘的航空公司，因为有的航空公司提供在下车地点托运行李的服务。

如何登记：到了机场后，要到标有"Domestic"（国内航班）的柜台办理手续。如果是网上买的电子票，不用排队可以自动办理登机手续。持电子票登机，若不知道怎样操作可以找机场服务人员帮忙。

机场安检："9.11事件"后，美国的候机大楼加强了安检，其过程非常烦琐而且很费时间。接受完检查，要尽快到登机处。切记带上飞机的行李有严格的限制，所以最好事先检查好。

候机搭乘：在候机大楼内，可以再次从电子屏幕上确认一下所要乘坐飞机的航班号和起飞时间。

目的机场：到了目的地机场后，不需要通关和入境检查。可根据指示标"Baggage Claim"（行李领取处）领取自己的行李，然后前往机场大厅内，按照指示标寻找"游客信息中心"，去获取旅行必须的信息。

乘火车游美国

美国面积辽阔，拥有漫长的铁路线，搭火车游美国也是不错的选择。美国现有的火车设施有餐车、瞭望车厢、电影放映间等，座位宽敞，旅客可以在车上自由散步或娱乐活动，治安状况也较让人放心。游客选择火车更主要的原因是旅途中可以饱览沿途的景色，观察风土人情。另外，如果计划合适，选择晚上乘火车，第二天到达目的地，即可以赶时间，又可以节省一笔住宿费用。

Amtrak是美国境内的铁路网，覆盖了美国境内比较大的城市，虽然又不少城市没有被连接，但是每个区域的中心城市都有Amtrak Thruway Bus连接周围的城市。Amtrak的路线共有30多条，其中以美国的芝加哥为枢纽，东西岸火车均在此转接。唯一一条不需转接贯通东西的线路是Sunset Limited次列车，由东岸的奥兰多（Orlando）出发，可以直达西岸的洛杉矶（Los Angeles）。不论任何路线，横跨美国，都需要4天3夜。

铁路环游券

USA RAILPASS是Amtrak对外国旅客发售的铁路环游券，这种环游券必须在美国

最受游客欢迎的Amtrak线路

列车名称	运行区域	运行次数	所需时间	路线概况
新月 Crescent	New York～ New Orleans	1日1次	30小时	途径费城、华盛顿哥伦比亚特区，穿过阿巴拉契亚山脉，经过亚特兰大到新奥尔良。
瀑布 Amtrak Cascades	Seattle～ Portland	1日5次	3小时30分	连接西北部的西雅图和波特兰，有些列车甚至运行到加拿大的温哥华和俄勒冈州。
枫叶 Maple Leaf	New York～ Toronto	1日1次	12小时30分	从纽约出发到非常受人们欢迎的名胜尼亚加拉大瀑布停车，然后到多伦多。
海岸星光 Coast Starlight	Los Angeles～ Seattle/Portland	1日1次	35小时	可欣赏美丽的太平洋沿岸风景，会穿过切马尔特到尤金的卡斯特山脉森林。
西南酋长 Southwest Chief	Chicago～ Los Angeles	1日1次	41小时	曾是美国的大动脉，途径粮仓地带、沙漠地带，会在大峡谷的入口和弗拉格斯塔夫停车。
湖滨快车 Lake Shore Limited	Chicago～ Boston/New York	1日1次	12小时30分～22小时	与波士顿相连，经纽约、芝加哥等大城市。从布法罗到多伦多一路上都是伊利湖沿岸，运河的景色堪称这条线上的最佳景致。

续表

梅特罗线 Metro liner	New York～Washington.DC	1日7～9次	3小时	连接华盛顿哥伦比亚特区和纽约两大城市，是Amtrak有名的商务特快路线。
帝国创造者 Empire Builder	Chicago～Seattle/Portland	1日1次	46小时	美国北部最有活力的路线，可欣赏到春夏秋三季不同的森林景观。沿途的牧场和农田连绵不绝，西部开拓的味道非常浓重。
新奥尔良市 City of New Orleans	Chicago～New Orleans	1日1次	19～20小时	从芝加哥到新奥尔良的一路，可以欣赏密西西比河的风光。若从新奥尔良出发，则可踏上美国音乐变迁之路，而且途中还会在孟菲斯停车。
阿塞拉特急 Aceia Express	Boston～Washington.DC	每周15次	6小时30分	进入21世纪开通的线路，沿途可欣赏21世纪的美国风貌。
国会大厦快车 Capitol Limited	Chicago～Washington.DC	1日1次	18～19小时	途径美国重要的工业城市，而且还与纽约、华盛顿哥伦比亚特区相连。
日落特快列车	Los Angeles～Orlando	每周3次	68小时	是贯通美国大陆的线路，沿途可欣赏辽阔的玉米地、牧场、油田。
加利福尼亚和风	Chicago～San Francisco	1日1次	51小时	一路上尽是穿越落基山脉的隧道，颇受游客们的欢迎。

以外的地方预先购买，在发行之日起90天内使用，乘车期有30天和15天两种，持券人可以在乘车期内不限次使用，但如果想坐卧铺或豪华车则要补钱。

客车和卧车

美国火车分为客车和卧车。客车只提供座位，夜间有枕头出租。卧车可以自选厢位，乘坐也较舒适。客运列车如今都有空调设施，即使在夏天，夜晚的旅途也有些寒冷，所以火车上还出售新毛毯供旅客夜间使用。列车上的伙食一般是早餐、午餐、晚餐。餐车上有热开水供应，能用来泡方便面这类速食食品。

怎样买车票

Amtrak线路的火车票根据时间、路段而有所不同，可通过登录www.amtrak.com购买，或拨打1-800-8727245免费电话订购，当然也可以在车站、旅行社购买。网上购买或电话购买，会先拿到一个预约号（Reservation Number），拿着这个号到车站的自助印刷机（Quick-Trak Kiosk）输入号码并打印车票；若是在31天前购买的票，也可以选择邮寄，但须有美国的地址。

乘车需注意

列车经常晚点：长途列车最容易晚点，原因有好多。所以乘坐长途列车时，一定要留出较为充足的时间，至少要留3～6小时的时间，而且也不要把行程安排的太急。但是运行在波士顿和华盛顿哥伦比亚特区的列车很少晚点。

要注意听广播：列车到站前5～15分钟才会在广播里通知在几号月台上车，再加上火车时常延误时间，所以要随时注意广播。另外火车上没有先进的电子看板，所以必须认真听广播，否则非常容易坐过站。而且一些路线一天只有1班火车，坐过站是非常惨的。

可带什么行李：在美国境内乘火车，随身行李可带2件，而且每件不得超过22.5千克；托运行李可带3件，每件也不得超过22.5千克，行李要记得挂上行李牌。除非车票上有载明座位号码，否则是不划位的。

乘巴士游美国

美国的长途巴士就是大名鼎鼎的灰狗巴士，灰狗巴士的车身非常高大，上面绘着一条奔驰着的灰狗，非常容易辨认。车身下部有巨大的空间，专门用来装载行李。车厢内部座位宽敞，每个座位靠背均可调整角度，让乘客舒服地躺下歇息。车窗采用特制玻璃，从车外望去黑黝黝的，从里向外看却是一清二楚。车内有空调设备，每个座位旁有调节角度和亮度的小灯。最方便的是，车身尾部还设有厕所。

在美国旅游，乘灰狗巴士可说是方便又节约。与乘飞机相比，它的价钱要便宜一半；同开小汽车相比，它可以免去自己动手开车、搬运行李之劳，而且乘坐灰狗巴士，售票时只问最终目的地，以及在出发地点的上车日期和班次，沿途可以任由乘客下车观光，选定哪条路线都可，只要自己计算好时间，搭乘任意班次的灰狗巴士在半个月之内到达终点站就行。

但乘坐灰狗的大部分是社会底层的人，安全上值得注意。且车上卫生状况不是很好，有时也不是很准时。所以大部分美国人不愿选择乘坐灰狗。

巴士周游券

灰狗长途巴士公司有一种名叫"Discovery"的周游券，有效期内可以随便、不限次数搭乘灰狗巴士及其他与灰狗长途巴士公司有合作关系的长途巴士。这种周游券除了美国西部山地以及一部分国家公园，几乎可以到达美国的任何地方。但是灰狗巴士公司并不是直接发行这种周游券，而是发行 bautya，需要携带 bautya 到指定车站，换"Discovery"周游券。"Discovery"周游券 2 岁以下儿童免费，但是不能单独占座位。另外 4 天的周游券只限在周一至周四使用。

再乘车券

灰狗巴士在到了一个较大的地方后，通常有30分钟以上的休息时间。乘客下车时会拿到一张Reboarding Ticket的凭证，这是休息后提前上车出示的。没有出示这个凭证，会被认为新乘客，需要重新购买车票登车。所以下车时，切忌要拿一张Reboarding Ticket的凭证。

乘车需注意

灰狗巴士车站的名称：在美国不同的城市，灰狗巴士车站的名称不同。在纽约、旧金山等一些大城市，被称为"Bus Terminal"；在圣保罗等重型城市，被称为"Bus Depot"；在一些小城市，或是村庄，则被称为"Bus Stop"。

灰狗巴士周游券

周游券种类	周游券天数	周游券票价
全美周游券	4、7、10、15、21、30、45、60	7天159美元
全美及加拿大周游券	15、21、30、45、60	15天389美元
美国东部及加拿大周游券	10、21	10天289美元
美国西部及加拿大周游券	10、21	10天289美元

灰狗巴士不是一直行驶：灰狗巴士每行驶2～3小时就会在Rest Stop休息15分钟左右。早上、中午、晚上吃饭的时候，会在Meal Stop停车40分钟左右，这些时间多数会计算在时刻表内。

灰狗巴士其实是划位的：灰狗巴士的位子是谁先到谁先坐，巴士通常在发车前15～30分钟内登车，所以提前到就能选到好位子。但是要记住，前排的座位是留给年长的人或行动不方便的人的。

灰狗巴士行李限制：乘坐灰狗巴士，成人托运行李2件、小孩1件，每件不得超过22.5千克；随身行李可带2件，行李须有Claim check和Identificatino Tag，这可以向车票柜台索取。

租车游美国

在美国旅游，最自由、最随意的旅行方式就是租车自驾游。这不仅可以享受在美国驾车的乐趣，还可以前往公共交通工具不能前往的国家公园。驾车行驶在单侧有5条行车道的高速公路上，礼让的态度、完善的停车位、舒适的汽车旅馆、无限的风光……使这里成为了全球最完美的自驾之旅。

租车的那些事

◆在美国租车旅游，首先须在国内取

得国际驾照，然后方可到美国租车开始自驾之旅。虽然国际驾照的效期为1年，但是在国外租车时最好连同国内驾照一同出示使用。

◆美国各机场及饭店都有租车（Car Rental）的柜台，如果网上预约还可以享受优惠。网站www.carrentals.com会依序查出各租车公司的价钱，非常实用。美国的许多租车公司都是连锁的，因此租车和还车的地点不必相同。

◆一般情况下，租车公司都不会将车租给25岁以下的人，但是有些租车公司也会租给21岁以上有驾照的人，但是需要双方商谈和签订协议书，所以英语能力要求特别高。而且外国人租车需要护照和信用卡担保，没有信用卡须付大量的现金。

◆租车的费用按照车种、租用时间、

租车公司	网址	联系电话
Avis	www.avis.com	（1-800）331-1212
Alamo	www.goalamo.com	（1-800）462-5266
Budget	Tent.drivebuudget.com/home.jsp	（1-800）527-0700
Dollar	www.dollar.com	（1-800）800-3665
Hertz	www.hertz.com	（1-800）654-3131
National Car Rental	www.natinoalcar.com	（1-800）227-3876

租车地点、还车地点而不同。租期越短越贵，租期越长越便宜。加入美国汽车协会(American Automobile Association，AAA)用AAA卡会有折扣，而且还可以享受AAA提供的紧急路况服务、地图和保险。

驾车须注意

◆美国的公路十分发达，但还是建议尽量在白天开车，因为如果开到人烟稀少的地方，危险性就会跟着升高！另外到了纽约或是洛杉矶等大城市碰上塞车机率非常的高，因此要尽量避开上下班时间。

◆在高速公路开车要遵守交通规则，前后座都要系上安全带、确实打好方向灯再换线和注意标示。同时要注意一定年龄以下的儿童必须坐在特殊设计的汽车座椅上。

◆多数的公路会有设置紧急救援电话筒供民众使用。多数的公路会有公路警察巡逻适时提供协助。出发前先研究路线，随时注意油表和加油站。

◆冬季开车时可以带些防寒的衣物和食物，若是有钱的话还可以租个行动电话以防万一。可千万不要在车上睡着了！这可能触犯刑法，招来危险。

◆美国的汽油标号与国内不同，为83#，87#和93#，上路后一般加83#汽油就可以了。

●旧金山市政厅

购 Shopping 怎样购物最划算

美国的特产有什么

美国地大物博，气候条件好，土地肥沃，所以物产很丰富，其中有蔓越梅、美国花旗参、蓝莓、新奇士橙、加州红提等农业产品，还有篮球用品与电脑用品等，另外还有印第安人的手工艺品。

另外，美国的大都会有许多世界知名品牌时装专卖店，如果你的经济情况允许，不妨去看看。纽约每年都有世界服装展示会，去那里购物是不错的选择。

怎样在美国买到合适的物品

在美国很多大城市，百货商场、购物街随处可见，这里，有国际一线品牌的最新款，还能买到很多手工艺品。除了这些地方，你还可以到工厂式大批发店、购物中心、跳蚤市场或者是廉价商店去，这些地方的东西有的比较便宜，东西也适合带回国内送人。

另外，在购物时不妨多逛几家店，一般的大商场里，定期总会有降价销售，店家会挂出“on sale”的牌子，这种时候，通常只需花上原价格的几分之一就可以买到称心如意的东西。

美国合适的购物时间

美国的各大商场一般会在某些时候进行大型的折扣活动，另外还有一些小型的折扣活动，如1月的新年打折期，3月的复活节打折期，7月的独立纪念日打折期，11月的感恩节打折期，12月的圣诞节打折期。

各大商场的营业时间不同于中国。平常时间早上10：00开始营业，晚上8、9点钟打烊，休息日早上11:00才开门，晚上6、7点就送客，只有超市的营业时间稍长一点。

如何将特产带回家

在美国，如果购买的特产适合携带，又不会超重，那么就可以放在行李包里面带走，如果特产超过了乘飞机可携带物品的重量，建议在邮局邮寄回家，但是要记住美国物品携带的规定。

娱 Entertainment 美国的娱乐方式

美国有哪些娱乐场所

1. 艺术中心

美国各大城市都拥有自己的艺术中心，如纽约，就拥有林肯表演艺术中心、大都会艺术博物馆和以“不夜街”著称的百老汇大道等世界闻名的娱乐场所。到这里，你可以欣赏到世界顶尖艺术表演。

2. 博物馆和美术馆

美国所有的城市至少都有一个美术画廊和博物馆，它们大多外表巍峨壮观，内部宽敞明亮，让你打发时间增长见识。另外，美国许多博物馆不仅具有传统职能，而且现已成为多种娱乐活动的场所。例如，华盛顿的各大博物馆坚持为公众举办免费音乐会；国家艺术博物馆的花园中每周日晚7时举行免费音乐会等。要了解这些信息，可以在美国周末报纸的博物馆及美术馆的文化活动专栏了解信息，地方刊物也可查到博物馆的活动安排及可供参观的展览项目。

3. 图书馆

美国的图书馆不仅是供人们阅览图书和查找资料的地方，它还是举办教育、文化娱乐和社团活动的场所。很多大图书馆都经常举办各种文艺演出、展览和报告会，并放映不同语言的电影。

4. 酒吧

美国的每个城市里，基本上都有酒吧的存在，到了晚上，你可以在这些地方放松。但是，如果开车，一定不能饮酒，美国对酒后驾驶这一情况管理得非常严。

USA 小贴士

在美国还有很多的体育赛事，如棒球、美式足球、篮球、冰球等。只要对这个感兴趣，就可以美国一些旅馆的前台索取一本名为Where的杂志了解信息，在Entertainment一页上，会有正在举办的演出，并刊登各个会场的情况，届时，你可以按照这上面的提示去观看。

关于美国电影的等级划分

美国电影价格在7到11美元之间，每个工作日15:00之前入场的观众享受打折价格，一般可便宜3到15美元在美国杂志报纸上有关电影的专栏上都会看见电影的等级划分，情况如下：

G（General Audiences）可以全家一起观看；

PG（Parental Guidence Suggested）会出现一些不适合儿童观看的场面与语言，建议家长要从旁教导；

PG-13 会出现不适合儿童观看的场面和语言，建议家长一定要给予强有力的指导；

R（Restricted）17岁以下儿童必须有父母的陪同或成人陪伴；

X（X-rated）成人电影，17岁以下禁止观看。

●美国纽约曼哈顿的摩天楼

美国旅行应急攻略③

1 在美国如何通信

如何在美国打电话

美国的电话号码都是10位数，其中7位数是基本的电话号码。这7位数之前还有3位数是“区号”(area code)。每个“区”(area)管辖的范围很广，有时甚至包括整个州。有些州，一个“区”里拥有电话的人实在多（一般是某个大都会地区），打电话时拨7位数受话号码的同时也要拨“区号”。

美国较大城市的电话簿则干脆分为两册。“黄页部分”所列是单位、团体、企事业、公司、服务行业等等的名单、地址和电话号码，按部门类别分类后再按英文字母排列，部门类别则有索引可查。“黄页部分”用途非常广泛，特别是当你要查找某个专门行业的单位时更是不可缺少。如果要查找的电话号码在电话簿上找不到，可拨刊登在电话簿最前面的“查号服务台”（Directory Assistance）。在美国大部分地方，查号台的电话号码是411。

1. 使用公用电话

美国通讯发达，打公用电话可用投币和电话卡两种方式。投币式电话（Public or “Pay” Phone）在美国比较常见，美国很多的加油站、大街、餐厅以及大型商场靠近厕所的地方都能找到，这些电话只接收25美分、10美分和5美分的硬币。如果通过投币式公用电话机打长途，而且愿意自行付款（不要受话人付费），事先必须准备足够的硬币（quarters，dimes，nickles）。打电话时如果不知道价格多少就先拨号，接线生会告诉你需要多少钱，如果钱不足，接线生也会通知你补钱。

购买电话卡就可以在旅馆内拨打长途电话。购买电话卡，首先找到电话卡售卖机，然后选择你要的电话卡金额，放入现金或插入信用卡付钱，最后取出电话卡，就可以用来打电话了。使用电话卡的程序一般是：先拨电话卡上1–800或1–888开头的号码，按提示输入电话卡上的密码（pin#），再拨打电话号码。

如果打长途电话以及国际长途电话，建议购买长途电话卡，这样会比较实惠和方便。美国很多城市的唐人街里的书店、录像带出租店以及杂货店可以购买到拨往中国大陆、香港等地的国际电话卡，非常便宜，也非常方便，还可以使用公用电话、旅馆内的电话打。

用长途电话卡拨打美加地区：电话卡上同区电话号码+密码+#+1+区号+电话号码+#。

用长途电话卡拨打国际地区：电话卡上同区电话号码+密码+#+011+国码+区域号码+电话号码+#。

2. 拨打电话

从美国打电话回中国，公式为：国际冠码011+中国国家代码或香港代码86+区域号码+电话号码

地区	通讯类型	国际冠码+	国家或地区代码+	区域号码	电话号码
中国大陆	固定电话	011	86	10北京	8位号码
	手机			不需要区码	11位号码
中国香港	固定电话	011	852	2香港	7位号码
	手机			不需要区码	8位号码

从美国打电话至美国本地：加码+区域号码+电话号码/手机号码。

通讯类型	加码+	区域号码+	电话号码
同区固定电话区号相同的号码	不需要加码	不需要区号	7位号码
郊外外固定电话区号不同的号码	1	3位号码	7位号码
手机	1	3位号码	7位号码

3. 发短信

短信用的钱比打电话便宜，在美国，也可以收到中文短信。

从美国发送短信到中国的方法是：国际冠码0+国家代码86+手机号码11位。

4. 打电话应注意的事项

美国免付费的电话都是以800、888、866开头的，通常是商用电话，拨时前面要加1，如1+800+电话号码。

值得注意的是，900、915、976的号码都会额外收费，而且费用比较贵，因此，不要乱打。拨这类电话也要在前面加1，如1+900+电话号码。

如何在美国寄东西

美国邮政编码用的是5位数，以此标明你的住址位于哪个邮区（Postal Zone）。有些个人、单位、团体使用更加精确的9位数编码。

每个城市都有一个邮政总局，较大的城市则有几个提供全方位服务的邮政分局和提供有限服务的邮政所或邮政点（Substation）。邮政点有时附设于某个商店或某个杂货店（Drug-store）。许多大学都在校园里设置邮政所或提供有限服务的小邮政服务点。这类邮政所和邮政点出售邮票，提供最低限度的邮政服务，诸如邮寄信件、邮包到美国国内各地。

各个邮局的电话号码刊登于电话簿“蓝页部分”的“美国政府，美国邮政”（United States Government，U.S. Postal Service）栏目。有些地方的《城市指南手册》把当地各个邮局的名录、地址、电话号码专列于“信息资料”（Information）或“用户服务”（Customer

Service）栏目。

邮寄信件和邮包的费用偶尔有变动，变动情况随时会张贴布告予以公布。你可以在当地邮局索取邮费单。

通过美国邮政寄出邮包的重量和大小都有限制，具体费用和有关限制可向邮局了解。邮寄挂号件必须用纸板盒（carbon box）或衬垫信封（padded mailing envelope）妥善包装，然后再用捆扎带（strapping tape）加固，不能只用普通纸包裹，也不能只用普通绳缚扎。邮包内不得附带任何信件。

美国还有数家商业快递公司，如联邦快递（Fedex）、UPS等，它们用多种邮递方法，为用户提供邮寄服务。

1. 寄信的地方

从美国邮寄东西回国内可以到美国邮局去办理。大部分的美国邮局都会挂一面大的美国国旗，并有"U.S. Post Office"的字样。美国的邮局服务比较周到，这里的邮差会到你的信箱收信，如果只是寄往美国国内，贴上41美分的邮票放在信箱里面就可以；如果是寄往其他国家，就要到邮局办理，如挂号信、寄包裹等。

美国邮局周一至周五8:00～17:00营业，有部分邮局会在周六中午12点或下午1点之前营业。邮局提供寄信、取信、停止送信、买卖邮票、买现金汇票和租信箱服务。美国的邮局基本上都收取信用卡，所以比较方便。

美国的邮筒是蓝色的，一般约6千克以下的邮件可以投入邮筒。邮筒可以在大街、机场或者商场找到。另外，你也可以把信投入门前的信箱内，但是放进信后，要把旁边的红色收信旗竖起。

2. 邮寄国际信件以及包裹

如果邮寄航空信件回国，就要到邮局办理。办理时，柜台人员会先称重，告知你价钱，并发表格让你填写，填完后付费。

如何在美国上网

美国上网比较方便，机场、咖啡店和一些图书馆都可以上网。机场的网络服务需要收费。你在机场打开电脑后，就可以搜寻最近的网络，然后使用信用卡付费。如果咖啡店的招牌上写有"Wireless Internet"，就是可以上网的咖啡店，它与图书馆一样，都是免费的，除了连锁的星巴克咖啡。

2 出行应急有诀窍

乘飞机应急窍门

在美国乘飞机旅行时，如果所选的航空公司没有前往想要参观城市的航班，或是所选的旅游目的地无法乘坐飞机，旅游目的地的航班比较少时，这时最好选择其他交通工具。你可以根据不同的情况，利用长途巴士、火车或租车。如从纽约到费城、从纽约到华盛顿，乘坐长途巴士和火车都可以到市中心，这样也会节约从机场到市区的时间和交通费。

迷路了怎么办

在美国，一幅详细的城区地图必不可少，地图尽量选择标出的路线是双行道和单行道的。拿着这幅地图，你就会省去很多的麻烦。

发现自己迷路了，可以询问警察，如果旁边没有警察，则可以询问路旁的商家。再不行，一定要找一个比较可信的人问路。

●纽约布鲁克林桥

3 发生意外怎么办

东西遗失了怎么办

1. 护照遗失

如果护照遗失，就要向当地的警察局报案。警察会把丢失的证件号码一一记录，然后给你一个报案号码的小卡片，以表示你的护照遗失。

护照遗失，可前往当地中国驻美国大使馆补办。补办护照，需提交我国驻外使领馆签发的《中华人民共和国旅行证》，提交户口簿、身份证原件和相应复印件，在办理证件所在的公安局出入境管理处与遗失地我国驻外使领馆核实后补发。

2. 行李遗失

如果在旅行的途中丢失行李，那就没有办法找回了。如果在飞机上或者巴士上行李遗失，要赶快找工作人员帮忙，看是否是别人拿错了行李，如果行李真正遗失，要立即对行李进行遗失登记。在登记遗失行李表时，要详细地写清楚行李箱中的物品和价格，如3天没有找到行李，则可以向航空公司或者巴士公司要求理赔。

3. 信用卡遗失

信用卡遗失要立即打电话至发卡银行

中国驻美使领馆

使领馆名称	领区范围	地址	电话	传真
中国驻美国大使馆	华盛顿特区、特拉华、爱达荷、肯塔基、马里兰、蒙大拿、内布拉斯加、北卡罗来纳、北达科他、南卡罗来纳、南达科他、田纳西、犹他、弗吉尼亚、西弗吉尼亚、怀俄明	3505 International Place,nw,Washing tm,D. C.20008	1-202-4952266	1-202-4952138
中国驻纽约总领馆	康涅狄格、缅因、马萨诸塞、新罕布什尔、新泽西、纽约、俄亥俄、宾夕法尼亚、罗得岛、佛蒙特	520 12th Ave. New York,NY 10036	1-212-2449392	1-212-5649387
中国驻芝加哥总领馆	科罗拉多、伊利诺斯、印第安纳、衣阿华、堪萨斯、密执安、明尼苏达、密苏里、威斯康星	100 West Erie Street, Chicago, IL60654	1-312-8030095	1-312-8030110
中国驻休斯顿总领馆	阿拉巴马、阿肯色、佛罗里达、佐治亚、路易斯安那、密西西比、俄克拉何马、得克萨斯	3417 Montrose Blvd., Houston TX 77006	1-713-5201462	1-713-5247656
中国驻旧金山总领馆	阿拉斯加、北加利福尼亚、内华达、俄勒冈、华盛顿	1450 Laguna Street,San Francisco, CA 94115	1-415-78525900	1-415-5630494
中国驻洛杉矶总领馆	亚里桑那、南加利福尼亚、夏威夷、新墨西哥、太平洋岛屿	443 Shafto Place, Los Angeles,CA 90020	1-213-8078088	1-213-8078091

的24小时服务中心，办理挂失与停用，也可以与当地信用卡公司的办事处或合作银行取得联系。联系方式可以从电话本上查询联系方式或者向酒店的人员咨询。

办理手续时需要卡号和有效期限，不要忘了把联系方式也一并记下。

4. 旅行支票遗失

旅行支票遗失后，给旅行支票发行公司的海外服务中心打电话挂失后就可以止付，并可以得到新的旅行支票。

USA 小贴士

旅行时的贵重物品与重要文件建议随身携带，以免行李真的出现遗失。托运时，建议标明行李的价格，以便出现遗失情况后可以得到合适的赔偿。

5. 机票丢失

丢失机票，一般分为以下两种情况：一种是如果能确认丢失机票的详细情况，则可以重新签发；二是购买购买待用机票，并且在一定时段内没有不正当使用丢失的机票，如果情况属实，则可以申请退款。如果不知道机票的详细情况，可以亲自和购买机票的中国公司驻外办事处联系，查询详情。

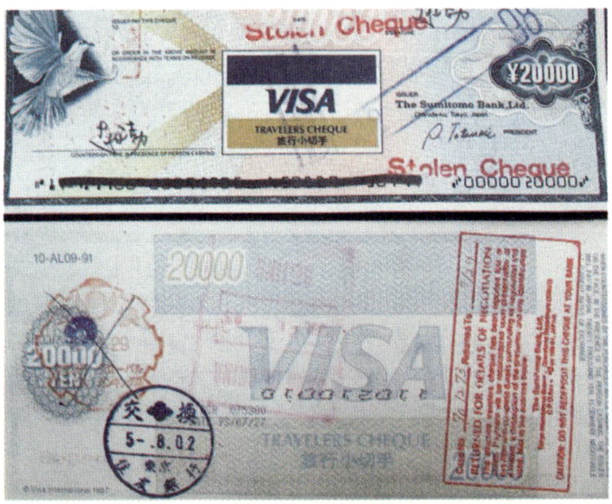

USA 小贴士

购买旅行支票后，建议立即先在上方签名处签名，因为收旅行支票的人会验证下方签名处签名与上方签名处签名的笔迹是否出自一人。

遇到小偷怎么办

在美国，如果不幸被偷或者被抢，第一就是向当地警察报案；如果在旅馆遗失物品，可以通过旅馆柜台人员找警察前来处理，如果是贵重物品，要申请被盗证明书，以方便以后向保险公司申请索赔。

USA 小贴士

中国驻美使馆的电话要记得随时携带，一旦有紧急情况，就可以打电话求救。

生病了怎么办

出发前，一些必备的常见药品必不可少，如果只是感冒等小问题，可以自己按照说明吃点药，然后再好好睡上一觉，补

充体力。如果有些慢性病，就要在国内带足药，并记得携带英文的诊断书，万一有事，当地的医生就可以尽快做出判断。

如果感觉身体不适，首先就要求助于旅馆的工作人员，尽量安排医生或者到就近的医院就医。如果在旅行的路途不舒服，应让身边的人叫救护车或者前往就近的医院。

USA 小贴士

由于美国的医药费很贵，因此建议在出发前投境外旅行保险。就诊后要保留就诊费用与诊断书、发票等相关文件，可用于回国后申请保险理赔。在美国，如果需要叫救护车、警察、消防车可打911，公共电话拨打这个号码都是免费。

4 这些语言最有用

住宿应急语言

I'd like to make a reservation for two nigts for my family and myself.

我想要给自己和家人预订房间，准备住两个晚上。

How much is a room per night? 住一晚要多少钱？

Do you have any less expensive room?

有没有便宜一点的房间？

I Would like to check my valuable.

请你帮我把贵重物品寄存一下

Does your hotel has pick-up service at the airport?

请问你们旅馆有机场的接送服务吗？

How can I take a bus or subway to your hotel?

我要如何乘车才能到达你们的酒店？

出行应急语言

Where is the nearest gas station?

请问最近的加油站在哪里？

Excuse me, could you tell me which bus I should take to go to the railway station?

打扰一下，请问我该乘哪路车到火车站？

How can I get down to the subway station?

我怎样才能到达地铁站？

How long does it take to get there?

去那里要多长时间？

Where can i get a bus?

我在哪儿可以乘坐公交车？

Where is the nearest subway station? 最近的地铁站在哪里？

Will this ticket allow me to make a stop-over any where?

这票允许我在途中的任何地方下车吗？

Do I have to pay on additional fare to change trains?

换车时还要额外付费吗？

Could you tell me where I can get a ticket?

你能不能告诉我在哪里可以买到车票？

Could you tell me how to use it?

你能告诉我怎样使用车票吗？

I need a cab.

我需要一辆出租车。

I have something important to do, can you fast the speed?

我有一些重要的事情要办，你能加快速度吗？

饮食应急语言

What is the house Specialty?

你们这个店的招牌菜是什么?

There are something wrong in this bill.

这个账单有些错误

I′d like to book a table for two.

我想预订一张两人桌。

Could you make a reservation for me?

请你帮我预定好吗?

I′ve got three guests today, We′d like a table next to the window.

我有三位客人，我们想要靠窗的位子。

Shall we have a new table, please?

我们可以换张桌子吗?

May I have a menu, please?

我可以看下菜单吗?

We'd like this course for two, persons。

这道菜请给我们来两人份。

May I have a glass of local beer?

给我一杯当地啤酒好吗?

购物应急语言

Could you show me the coat on the shelf?

你能把架子上的那件衣服拿给我看看吗?

Can you give me a reduction?

可以给我打个折吗?

How much is this shirt?

这件衬衣多少钱?

This dress is beautiful, May I try it on?

这件衣服很漂亮，我可以试穿吗?

Please show me that hat.

请拿那顶帽子给我看看。

I′d like to buy some presents.

我想买一些礼品。

美国旅行 Let's Go

1 美国最热门的旅游圈 New York 纽约

纽约（New York）是美国旅游最热门的城市，有着“大苹果”的昵称，还有人称它为“一个从不睡觉的城市”，总之纽约是一个充满无尽的能量和魅力的城市。这里有着金融商业集中的华尔街、高耸入云的大厦、月亮高挂的夜色、休闲式的单线滚轴、长盛不衰的百老汇音乐剧……让众有的游客留连忘返。不过纽约作为一个国际化的大都市，消费水平很高，所以别忘了准备足够的钱哦。

美国最热门的旅游圈

New York
纽约

纽约市内景点

01 自由女神像

观光指数：★★★★★
推荐等级：★★★★★

自由女神像（Statue of liberg）是纽约甚至是美国的标志性建筑，2001年“9·11”恐怖袭击后，对公众关闭，2004年部分开放，2009年美国独立日冠冕部分重新开放。女神像头戴光芒四射的冠冕，右手高擎长达12米的火炬，左手紧抱一部象征《美国独立宣言》的书板，上面刻着《宣言》发表的日期“1776.7.4”字样。脚上残留着被挣断了的锁链，象征暴政统治已被推翻。花岗岩构筑的神像基座上，镌刻着美国女诗人埃玛·娜莎罗其的一首诗。

了解点历史掌故

自由女神像是法国在1876年赠送给美国庆祝独立100周年的礼物。女神的外貌设计来源于雕塑家巴托尔迪的母亲，而女神高举火炬的右手则是以雕塑家妻子的手臂为蓝本的。据传，当时这座女神像是准备送给埃及的，因为神像是女性被埃及拒绝，后转送给美国，成为纽约市甚至全美国的标志。

USA全攻略

地 哈德孙河自由岛上

电 212-915-3400

交 乘坐1、9、N、R号线到草地保龄球场下可到，也可以乘坐M6、M15到S渡口，接着环线从炮台站到自由女神像渡口。轮渡夏季从上午9:15到下午3:30开放，冬季时间不确定

时 7～8月，每天9:00～18:00；9月至次年6月，每天9:30～17:00

亲历者体验 FOLLOW ME

1 可乘电梯登上女神顶部

观光的游人可从铜像底部乘电梯直达基座顶端，然后沿着女神像内部的171级盘旋式阶梯登上顶部的冠冕处，而在此观赏纽约的风光，别有一番滋味。为了方便游人，每隔三节旋梯就设置一些休息座，供不能一口气登顶的游客小憩。

2 体验早期的美国移民生活

在女神塑像的基座有一个大厅，1972年美国联邦政府将其辟为移民博物馆。馆内设有电影院，为游客放映美国早期移民生活的影片。如果你想体验美国的移民生活，不妨去这里看一场免费的电影，加深对美国移民生活的了解。

★镌刻在神像底座的名诗

不似希腊伟岸铜塑雕像，
拥有征服疆域的臂膀；
红霞落波之门你巍然屹立，
高举灯盏喷薄光芒；
您凝聚流光的名字——
放逐者之母。
把广袤大地照亮，
凝视中宽柔撒满长桥海港。
“扼守你们旷古虚华的土地与功勋吧！”
她呼喊。
颤栗着缄默双唇：
把你，
那劳瘁贫贱的流民，
那向往自由呼吸，
又被无情抛弃；
那拥挤于彼岸悲惨哀吟，
那骤雨暴风中翻覆的惊魂；
全都给我！
我高举灯盏伫立金门！

●美国自由女神像

02 帝国大厦

观光指数：★★★★★ 推荐等级：★★★★★

帝国大厦（Empire State Building）和自由女神像一样，是纽约的地标性建筑。大厦始建于1930年3月，使用的是当时最轻的材料。里面的墙壁装饰很有特色，多为来自意大利、法国、比利时、德国的不同颜色的大理石，一楼大厅更是各种艺术品的殿堂。自大厦建成后，共有90多部电影选择这里作背景，其中包括《金刚》和《西雅图不眠夜》等经典电影。自从世界贸易中心坍塌后，它再次成为纽约第一高建筑。

亲历者体验 FOLLOW ME

1 每年春节都会举行爬楼梯比赛

帝国大厦从第一层登至86层，共1574个阶梯。另外，大厦内的博物馆也有很多，还举办各种展览，最近新开了一个卡通博物馆，会有来自世界上50多个国家的20万件卡通作品将与观众见面。

2 这里是年轻人举行婚礼的奢华地

从1994年起，帝国大厦顶层已成为青年人举行婚礼和纽约人庆祝情人节的传统场所。在这里举行过婚礼的人，就能成为帝国大厦俱乐部的成员，每年情人节都可以免费重返帝国大厦。不过，要取得在大厦举行婚礼的资格并不容易，新人要写信给帝国大厦，描述他们为什么要在大厦举行婚礼，之后大厦根据申请人的情况和是否有原创性等条件，挑选出最佳人选。

USA全攻略

地 纽约曼哈顿中城第五大道350号

电 212-736--3100

交 乘坐B、D、F、Q、R、1、2、3线地铁到达34号大街，6线地铁33号大街下可到；乘坐公交Q32、M1–M5、M16、M34路公交可到　时 每日8：00~24：00（售票截止时间为23：25）

了解点历史掌故

20世纪30年代，美国经济处于大萧条时期，人民生活困苦，而华尔街的老板们却热衷于修建摩天大楼的竞赛。百万富翁拉斯科布为了显示自己的富有，决意修建一座世界最高的楼房。他找来著名的建筑师威廉·拉姆，问楼房能盖多高？拉姆沉思片刻后回答说："320米。"拉斯科布对这个高度很不满意，因为这仅仅比当时纽约新建成的克莱斯勒大厦高约1.2米。于是，建筑师设法增加了一节约60米高的圆塔，使帝国大厦的高度为381米。这座摩天大楼只用了410天即告建成，也可算是建筑史上的奇迹。在很长一段时间里，帝国大厦一直是世界最高的建筑。

★在帝国大厦拍过的电影

1933年的电影《金刚》及2005年的重拍版中，金刚最后都是爬到帝国大厦顶端，然后被战斗机攻击身受重伤、摔落地面而死。

1993年的电影《西雅图夜未眠》，男女主角片末在楼顶相见。

1996年在电影《独立日》中，帝国大厦被外星人摧毁，整个纽约也随之沦为废墟。

2010年的电影《波西杰克逊与神火之盗》中，帝国大厦被视作古希腊天神的居住地“奥林匹斯”的电梯。

2010年美剧《绯闻少女》里男主角chuck约会女主角Blair的地方。

03 时报广场

观光指数：★★★★　推荐等级：★★★★★

时报广场（Times Square）素有“世界十字路口”之称，虽然不是很大，但是可称得上全世界最繁忙与热闹的地段。整个广场多见密集、巨幅又绚烂无比的电子广告牌，聚集了近40家商场和剧院，观赏音乐剧、购物、吃饭都能在此解决，可以说是繁盛的娱乐及购物中心。众多的剧院中仅百老汇就有数十家，在这里还可以买到廉价的百老汇票。

了解点历史掌故

时报广场原名“朗埃克广场”（Longacre Square），因《纽约时报》早期在此设立的总部大楼而得名“时报广场”，但是经常会将Times square错译为时代广场。广场初建时，又脏乱又危险，直到20世纪80年代，百老汇的风华才逐渐恢复。

USA全攻略

地 纽约曼哈顿中城北区西42街与百老汇大道交会处

交 乘坐1、2、3、7、9、A、B、C、D、E、F、N、Q、R、W、V、S线地铁到42号街下即到

亲历者体验 FOLLOW ME

1 买便宜票看百老汇歌剧

时报广场上的百老汇剧院上演的歌剧有大约26部，经典剧有《歌剧魅影》、《芝加哥》、《狮子王》以及中国人熟悉的有《妈妈咪呀》等。购票可以直接到剧院去买，如果不确定看什么，想买便宜票，可以在时报广场那个红楼梯下面的售票处购买。一般周一至周四票价优惠多一些。

2 体验广场的魅力

无论白天和黑夜，广场上涌动的是世界不同肤色、不同国家、不同民族的人流，展示的是一个没有舞台的舞台，没有导演但比导演出的还要绚丽的世界时装模特秀。你可以随着人流，感受广场“世界十字路口”的魅力。或者踏上一种专供游人游玩的三向轮的脚踏车，在高密度的人流中穿梭！

3 广场上的新年狂欢夜

每年的12月31日，都有超过50万来自全美乃至世界各地的人汇集于此，共度不眠之夜。届时，在时报广场One Times Square Plaza的顶楼都会悬挂一颗90千克的彩球，新年来临的那一刹那，彩球打开并飘散出无数的彩带庆贺。这一夜可谓艳冠绝伦，狂热的场面非常难得一见。

04 洛克菲勒中心

观光指数：★★★★★ 推荐等级：★★★★★

洛克菲勒中心（Rockefeller Center）是美国的“国家历史地标”，由19栋商业大楼组成，横纵各跨3个街区，在全世界诸多庞大的建筑群，除了皇宫之外，恐怕很少见了。它不仅是现代主义的标志建筑，也是资本主义的地标物，其意义的重大，早就超过建筑本身。整个建筑群内涵括餐厅、办公大楼、服饰店、银行、邮局、书店……甚至还有地下铁通道贯穿连结，难怪不少世界巨头公司会将总部设在这里。洛克菲勒中心一天可让超过25万人在此穿梭无虞。

USA全攻略

地 49号街和52号街之间的第五大道630号

电 212-332-6868

交 乘坐F、D、B、Q线地铁在洛克菲特中心下可到，也可以乘6线地铁在51号街或列克星教大道下车前往第五大道；还可以乘公交到达第五大道，然后转M1、M2、M3、M4、M5到达50号街

亲历者体验 FOLLOW ME

1 到“巨石之顶”观光

洛克菲勒中心主楼高260米，楼顶上是著名的观景平台“巨石之顶”，可以鸟瞰曼哈顿全景。虽然“巨石之顶”不及帝国大厦观景台，但是它有许多独到之处。不仅可以欣赏帝国大厦雄姿，还可近观中央公园四季美景。天气晴朗时，能见度可达130千米。许多登上过纽约世贸中心顶部人，如今从这里望向世贸中心双塔的原址，心中不免升起一种沧桑的感慨。此外，洛克菲勒中心位于曼哈顿中心，观景台视野良好，不受阻挡。观景台地面装有供暖设备，可融冰雪。

2 最值得一看的是“无线电音乐厅”

洛克菲勒中心最核心的建筑是“无线电音乐厅”（Radio City Music Hall），这个建筑是ArtDeco最集中的典范，20世纪30年代的风格，美轮美奂，雕塑、浮雕、壁画、装饰、灯具、室内设计都精彩得令人震撼。不但喜欢音乐歌舞的人要去，学习建筑和设计的人也是必须去的。

3 夏天的咖啡座，冬天的溜冰场

洛克菲勒建筑群的中心是一个下凹的小广场，在夏天则是露天咖啡座，冬天则改为溜冰场。这里是好莱坞浪漫电影最喜欢选取的场景之一，在小广场的四周，大约有200多面各国国旗迎风飘扬，这一景象代表了纽约国际都市的特色，也是游客到纽约的标志性拍照地点。

了解点历史掌故

洛克菲勒中心的面积很大，从48街到51街东西占了3个街区，从第五大道到的七大道南北跨越3个纵向街区，由19栋商业大楼组成的建筑群，占地约9万平方米。这个庞大的建筑群是全世界最大的私人拥有的建筑群，不过洛克菲勒中心据说开始是想要建造一栋歌剧院的，但是由于1930年的经济大危机和股市崩溃，而使得投资者约翰·小洛克菲勒改变了初衷，阴差阳错的建成了这座当时全世界最大的私人投资的商业大楼。

05 华尔街

观光指数：★★★★ 推荐等级：★★★★★

华尔街（Wall Street）的名头非常响亮，人们都知道它是美国乃至全世界的金融中心。华尔街从曼哈顿区南部的百老汇路一直延伸到东河，街上是行色匆匆来往其间的各色金融人士，象征美国资本主义的铜牛雕像则静静地守卫着，许多游客都围绕其争相拍照。当人们看到纽约证券交易所（New York Stock）、沿自由街（Liberty St.）的联邦储蓄银行（Federal Reserve Bank）以及周围矗立着的各大银行总部，都会被华尔街的世界金融中心地位所震撼。

USA全攻略

地 纽约市内的华尔街

交 乘坐2、3、4、5线地铁到华尔街站下，N、R线地铁到Rector站下可到，也可以乘坐M1、M6、M15路公交到达

了解点历史掌故

1792年，荷兰殖民者为抵御英军侵犯而建筑了一堵土墙，从东河一直筑到哈德孙河，后沿墙形成了一条街，因而得名Wall Street。后来，美国人拆除了围墙，但“华尔街”的名字却保留了下来。如今，这里是美国大垄断组织和金融机构的所在地，是垄断资本的代名词。

亲历者体验 FOLLOW ME

1 华尔街并不长

华尔街全长不过约550米，宽11米，从百老汇到东河仅有7个街段。对于游人来说，去华尔街游览，历史意义远重于观赏价值。在华尔街，三位一体教堂的正前方是纽约证券交易所（NYSE），背后是美国证券交易所（AMEX），左右两侧都是高耸的写字楼，只有周围的一小块地方还保存着17世纪的花园和墓地。从教堂门前穿越百老汇，就算正式进入了华尔街。

2 摸铜牛祈福

华尔街的铜牛雕像一直是美国资本主义最为重要的象征之一，也是外来游客必到的景点之一。这座铜牛塑像是由意大利艺术家狄摩迪卡设计的，铜牛身长近5米，重达6300千克，无数前来观光的游客，都愿与铜牛合影留念，并以抚摸铜牛的牛角来祈求好运。

06 唐人街

观光指数：★★★★★ 推荐等级：★★★★★

唐人街（China Town）就是纽约城内的中国城，这里通用的语言主要是汉语，当然也有中国各地方言。饮食以中餐为主食，许多街口有中文报摊。开车可以听到中文广播，晚间可以看中文电视。当然，到了纽约可以住宿在这里。唐人街与华尔街只是咫尺之途，距市政府

仅一步之遥，又毗邻世界表演艺术中心的百老汇，优越的地理位置使它在纽约有举足轻重的地位。

亲历者体验 FOLLOW ME

1 在唐人街就像住在家里一样

唐人街的居民以华人为主，华人的商业活动也集中于此。住在唐人街，就像在中国城市一样。通用的语言主要是国语，也有各地方言。中餐为主食，许多街口有中文报摊。开车可以听到中文广播，晚间看的电视是中文电视。在美国，这样的条件和氛围只有纽约的唐人街才有。

2 唐人街只是一个泛称而已

在纽约、在美国，甚至在世界各地，均有无数的“唐人街”。就纽约来说，有“第一唐人街”、“第二唐人街”等，位于纽约市曼哈顿南端下城的唐人街，一般指第一唐人街，其范围以勿街为中心，包括坚尼街、摆也街、披露街、拉菲耶特街、包厘街和东百老汇大道。

了解点历史掌故

唐人街的多耶斯大街是一条非常狭窄的小巷，当年唐人街的黑帮分子就经常在这里发生激烈的冲突，后来这条大街就被称为“血腥之角”。一直到1933年时，唐人街黑帮之间的打斗才趋于平息。

USA全攻略

地 纽约市曼哈顿南端下城摩特街附近的街道

交 乘地铁在运河站下可到

时 每天9：00～18：00

07 麦迪逊广场花园

观光指数：★★★ 推荐等级：★★★★

麦迪逊广场花园（Madison Square Garden）是NBA纽约尼克斯队的主场，本身建筑是一幢大型白色圆柱体，被称为“纽约的门脸”，一般乘坐火车来纽约的外地游客第一眼看到的就是它。麦迪逊广场花园是体育、娱乐活动的殿堂，众多球类赛事和摇滚音乐会等经常在这里举行，此外这里还是政治集会等大型室内活动的举办地。一部麦迪逊广场花园历史，其实就是美国体育、文艺和政治的生动鲜活史。

USA全攻略

地 曼哈顿区第8街与第33街拐角处

电 212-465-5800（观光旅游团） 交 乘坐地铁第23号大街下可到

时 11：00～15：00接待参观团，每15分钟一团

了解点历史掌故

关于麦迪逊广场花园，准确地说“花园”是纽约城先后四座球馆的名字，最初的前两个都坐落在麦迪逊广场，因此得名麦迪逊广场花园，第三个球馆之后建在第50街与第八大道的交界处，现在的第四个位于第33大街和第七大道，与麦迪逊广场已经没有丝毫关系，但是“麦迪逊广场花园”留下的记忆实在太深，难以磨

灭，所以后来先后建成的第三座和第四座依然以这个名字命名。

姚明与麦迪逊广场花园有着不解之缘，姚明被NBA选为状元秀就是在这里，纽约掀起的“姚明热”也是从这里开始的。2003年2月26日，火箭虽然最终以95比102不敌尼克斯，但在这座全世界最著名的球馆里，姚明打得很畅快，15投9中，罚球6罚6中，砍下24分，还抓了6个篮板，姚明抢眼的表现使纽约掀起了“姚明热”。

08 华盛顿广场

观光指数：★★★ 推荐等级：★★★★

华盛顿广场（Washington Square）是波希米亚文化的所在地，为当今纽约大学内最受人喜欢的地方。华盛顿广场地区居住了许多画家、雕塑家和摄影家，他们把广场变成了一个捕捉创作对象的殿堂。广场上展出的油画、摄影、素描和版画等，描绘了广场从作为曼哈顿地区最富有的街区转变成纽约市最富有艺术气息地域的过程。不论什么时候，广场中心总是挤满了人，有些是街头艺人，有些是附近纽约大学的学生，还有滑直排轮的、拍照的、睡午觉的，广场的表演空地上不乏爱炫秀的绝技人士。

亲历者体验 FOLLOW ME

华盛顿广场靠近纽约大学附近有很多既便宜又美味的餐厅，比如位于华盛顿广场南方的汤普森街上就有许多特别的料理餐馆，譬如意大利料理、西班牙料理、日本料理等。从店面斑驳老旧的窗台、门板可以看得出这些餐厅的年代久远，此外在餐厅的窗户上多贴着各报章杂志的推荐文章，这是受到纽约当地报刊推荐的标志，这些餐厅都有几把刷子，口味肯定很棒。

USA全攻略

地 格林威治村与东村中间

交 乘地铁第四大街西下可达

了解点历史掌故

华盛顿广场曾经是一片沼泽，18世纪末成为埋葬因黄热病而去世的人的公墓，19世纪初则是决斗或绞刑示众的现场，后来成为了公园而有所转变，20世纪初达达主义的创始人杜象与史隆将其变成了充满艺术与活力的广场。

09 第五大道

观光指数：★★★★★ 推荐等级：★★★★★

第五大道（Fifth Avenue）是曼哈顿的中轴线，全美国最著名的珠宝、皮件、服装、化妆品都集中在这里。大道两旁是俊男靓女进出的高楼大厦，这些大厦以顶级品牌旗舰店和高档百货大楼为主，对于淘宝达人来说自然是不可错过的好去处。即使不买东西，光看看那些橱窗艺术就可大饱眼福了。此外，诸多大厦中不乏有像洛克菲勒中心这样的高层建筑，也有优雅庄严的圣帕特里克大教堂。可以说，第五大道是纽约的购物中心和旅游中心。

USA全攻略

地 曼哈顿区的中央大街

交 乘E、V线地铁到第五大道下可到，也可以乘坐其他公交与地铁到达

了解点历史掌故

第五大道最初是片空旷的农地，19世纪扩建后，逐渐变成了纽约的高级住宅区及名媛绅士聚集的场所，此时高级购物商店也开始出现。进入20世纪后，第五大道变成了摩天大楼争高的场所，其中以1934年落成的帝国大厦为最高楼。

亲历者体验 FOLLOW ME

1 追寻明星的足迹

在电影《蒂凡尼早餐》中，奥黛丽·赫本每天早上都会来到纽约第五街的Tiffany橱窗前，一边吃着手中的面包，一边幻想着有一天自己能够在高贵的珠宝店里享受轻松的早餐。你可以到Tiffany去寻找奥黛丽·赫本的身影，当然不可错过Tiffany的美食。

2 到精品店里去淘宝

到了第五大道，不妨去精品店Bergdorf Goodman淘宝。Bergdorf Goodman在第五大道与58街口相对的东西两侧各有一门市部，东侧为男装与饰品，西侧为女装及饰品。卖场共7层，有一流品牌的皮草大衣、精选礼品，走的是精品百货路线，在此可以欣赏到纽约上流社会的品味。

3 去玩具店找童心

紧邻中央公园的玩具店FAO Schwarz是纽约的标志之一，虽然只有两层楼面，但是无论对孩子还是大人来说，在这里购买玩具依然是一种无与伦比的享受。当你来到该店位于第五大道的正门口时，玩具士兵Bobby会表示欢迎，而且总是很乐意摆出各种姿势，与你合影。除了琳琅满目的玩具之外，店内还有许多互动节目，如在钢琴的伴奏下的即兴舞蹈，顾客可以亲自参与。从各种毛绒动物到游戏到运动器材（这里还有Vespa滑板车呢！），人们实在禁不住会为自己和心爱的人买点什么。

10 联合国总部

观光指数：★★★★ 推荐等级：★★★★★

联合国总部（United Nations Headquarters）位于纽约哈得孙河边，西边与联合国广场相接，东边临东河为界，由大会堂、会议大厦、39层高的秘书处大楼和达格·哈马舍尔德图书馆4幢大楼组成。除了一、二月份的周六、日外，每天都有组织者访问联合国总部的参观团，全程45分钟。除了参观建筑物内部、会议室之外，还介绍对受核威胁的地区、饥饿难民以及殖民地独立运动的援助等。而且，这里还摆放着来自世界各国的赠品，非常引人注目。

USA全攻略

地 纽约市曼哈顿东区第42街和第48街之间

电 212-963-8687（联合国安全理事会），646-291-4200

交 乘坐4、5、6、7线地铁在42号大街大中央车站下可到；乘坐公交M15、M27、M42、M50、M104路可到

时 1~2月，周一至周五；3~12月，上午9：00~16：45

亲历者体验 FOLLOW ME

联合国总部大厦的地下室是许多游客喜欢光顾的，这里是联合国的邮局，有全世界独一无二的联合国邮票。这种邮票只能从这个专属的邮局寄出，带到外面就会失效，而且这里寄出的信件都会被盖上联合国的邮戳作为纪念，因此来自世界各地的游客常喜欢将贴上联合国邮票的明信片寄回家，到了这里你也不妨寄张明星片回家。除了邮票，这里还有联合国发行的书籍、各国国旗、毛绒玩具等各种礼品。

了解点历史掌故

联合国总部落户美国纽约后，最先是在洛克菲勒广场的一幢大楼落脚。1947年美国石油大王洛克菲勒用高价购置了纽约东河畔的一块地皮并以1美元的价格卖给了联合国，随后纽约市政府也捐赠了附近的一块地皮。于是，联合国总部在1952年迁至该处并一直至今。联合国迁址时慷慨地将当时52个成员国的会旗留在了洛克菲勒广场，如今，那里已成为世界游客参观的景点。

11 纽约公共图书馆

观光指数：★★★ 推荐等级：★★★★

纽约公共图书馆（New York Public Library）是美国第二大图书馆，馆藏非常丰富，不仅有很多常见书籍，还有英美文学名著的最早版本、知名作家的手稿及其他珍贵的古籍资料。该馆开放于19世纪末，图书馆里的部分房间仍就保持了开馆时的格局，读者仍使用沉重的木桌，上面放着蒂凡尼设计的台灯。而且图书馆对任何人开放，你可以在这里寻找资料，也可以在这里消磨时间。

USA全攻略

地 第五大道和42号街

电 212-340-0863

交 乘坐地铁到42号街的中央车站下可到

时 周二至周日，其他公众假期不开放

★在纽约公共图书馆拍过的电影

许多电影都以纽约公共图书馆做背景，电影《蜘蛛侠》、《捉鬼队》、《后天》、《蒂凡尼早餐》、《第二章》、《纽约大逃亡》、《新绿野仙踪》、《明天过后》都应用了图书馆的环境。科幻小说《竞争》也将公共图书馆描写为宇宙飞船战斗的场所，但是最终被毁灭。

亲历者体验 FOLLOW ME

1 拍照并体验美国人的生活

进门前都要查包，这个也跟电影里一模一样。图书馆里每天除了看书的，游客也不少。三五成群参观的游客，总是随便从书架上取一本书，找个好位子坐下拍照留念。在纽约公共图书馆第五大道临街的台阶和小花园里，常常坐满了人，这些人多是穿的很随便，拎个小背包甚至是塑料袋，靠在椅子上，台阶上晒太阳，吃午饭。你也可以这样体验一下美国人的生活。

2 参加免费的参观团

馆内免费的参观，每周二至周六开放。参观行程首先从Aster Hall的服务向导台出发，参观的途中会见到那些平日见不到的作家手稿、照片以及FBI所持的世界各城市的地图等。须知，只有参加馆内参观团的人才有这样的机会。

12 圣帕特里克教堂

观光指数：★★★★ 推荐等级：★★★

洛克菲勒中心的对面就是圣帕特里克教堂（St.Patrick′s Cathedral），它可是纽约街头最大的一座教堂，当年梵帝冈大主教曾在此讲经布道。教堂为典型的哥特式建筑，古朴典雅中有一种肃穆庄严，沿着甬道走进教堂内，里面的装饰非常考究，金碧辉煌中有着一种无形的庄重和宁静。每周日这里都有2000多名教徒做祷告，普通的游客也可以进入教堂内参观和做弥撒。

了解点历史掌故

圣帕特里克教堂在世界上有好几座，纽约的这座教堂始建于1850年，建造途中因南北战争爆发，所以拖到了1888年才建成。可以说，这座教堂是历史上建造用时较长的一座。

USA全攻略

地 第五大道和50街的交界口

电 212-753-2261

交 乘B、D、F、Q线地铁在47街至50街之间的洛克菲勒中心站下可到；也可以搭乘6线地铁在51街站下

时 周一至周日6：00～20：45

亲历者体验 FOLLOW ME

当教堂开放的时候，游客们可以在任何时候走进大教堂的内部观光，而且很有可能会喜欢上参加这里的弥撒或者音乐演奏会。教堂的礼品部有独一无二的纪念品和明信片，这可是不能错过的。

13 林肯中心

观光指数：★★★★★ 推荐等级：★★★★★

林肯中心（Lincoln Center）是全世界最大的艺术会场，汇集了剧院、歌剧院、音乐厅、室外音乐厅等，所有艺术家都憧憬在这里表演。除了艺术会场，林肯中心所在区域还是纽约最令人觊觎的住宅区。东边是中央公园的林荫大道，西边则为河滨公园(Riverside Park)，装潢简洁优美的餐厅、咖啡馆散布四周，而宏伟的美国自然史博物馆与表演艺术聚集的林肯中心更为上西区增添地位。

了解点历史掌故

林肯中心以前是贫民窟，自从成为全世界最大的艺术会场后，世界上无数的知名艺术家梦想着能够前来演出。可是正当林肯中心自己把门打开，邀请彭丽媛去举办个人独唱音乐会时，她却婉言谢绝了林肯艺术中心的盛情邀请，转而向他们推荐新型情景交响歌剧《木兰诗篇》。

USA全攻略

地 百老汇62号与65号街之间
电 212-875-5000
交 地铁1或9号线在66号大街下可到；乘M5、M7、M10、M11、M66、M104路可到

亲历者体验 FOLLOW ME

1 夏日午后参观最好

参观林肯中心的最佳时间是夏日午后，因为这时仲夏夜摇摆之夜（Midsummer night Swing，夏季户外音乐会之一环）的上千名舞者会围绕在喷泉广场表演。另外，爱弗利费雪音乐厅每天提供有1小时的参观行程，介绍关于剧院的历史与安排参观3大主要厅院。

2 参加林肯表演艺术中心参观团

林肯中心在没有公开表演的时候，将会组织有导游带领的、能够对剧院内部参观的步行参观团。对于平常没有机会观看公开演出的人来说，进入剧场里，感受其豪华的装饰，静静地坐在席位上观看演出，是个非常不错的机会。若是运气好，还可碰到排练的场景。参观团预订电话是212-875-5350。

3 去俄罗斯茶室看看

林肯中心的俄罗斯茶室（Russian Tea Room）是饕客的神殿，这里提供有上好的俄式鱼子酱、薄饼。其实俄式料理不是它唯一值得骄傲的地方，装潢上的贵气透露着俄罗斯帝国的气息，艳红的墙面、金黄的铜器、名贵的画作，以及深红天鹅绒的座椅，将那份遗失的贵族风流保留下来。当然，那些川流不息的好莱坞巨星、歌剧界名人也给俄罗斯茶室带来了神秘的色彩。

14 中央公园

观光指数：★★★★★ 推荐等级：★★★★

中央公园（Central Park）完全是个园林式的公园，不仅有池塘、湖泊、喷泉，还有动物园、庭院、溜冰场、回转木马、露天剧场、美术馆……可谓各种设施应有尽有，因此这里每天有数以千计的纽约市民与游客在此休闲。公园内，春天嫣红嫩绿、夏天阳光璀璨、秋天枫红似火、冬天银白萧索，可以说公园四季皆美，是当地市民的休闲空间，当然也是全球人民所喜爱的旅游胜地。

USA全攻略

地 纽约市曼哈顿中心
电 212-310-6600
交 乘4、5、6线地铁在第五大道下可到
时 周一至周日，6：00～次日1：00
e www.centralpark.org

亲历者体验 FOLLOW ME

1 去公园内的动物园转转

中央公园内的动物园非常迷你，进去参观不需要任何费用和证件。周末全家一起出来野餐，足够一家人消磨悠闲的早上。动物园内的海狮表演区是最受大家欢迎的，全身光滑油亮的海狮在水池内悠游自在，偶尔还会爬到假山上搔首弄姿，让观光的游客捧腹大笑。动物园最大的卖点是北极熊，全身雪白的北极熊在仿真的山谷流水间走动，观光客在上面隔着安全玻璃往里看，甚有趣味。

2 欣赏莎士比亚的戏剧

每年夏天，中央公园戴拉寇特剧院（Delacorte Theater）演出的莎士比亚戏剧，是纽约最棒的娱乐活动。最令人兴奋的是，观看完全部演出不用花一分钱。演出时间为每年6至9月，星期一公休，每天从下午6:15开始发放免费票券，送完为止，每人仅限领1张，由于观众相当踊跃，所以通常下午1:00左右就开始有人在索票处等候，7:15入场，8:00开始演出，单场时间约1小时30分钟。

3 骑车游园参加免费音乐会

中央公园非常大，可从园内湖泊东侧的乘船点租借一辆自行车游园，这是非常愉快的事，不过这只能在白天进行，因为晚上是非常危险的。另外，公园在夏天还会举办免费的音乐会，这些活动的具体情况可以利用网络或报纸进行查询，当然也可以到公园内的服务管理处（Dairy）确认。

15 大中央车站

观光指数：★★★★ 推荐等级：★★★★

大中央车站（Grand Central Terminal）是美国最繁忙、最著名的铁路车站之一。车站建筑雄伟，最醒目的地方就是中央大厅，这里经常是人们见面的地方，巨大拱形窗户的使用使得整个空间采光很好，楼梯根据巴黎剧院的楼梯建造，很有艺术感。询问处的四面钟是车站内最注目的地标，四面钟的盘面都是用猫眼石作的，价值大约为1000～2000万美元之间。询问处里面有一个秘密通道可通往地下。

USA全攻略

地 公园大道42号街87E

电 212-685-0610

交 乘坐4、5、6、S线地铁到大中央车站下可到

¥ 周三下午免费，周五下午12:30免费

了解点历史掌故

大中央车站有一个秘密通道，就在火车站某个月台下面，由此可直接进入华尔道夫旅馆（Waldorf－AstoriaHotel）。据说第二次世界大战时美国总统富兰克林·罗斯福到纽约为了躲避记者，往往在大中央车站下车后就走这条秘密通道进入华尔道夫旅馆。可惜一般游客无法参观这个通道。

亲历者体验 FOLLOW ME

1 车站好玩的地方

大中央车站地下一层有非常大的餐厅、酒吧、咖啡厅甚至超级市场，简直就是一个大型的MALL；地下第三、第四层，融汇了东西南北贯穿曼哈顿岛的10多条地铁。此外，车站还有一个吻室（The Kissing Room），真正名称是The Biltmore Room，在铁路运输的黄金时期二十世纪三四十年代，这里非常有名。

2 车站的精彩看点

车站的一大景是候车大厅的星空穹顶，原画由法国艺术家Paul César Helleu于1912年创作，但在1930年后期因脱落而被迫重新绘制。穹顶星空图所绘的天空完全是反向的，而且星空位置也和真实位置不一样。曾有人以为这是艺术家犯下的错误，其实恰恰相反，这是艺术家的天才构思。

16 新当代艺术馆

观光指数：★★★★ 推荐等级：★★★★

新当代艺术馆（The New Museum of Contemporary Art）是和中国北京“鸟巢”齐名的世界十大建筑之一，曾引领建筑界和当代艺术界的“混搭”潮流。其外形如不同偏向的盒子叠加而成，就像随便叠上去的积木。盒子内设有画廊展厅、剧院、咖啡厅、商店、教育区以及多重的屋顶阳台等，展出的作品从印象派作家的名作到至高无上的当代艺术珍品一应俱全。可以说，它是曼哈顿市中心第一座大型的艺术博物馆。

USA全攻略

地 西53街11号

电 212-219-1222

交 乘E、V线地铁到第五大道或者53街下车即可；也可以搭乘乘B、D、F、Q线地铁在47街至50街之间的洛克菲勒中心站下；搭乘公交M1、M2、M3、M4、M5到达53街下车可到

时 周一至周三每天10：00～17：30；周五10：30～20：00

了解点历史掌故

这座博物馆是纽约破天荒地邀请日本设计师设计的，建筑本身如同建造这座博物馆的日本团队一样，用了6个偏离中心的金属“盒子”打造。博物馆里，尽量避免使用玻璃的小型画廊最大限度地利用了墙面空间，以悬挂更多的艺术品。而隔壁的赤土色砖块修建的建筑物则强化了其与博物馆不协调的感觉。

17 惠特尼美国艺术博物馆

观光指数：★★★★ 推荐等级：★★★

惠特尼美国艺术博物馆（Whitney Museum of American Art）是收藏美国20世纪艺术品的博物馆，有的用皮革制品来表达作者的意图，有的用光学器材给人以视觉感受，有的是正在充气并旋转的道具……此外也有不少电影录像，其中不乏拍摄人们在野外树林或河流水中活动的可笑镜头。博物馆每天都会提供免费导游，音乐、电影以及讲座等活动也是非常丰富。

亲历者体验 FOLLOW ME

惠特尼艺术馆内不允许拍照。无论是出自爱德华·霍珀的动人风景画，还是约瑟夫·斯特拉那栩栩如生的“布鲁克林大桥”，都让人不虚此行。因为周五晚上6～9点是惠特尼艺术馆自由付费时间，所以只要是这段时间去参观，门票钱就可以根据自己的意思给。

了解点历史掌故

该馆的创始人是出身于美国运输巨头家庭的女雕塑家惠特尼，她深知年轻艺术家出头不易，为了帮助他们的生计就开放了自己的工作室，并购买他们的作品。后来，惠特尼的个人的收藏品工作室发展成了今天的艺术馆，而一些受惠于惠特尼的艺术家去世后，其亲属也将其作品捐给艺术馆。现在，该艺术馆有1万4千余件馆藏，而且还在不断发掘新人。

USA全攻略

地 麦迪逊大道945号 电 212-249-4350

交 乘6线地铁在第77大街下可到，也可以乘M1、M2、M3、M4、30、72路公交到达

时 周三至周四11：00～次日18：00；周五至周日13：00～21：00

18 弗里克美术收藏馆

观光指数：★★★★ 推荐等级：★★★★

弗里克美术收藏馆（The Frick Collection）是一座高雅的私人收藏博物馆，馆藏是从文艺复兴时期到19世纪末期的杰出美术作品，包含了变化多样的西方油画，雕塑品以及装饰品等，这些作品几乎出自康斯、戈雅、马奈、莫奈等著名西方艺术家之手。让人印象最深刻的是，很多艺术品是按照弗里克先生生前的摆设方式而陈列在收藏馆里的。

USA全攻略

地 东70街1号
电 212-288-0700
交 乘6线地铁到达68街，然后到达70街
¥ 15美元（62岁以上10美元，学生5美元）
时 周二至周六10：00～18：00；周日11：00～17：00

亲历者体验 FOLLOW ME

1 不能带幼童进入馆内

弗里克美术收藏馆对参观的孩子有严格的要求，年龄在10岁到16岁的孩子必须有成人陪同，另外孩子要有能力独自体验丰富多彩的艺术展览。因为少数展览品将透过玻璃柜台展出，使得参观者能够近距离的观察每一样展品。如果幼童被允许进入展览馆，以这种方式展出的展品将会给他们带来危险。

2 门票含有导游服务

该美术收藏馆的门票包含声音导游服务，此服务能够提供关于油画，雕塑，家具以及对该大厦本身的声音讲解，因此利用声音导游讲解能够了解到更多你所感兴趣的内容。参观弗里克美术收藏馆需要2小时左右，需要注意的是弗里克美术收藏馆会频繁更换临时展览作品。

19 美国自然史博物馆

观光指数：★★★★ 推荐等级：★★★★★

美国自然史博物馆（American Museum of Natural History）是世界上规模最大的自然史博物馆，非常具有知识性与趣味性。里面的陈列内容极为丰富，有大量的化石、恐龙、禽鸟、印第安人和爱斯基摩人的复制模型，包括天文、矿物、人类、古生物和现代生物5个方面。除了固定展馆外，博物馆还不定期举办其他主题的展览，包括动物展、古文物展等。

USA全攻略

地 中央公园西路79号街
电 212-769-5100
交 乘地铁B或C线在81站下可到，也可以乘公交M7、M10、M11、M79路公交到达
¥ 14美元

亲历者体验 FOLLOW ME

1 在博物馆内看电影

博物馆三楼大厅的大型电视屏幕播放有各种影片，其中有关生物起源的影片长达20分钟。但是最吸引人的地方，莫过于位于一楼的大礼堂的专场电影，通常有二三百人在那里排队等候观看。电影屏幕为全景超大式，色彩和音响都极佳，历时45分钟，通过细节刻画蝴蝶群、候鸟（大雁群）、红色螃蟹群、斑马群、牛群、鱼群、海鲸群等的群体生活，展现了动物生态世界，绝对值得一看。

2 跟着导游看精华

来这里参观，如果时间不多的话，可在10：15～15：15间准时参观。因为每天的这个时候，博物馆内都会有一个免费的导游，介绍博物馆最精华的地方。

3 可以回到恐龙世界

美国自然史博物馆最受欢迎的展览非恐龙展览莫属，此展览在博物馆的四层，展示的是距今2亿～7000万年前曾在地球上阔步而行的恐龙。置身其间，犹如回到了那个遥远的恐龙世界，人们的思绪都会驰骋激荡不已。

20 大都会艺术博物馆

观光指数：★★★★★　推荐等级：★★★★★

大都会艺术博物馆（Metropolitan Museum of Art）是世界上最大的艺术博物馆之一，主建筑物通常被简称为“The Met”，馆藏超过200万件艺术品。在众多永久艺术收藏品中，包括许多出众的古典艺术品、古埃及艺术品、几乎所有欧洲大师的油画及大量美国视觉艺术和现代艺术作品。除了主馆外，位于曼哈顿上城区的第二分馆主要展出中世纪的艺术品。

USA全攻略

地 1000 5th Ave.（at 82nd St.）

电 212-535-7710

交 乘M1、M2、M3、M4、M86公交车在82nd下，乘4、5、6号线地铁在86th St下

时 周二至周日9：30～17：30

亲历者体验 FOLLOW ME

1 博物馆精华游

大都会博物馆的藏品不可能在一天甚至是在数天内看完，所以建议选择到感兴趣的一两个领域参观，

或参加全天都有的博物馆精华游。博物馆内义工提供的1小时导览很好地介绍了该馆的收藏品（免费含在门票内）。博物馆内有画廊讲座，长达1小时，重点详解某一个画廊的内容（免费含在门票内）。此外，博物馆内有音频导览，你可以根据自己的步速和喜欢的展品，获得详尽的信息，不过不是所有的作品都包括在内。

博物馆的镇馆之宝是2460年前的埃及古墓，可以说整座古墓都移置在了馆内专建的巨型玻璃罩里，令人叹为观止。服饰馆也堪称世界之最，收集了1.5万件4个世纪以来五大洲各民族的服装。

2 分馆也值得看

大都会艺术博物馆分馆位于纽约市的福特·特赖恩公园，展出中世纪的艺术和建筑，包括雕塑、壁画、彩色玻璃、泥金写本、双角兽图案挂毯、圣物箱、圣餐杯、象牙制品、金属器等，隐修院内还有修道院、教堂、花园。每天有中世纪音乐会演出，每周举办音乐会。乘A线地铁190街下可到，也可以乘坐M4路公交到达。

21 古根海姆博物馆

观光指数：★★★★　推荐等级：★★★★

古根海姆博物馆全称为所罗门·R·古根海姆博物馆（Solomon R.Guggenheim），是世界上最著名的私人现代艺术博物馆之一，也是全球性的一家以连锁方式经营的艺术场馆。馆内的收藏基本上是印象派以后各名家的作品，其抽象艺术品的收藏更是居于世界各博物馆之首。博物馆的建筑外观像一只茶杯，或者像一条巨大的白色弹簧，是纽约著名的地标建筑。

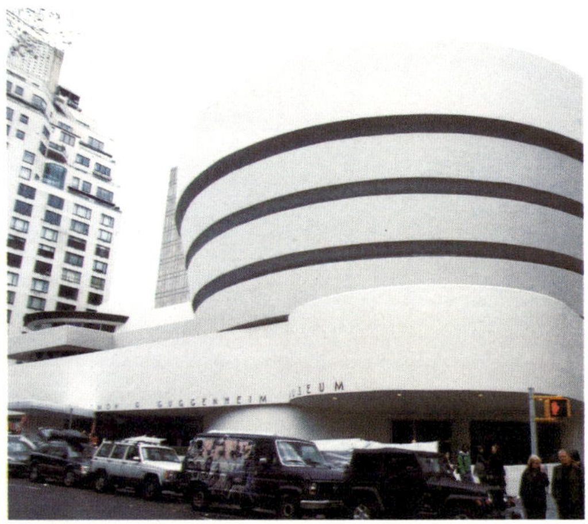

亲历者体验 FOLLOW ME

进入正面大门后，将随身携带的物品存放在贵重物品寄存处，再乘坐左侧的电梯到达最高的楼层。随后就可以顺着螺旋形的楼梯由上而下地参观了。

了解点历史掌故

博物馆的奠基人所罗门·R·古根海姆出身于一个富裕的瑞士家庭，在美国发家。19世纪，开采铜矿的生意为古根海姆家族赚得了第一桶金。随后，这个家族创建了一个庞大的商业帝国，而艺术是他们迄今为止最名利双收的投资。古根海姆博物馆就是其艺术投资建成的连锁性博物馆，在全球共有5处，分别位于纽约、威尼斯、毕尔巴鄂、柏林和阿布扎比。其中最值得古根海姆基金会夸耀的就是纽约和毕尔巴鄂的古根海姆博物馆，它们都是将想象力付诸现实的成功范例。

USA全攻略

地 89号街第五大道1071号　电 212-423-3500

交 乘4、5、6线地铁86号街下可到，乘公交M1、M2、M3、M4路可到

¥ 15美元（学生、老人）

时 周六至周三，10:00~17:45，周五10:00~20:00

22 哥伦比亚大学

观光指数：★★★★　推荐等级：★★★★

哥伦比亚大学（Columbia University）是世界最具声望的高等学府之一，为私立的常春藤盟校。学校的医学、法学、商学和新闻学院都名列前茅，其新闻学院颁发的普利策奖是美国文学和新闻界的最高荣誉。学校就在纽约的哈莱姆区，虽然与繁华闹市只有一墙之隔，哥大校园却有山有林，环境幽雅。站在校园中央的月晷旁，望着四周红砖铜顶的校舍，俨然如同在世外桃源之中。到此，你可以围绕校园的中信广场进行游览，也可以前往圣约翰大教堂祷告。

USA全攻略

地 西116号街主大门
电 212-854-1754
交 乘地铁1、2号线哥伦比亚大学下可到

★哥伦比亚大学著名校友

美国第15届总统——西奥多·罗斯福

美国第32届总统——弗兰克林·D·罗斯福

美国第44届总统——巴拉克·侯赛因·奥巴马

美国第34届总统——德怀特·艾森豪威尔是哥大第13任校长

本杰明·格雷厄姆——华尔街教父，哥大金融系教授，《证券分析》的作者

罗伯特·蒙代尔——欧元之父，哥大经济学教授，诺贝尔经济学奖获得者

伊萨克·阿西莫夫——美国生物化学家、作家

詹姆斯·卡格耐——美国著名演员，1974年获美国电影学会“终身成就奖”。

了解点历史掌故

哥伦比亚大学成立时被定名为“国王学院”，建校的第一年只有8名学生，从校长、教授到行政主管的职务，都由英国牛津大学的神学博士塞谬尔·约翰逊一人兼任。美国独立战争使国王学院停顿了8年，1784年重新开门后改名为“哥伦比亚学院”。哥伦比亚大学建校初期的很长时间里，没有围墙，校园显得十分喧嚣。曾任哥大校长的艾森豪威尔于1953年出任美国第34任总统后，才将哥大的中心区围起来，使其形成了一个完整紧凑的校园。

23 格林威治镇

观光指数：★★★★ 推荐等级：★★★★

它其实是和英国的格林威治同名的村庄（Greenwich Village），不同之处这里不是东西半球分界线，而是美国反主流文化的大本营，也是20世纪末起艺术家、激进分子、反叛者称为家的地方。亨利·詹姆斯、艾伦·波、尤金·奥尼尔等都在这里写下他们的名著；摇滚民歌手鲍伯迪伦在这里唱出20世纪60年代的反叛之声；先后演《教父》的影坛实力派明星罗伯特·德尼罗和艾尔·舶西诺也都是在这里的小剧场卧薪尝胆。

USA全攻略

地 休斯敦街北与第14大街南

交 乘地铁在西第四大街－华盛顿广场、克里斯街－多夫舍瑞丹广场、第8大街下可到

亲历者体验 FOLLOW ME

1 小镇的两个好去处

格林威治小镇有个农场，常常见游客去骑马散心。镇上的公园里繁花似锦、鸟语花香，人们悠闲地坐在草地上，享受着这午后的阳光。一些身着奇装异服的年轻人在快乐地自弹自唱，吉它声悠扬激荡，吸引许多游人驻足观看。

2 体验小镇的休闲生活

格林威治小镇从窄小的街道，到人群不断的广场；从亲密情调的咖啡屋、酒吧，到卖古怪物品的小店，从小型书店，到价钱便宜的小餐馆．从摇破乐吧，到爵士俱乐部……都是游人不可错过的好地方。一到晚上，格林威治小镇就活跃起来，各个地方的咖啡馆、剧院和俱乐部也开始热闹起来。

纽约周边景点

01 费城

观光指数：★★★★ 推荐等级：★★★★★

费城（Philly）是美国的古都，是起草与签署《美国独立宣言》的地方，第一次和第二次大陆会议（Continental Congresses）均是在此召开的，可以说美国建立就是从这里开始的，因而它在美国史上有非常重要的地位。现在的费城，保留了众多的历史，主要观光地多集中艺术区及历史区，尤其是博物馆、美术馆众多，其艺术活动也很活跃。

USA全攻略

地 宾夕法尼亚州东南部

电 215-965-7676（独立游客信息中心）

交 曼哈顿东百老汇上的唐人街有家华人开的"新世纪"巴士公司，专门走费城跟华盛顿DC这条线路的。虽然服务跟质量差了点，但是价格绝对比老外的巴士便宜很多。

亲历者体验 FOLLOW ME

1 了解美国的独立史

费城是了解美国的独立史的好地方，其旧城区已被辟为"国家独立历史公园"，园内的独立厅陈设保持原样，还有贝特西·罗斯屋等历史意义的建筑都值得一看。费城市旧城区游客中心在第六街和马克特街交界处，免费电话是800-537-7676。乘坐紫色的游览车可到独立大厅（栗树大街5号和6号之间），大厅开放时间是9:00～17:00，电话800-967-2283。

2 去美国铸币厂淘宝

费城的美国铸币厂（Arch 大街和5号街，215-408-0114）是美国最古老的铸币厂，美国的硬币几

★关于NBA球队

费城是NBA"费城76人队"（Philadelphia 76ers）的主场，该球队是NBA中的老牌球队，在建队之初，当时既没有把主场设在费城，也没有取名为76人队，而是起了个非常富有爱国主义意味的名字——锡拉丘兹民族队。随着NBL（国家篮球联盟）与ABB（美洲篮球协会）的合并，锡拉丘兹民族队于1949年加入了NBA，并且取得了相当不错的成绩。在更名前的14年NBA征战中，它一例外地杀入季后赛，多次闯入赛区和联赛决赛，并且获得了1次总冠军。1963年迁入篮球之都费城之后，这支球队又迎来了自己NBA生涯中的激情岁月。

乎都是从这里出产的，当然这里还有金币与国家勋章。在这里，你可以在限制性开放的礼品商店买到纪念币和有收藏价值的钱币和奖章。不过这里不对公众开放，只有团队旅游提前申请安排，才能获得限制性的参观。

3 不可错过的博物馆

费城有许多博物馆值得一看，独立博物馆（位于哥伦布大街211号，电话215-925-5439）是欣赏美国传统艺术品的好地方，可乘坐紫色的游览线或者地铁Market-Frankford线到达。费城艺术博物馆（西北26街和富兰克林公园大道交叉处，电话215-763-8100）号称全美第三大艺术馆，乘坐75路公交可到。巴奈基金博物馆（赖驰路300号，610-667-0290）拥有世界上一批最早的法国现代和后现代印象派画家的作品，另外还有古希腊和古埃及的艺术品、中世纪的书卷、非洲的雕塑等，乘坐17、33路公交可到。

02 尼亚加拉瀑布

观光指数：★★★★★　推荐等级：★★★★★

尼亚加拉瀑布（Niagara Falls）是世界三大跨国瀑布之一，号称世界七大奇迹之一。瀑布从伊利湖滚滚而来，突然在此垂直跌落51米，巨大的水流以银河倾倒之势冲下断崖，声及数里之外。宏伟的气势，丰沛而浩瀚的水汽，震撼了所有的游人。面对大瀑布，在大自然这个惊天动地的杰作之中，人们增加了几分天地正气，减少了几许心中的阴霾。如今，在这里走钢索横越瀑布、坐木桶漂游瀑布，或是度蜜月已成了一种时尚。

★狄更斯的赞美

我们走过瀑布地区的每个角落，从不同角度观赏瀑布……即使特纳在其全盛时期创作的最好的水彩画，也未能表现出我所能看到的如此清灵，如此虚幻，而又如此辉煌的色彩。我感到我自己象是腾空飞起，进入天堂……那深不可测的水国坟墓里，永远有着浪花和鬼魂，巨大得无物可与伦比，强悍得永远不受降伏。在宇宙还是一片混沌，黑暗还覆盖着水面时……就在这里庄严地呈异显灵……尼亚加拉瀑布，优美华丽，深深刻上我的心田；铭记着，永不磨灭，永不迁移，直到她的脉搏停止跳动，永远，永远。

了解点历史掌故

尼亚加拉瀑布一直不为西方人所知，直到1678年法国传教士路易斯·亨尼平发现了它，并对其做了传神的描述，欧洲人才知道了这一胜景。1625年，欧洲探险者雷勒门特第一个写下了这条大河与瀑布的名字，称其为“Niagara”（尼亚加拉）。但让尼亚加拉瀑布真正声名鹊起的是法国皇帝拿破仑的兄弟吉罗姆·波拿巴，当时吉罗姆带着他的新娘不远万里从新奥尔良搭乘马车来到尼亚加拉瀑布度蜜月，回到欧洲后在皇族中大肆宣扬这里的美景，于是，欧洲兴起了到尼亚加拉度蜜月的风气。时至今日，到这里度蜜月仍是一种时尚。

USA全攻略

- 地：纽约州与加拿大安大略省交界的尼亚加拉河
- 电：716-282-8992
- 交：普罗派克特大街有前往尼亚加拉瀑布的信息

亲历者体验 FOLLOW ME

1 多种观瀑方式

尼亚加拉瀑布是一幅壮丽的立体画卷，从不同的角度观赏有不同的感受。亚加拉瀑布周围有一系列游乐设施，在加拿大一侧划为维多利亚女王公园，美国一侧划为尼亚加拉公园，瀑布四周建立四座高塔，游人可乘电梯登塔，瞭望全景，也可乘电梯深入地下隧道，穿上雨衣，钻到大瀑布下，倾听瀑布落下时洪钏雷鸣般的响声。

2 情侣佳地“蜜月小径”

看大瀑布正面全景，最理想的地方还是站在彩虹桥上。桥跨瀑布下游的尼亚加拉河，在桥上步行5分钟，便可从美国走到加拿大。传说拿破仑的兄弟曾从新奥尔良搭乘驿马车到尼加拉瀑布度蜜月。后来人们纷纷仿效这一做法，每年到这里观光的有不少是新婚燕尔的年轻人，使得尼亚加拉瀑布蜜月之旅蔚为潮流，亦成为这旅游点的一大特色。因而彩虹桥又获得“蜜月小径”这样一个动听的名字。

3 乘“雾中少女”尽情体验

为了让游客充分观赏瀑布并领略瀑布的磅礴气势，美国瀑布正面的乘船码头配备了“雾中少女”（Maid of the Mist）号游船，这艘游船日复一日、年复一年地引领游客与瀑布亲密接触。游客购票后先乘坐缆车到河边，然后每人领取一件雨衣。游船先经过美国瀑布，然后开往加拿大瀑布，在这里可以很真切地感受到瀑布狂泻直下而产生的巨大水汽与浪花，水势汹涌有如千军万马，惊心动魄。

4 夜观大瀑布

尼亚加拉瀑布在白天看波澜壮阔，入夜后看则是另一番景象。夜幕降临之际，瀑布水色渐显灰暗，此时围绕着瀑布周围的巨型聚光灯，突然齐放绿光，使原已灰暗的瀑布，顿时大放光彩，变得晶莹透澈，熠熠生辉。尤其从塔顶望出去，到处是五颜六色的灯光，景象比白天更加多姿多彩。在夏季的每周五尼亚加拉瀑布上空还有焰火表演。

03 大西洋城

观光指数：★★★★ 推荐等级：★★★★★

大西洋城是能和拉斯维加斯媲美的“赌城”，赌王特朗普就是从这里发的家。在未开赌前，大西洋城还是一个不出名的海滨小镇。因为有众多不错的海滩，随着旅游业的开放成为了新泽西州著名的海滨疗养城市。大西洋城靠近海滩一侧，有一条著名的步行街。一面是海岸，一面密布着大西洋城主要的饭店，纪念品店，当然还有几个大赌场的入口。而且，大西洋城终年不断的会有著名歌星举办演唱会，据说也是“美国小姐”的主要赛场之一。

了解点历史掌故

大西洋城因接近纽约、费城，从19世纪末便成为旅游、疗养地。大西洋城之所以成为美国“名城”，显然是得赌业之赐。20世纪70年代后期，大西洋城进入蓬勃发展期，不到10年时间就成为拉斯维加斯强有力的竞争对手，并且大有后来者居上之势。也正因为如此，大西洋城美名远播，吸引了众多人前往。

亲历者体验 FOLLOW ME

1 去滨海大道遛弯儿

作为“赌城”，大西洋城最精彩处在滨海大道，游客到了大西洋城，都会来此遛弯儿。滨海大道上集中了40多座赌场酒店，它们大多沿海边排成一排，人们可以边看海景，边浏览赌场的外部形态。沿着海边，有着长而宽大的木板行人道，有沙白如雪的海滨浴场，在夏天是避暑的好去处。不过，最吸引“客似云来”的，还是可以让人“小赌怡情，大赌酣畅”的赌场。其中最著名的赌场就是“泰姬·玛哈尔”，它是大西洋城的地标之一，43层的棕红色主楼，综合了阿拉伯风格和现代建筑艺术，巍峨壮观，顶部尖塔饰满闪闪发亮的人造宝石。

2 大西洋城的购物美食

大西洋城的商店有很多，也很便宜，比如adidas，在这边性价比很高。喜欢这个品牌的人来这里，最后的结果是人人手里几乎有一个阿迪达斯的大纸袋子。大西洋城吃饭的地方都是快餐，比如星巴克、麦当劳、赛百味，很少有中餐馆。

USA全攻略

地 新泽西州大西洋城

电 609-348-7100

交 可以在美国的宾州火车站乘坐火车前往

04 长岛

观光指数：★★★★★　推荐等级：★★★★

长岛（Long Island）是北美洲在大西洋内的一个岛，从纽约港一直伸入北大西洋。长岛呈东西走向，人口密集且主要集中在西部，东部正在由一个农业地区向城市化发展，现在还有许多葡萄园和传统的机械化农庄，渔业在那里也依然存在。岛上风光很美，优雅的沙滩，湛蓝的天空，清新的空气，吸引了众多的纽约人到这里来度假，当然不会缺少好莱坞明星与社会的名流。

USA全攻略

地 纽约市东南部

电 877-386-6654

交 从纽约乘坐LIRR（长岛铁路的火车）可以到。自驾车可以沿着1-495州际公路到达

亲历者体验 FOLLOW ME

1 去海滩寻找快乐

长岛上有个叫Wantagh的地方，这里白色的琼斯海滩是度假的天堂，没有污染，只有蓝天白云、碧蓝大海以及漂亮沙滩。在这里，既可以潜水、冲浪，也可以钓鱼打高尔夫球。此外海滩的公园内有个露天剧场，每到夏天有摇滚音乐会，电话718-217-5477。来这里，可以从长岛乘火车前往，也可以在纽约市内乘坐LIRR（长岛铁路的火车）到达Freeport，然后转乘公交JB62线到达。

长岛南面的火岛有无污染的白沙滩，有着原始的生活形态、纯净的空气，可以从长岛的轮渡码头搭乘渡船到达，在岛内可以骑自行车与小拖车。

2 到普汉斯顿度假

长岛东部的普汉斯顿是夏季避暑的胜地，被誉为“曼哈顿的后花园”，到这里度假的人非常多。因为这里曾是艺术家、音乐家和作家的隐居处，所以至今保持着原始的静谧与美丽。前往普汉斯顿，可以在纽约市内乘Hampton Jitney公司的豪华公交到达，每1小时一班。

05 耶鲁大学

观光指数：★★★★　推荐等级：★★★★★

耶鲁大学（Yale University）和哈佛大学、普林斯顿大学齐名，亦为常青藤联盟的成员之一。大学中漂亮的哥特式建筑和乔治王朝式的建筑与现代化的建筑互相辉映，把整个校园点缀得十分古典和秀丽。到了秋季，校园中金黄、暗红的落叶遍地，美丽非凡。另外，耶鲁大学内的博物馆也是很多人感兴趣的地方，如英国艺术中心、音乐乐器收藏馆。

USA全攻略

地 康涅狄格州纽黑文市埃尔姆街149号

电 203-432-2300（耶鲁大学游客中心）

时 周一至周五10：30和14：00、周六、日13：30提供导游服务

亲历者体验 FOLLOW ME

1 先到游客中心再游览

在耶鲁大学门口是游客中心，可以获取耶鲁大学的任何旅游信息，并可以预约参加导游团。导游团从游客中心开始，游览持续约1小时30分钟。参观的内容包括耶鲁300年的历史建筑、学生生活的各个方面以及耶鲁大学的住宿等。其中有特色的是耶鲁大学的图书馆，该建筑由100多块半透明大理石板构造，馆内有世界最杰出的

藏品——古腾堡圣经。

2 耶鲁大学特别预约

在耶鲁大学的游客中心，可以预约（203-432-2302）汉语导游，不过至少需要提前两周。或者直接到耶鲁大学的官方网站填写在线旅游申请表。此外，10人或以上团体参观校园，游客中心会根据时间安排私人旅游，不过这需要到耶鲁大学的官方网站填写在线旅游申请表，同样也是两周前预定参观日期。

3 欣赏纽黑文市风光

耶鲁大学所在的纽黑文市是一个小镇，小镇的风光也非常漂亮，其中的纽海芬市绿地为纽海芬市的各种活动和节日提供了场所，并有3幢早期风格的教堂，其中拥有彩绘玻璃窗的基督教堂，被誉为美国乔治王朝时期风格的杰出代表。最受欢迎的便是长岛海峡的灯塔点公园，这里有着天然的小径，可供野餐的丛林，风景非常优美。纽黑文市游客中心电话是203-777-8550。

了解点历史掌故

耶鲁大学有着坎坷的历史，从1638年牧师约翰·达文波特倡议建校起便屡屡遭挫，学校的第一任校长是哈佛大学的毕业生亚伯拉罕·皮尔逊，建校之初只有一个学生雅各布·海明威，第一批获取学士学位的只有18名学生。更糟糕的是，开始时学校没有校舍，学生分散在康州的6个城市学习。直到伊莱休·耶鲁先生捐赠了9捆总价值562英镑12先令的货物、417本书以及英王乔治一世的肖像和纹章后，学校才有了好转。而为了感谢耶鲁先生的捐赠，学校正式更名为“耶鲁学院”。18世纪30年代～80年代，耶鲁在伯克利主教、斯泰尔斯牧师、波特校长等的不懈努力下，逐渐由学院发展为大学。20世纪初，随着美国教育的迅猛发展，耶鲁已经发展到了惊人的规模。

★耶鲁的特色

耶鲁最重要的特色是“教授治校”，这对美国高等教育产生了巨大影响，以至于美国流传着这样一句话：“普林斯顿董事掌权、哈佛校长当家、耶鲁教授做主”。正因为此，耶鲁人一直为能够坚持独立精神，不向外来的政治压力、物质利诱妥协而自豪。

耶鲁是所开放的、能包容各种思想的大学。校园生活丰富多彩，力求尽善尽美。耶鲁鼓励学生学习一切陌生的东西，尝试一切愿意试的事情。耶鲁人可说是“能学会玩”，学生可以灵活地自行休假。只要成绩优异，学生任何时候可以离开学院一学期或一学年，利用这一机会去工作，去从事自己感兴趣的科研工作或去旅游放松。

06 普林斯顿大学

观光指数：★★★ 推荐等级：★★★★★

普林斯顿大学是美国八所常春藤盟校之一，与哈佛大学、麻省理工学院齐名。校园风景很优美，有很多后哥特式的建筑，大多数都是19世纪末20世纪初修建的，其中的小礼拜堂是世界上最大最具风味的哥特式建筑之一，拿骚礼堂也较为有名。校园中还有很多亨利·摩尔、亚历山大·考尔德的雕刻作品，位于麦考密克大厅的艺术博物馆，陈列着从哥伦布发现美洲大陆以前的亚洲和非洲油画以及雕刻作品。

了解点历史掌故

普林斯顿大学原本是由曙光长老会为培养长老而建立的，起初校址设在新泽西州伊丽莎白镇，校长为乔纳森·迪肯逊，原校名新泽西学院。1756年，新泽西学院迁到了普林斯顿。美国独立战争期间，学院被双方占领，许多建筑都被大规模地损坏。饱受蹂躏的Nassau Hall经过几个世纪的发展，一直演变到今天的行政大楼。1812年，普林斯顿神学院分离了出来。1896年，新泽西学院正式改名为普林斯顿大学；同年，学院也进行了大规模的扩建，也正式变成了一所大学。

USA全攻略

地 新泽西州的普林斯顿

电 609–258–300

交 可以从纽约以及费城乘坐汽车前往

时 有导游陪伴的团周六10：00～15：30，周日13：00～15：30

★普林斯顿大学著名校友

姆斯·麦迪逊——第4任美国总统

伍德罗·威尔逊——第28任美国总统

约翰·F·肯尼迪——第35任美国总统

盖瑞·贝克——1992年经济学诺贝尔奖得主

艾伦·图灵——计算器科学家、密码学家

皮特·康拉德——第三个踏上月球的人

亲历者体验 FOLLOW ME

1 到普林斯顿大学的美术博物馆看看

普林斯顿大学的美术博物馆大约有6万件藏品，从古代到现代的艺术品都有收集，不乏世界级美术作品。这些作品多来自于地中海、西欧、中国和拉丁美洲，中国美术作品是博物馆的重要收藏之一，包括重要的青铜、坟墓雕像、绘画作品、以及书法。博物馆还有前哥伦布时期美术，包括来自于玛雅文明的美术作品。此外，美术博物馆收藏了很多大师的印记和绘画作品，还有一个广泛的独创摄影作品收藏。

2 欣赏普林斯顿的美景

普林斯顿是新泽西州的中心乡镇，见证了独立战争时代的大量史实，景色也很幽雅，四周绿树成阴、绿草丛生，清澈的河水环绕着小城静静流淌。加上小城恬静而又安祥的生活，浓厚的文化氛围遗迹奢华的贵族气息，因此成为美国上层人士青睐的居住地。而普林斯顿大学的存在，更让普林斯顿的文化气氛十足。游客中心电话是609–520–1776。

07 康奈尔大学

观光指数：★★★★　推荐等级：★★★★

康奈尔大学（Cornell University）是常春藤盟校的新生力量，男女同校不说，而且不分信仰和种族皆可入学，拥有维多利亚式典雅夺目的校舍，华裔建筑大师贝聿铭设计的蜚声世界的博物馆，全美最前沿的酒店管理学院……学校所在地景色优美，气势开阔，在图书馆凭窗远眺，只见苍苍茫茫，一派辽阔气象。校园内绿草茵茵，树木参天，建筑古朴别致，处处鸟语花香，时有松鼠、小鹿、大雁等动物出没。

了解点历史掌故

康奈尔大学成立于1865年，是学者安德鲁·怀特说服企业家埃兹拉·康奈尔两人携手合作创办的。当年怀特留学法国和德国后回美国任密歇根大学教授，并在1864年当选为纽约州参议员兼任参议教育委员会主席，恰逢康奈尔在同一参议院任农业委员会主席。康奈尔是一个依靠自己的勤劳的技术致富的企业家和农场主，西部联合电报公司股票的最大拥有者。当时莫里尔法案已通过，纽约州议会正在考虑建立一所适当的农工学院。于是怀特说服康奈尔捐资（共50万美元及校园田地），加上政府赠地资金建立了这所新型大学。

USA全攻略

地 纽约州依萨卡镇

电 716-852-4191

交 904E Shore Dr，依萨卡镇有飞机、汽车与火车的信息

亲历者体验 FOLLOW ME

康奈尔大学最精彩的看点是纽约州伊萨卡东山的主校区，从这里可以眺望城市和卡尤加湖。主校区呈现出折衷的建筑风格，包括哥特式、维多利亚式、新古典主义式及少量的现代风格建筑。这些华丽的建筑基本都建造于第二次世界大战之前，因为学生人数激增，学校建筑不得以采用了简单的风格以减少费用和提高建造速度。紧邻主校区，康奈尔还拥有一块11.7平方千米的康奈尔种植园。

★康奈尔大学著名的华人校友

我国的胡适、郭永怀、茅以升、赵元任、任鸿隽、杨杏佛、戴芳澜、唐钺、邹秉文、张心一、金善宝、丘勤宝、曾威、唐振绪、赵祖康、谈镐生等名人都曾就读于康奈尔大学。此外梁思成、林徽因、冰心、徐志摩等人也曾在此学习和生活过。康奈尔大学还涌现出一批优秀的华人教员，例如时任该校中美关系史讲座教授、中国与亚太研究项目主任的陈兼。

08 锡拉丘兹

观光指数：★★★★　推荐等级：★★★★

锡拉丘兹（Syracuse）位于奥尔巴尼与布法罗之间，奥农达加湖南端，是纽约州的中部城市。由于这里降雪极丰，所以常被人称为“雪城”。其实这里一度为奥农达加族印第安人居住地和易洛魁部落联盟的大本营。1615年和1651年，曾有欧洲探险家到此。1654年发现了盐泉，随即这里成为了盐的贸易地。市内最著名的是埃弗松艺术博物馆与伊利运河博物馆。

USA全攻略

地 纽约州锡拉丘兹

电 315-470-1910

交 在撒丽娜大街南572号有交通信息

亲历者体验 FOLLOW ME

1 不可不去的博物馆

锡拉丘兹有几家博物馆，虽然不是很大，但是里面非常精彩。位于318 Erie Blvd E的伊利运河博物馆内有很多与原船只大小相同的复制品，并展示了运河对于这个城市的重要性。每天10：00～17：00开放，电话315–471–0593。

位于哈里森街401号的埃弗松艺术博物馆里面拥有很多著名的收藏品，从中国明代的陶瓷到美国近代的作品，从画家吉尔伯特·斯图亚特到杰克逊·波洛克的作品都能找到。周二至周五、周日12：00～17：00，周六10：00～17：00开放，电话315–474–6064。

2 去锡拉丘兹大学看看

锡拉丘兹大学是美国副总统约瑟夫·拜登就读的大学，诺贝尔经济学奖得主阿马蒂亚·库马尔·森、世界第八富豪阿尔瓦利德·塔拉尔、NBA掘金队著名球星卡梅隆·安东尼、风险投资四大巨头之一阿瑟·洛克等世界知名人士都曾在这里读书，就连香港歌星陈慧娴也在这里学习过。到了锡拉丘兹，不妨到锡拉丘兹大学寻找一下名人的足迹。

09 手指湖

观光指数：★★★★★ 推荐等级：★★★★

手指湖（Finger Lakes）湖水清秀，气候宜人，是水上运动、假日消闲的好出处。从纽约州往尼亚加拉大瀑布的高速路上，便可看见这片美丽的内陆湖。手指湖的个数并不止5个，湖的名字均为原住民印第安人所取，最大的湖是“卡尤加”（Cayuga），其次是辛力加湖（Seneca Lake）。在芬格湖群旅游区，集中近30个州立公园和旅游点，每个引人入胜的景点均有独特之处，内容包括峡谷、激流、瀑布，健行步道、运动休闲、湖滨游船，以及历史景点等。最为著名的州立公园是Watkins Glen S.P，在公园内的健行步道会遇见19个壮观非凡的瀑布，沿途则清晰可见万年来水流侵蚀的岩层，令人惊叹大自然的鬼斧神工。

USA全攻略

地 纽约州伊萨卡镇

电 607–272–1313

交 904E Shore Dr，依萨卡镇有飞机、汽车与火车的信息

亲历者体验 FOLLOW ME

手指湖湖区一带美国东部著名的葡萄酒之乡，湖区公路沿途随处可见葡萄园和酒庄。仅湖边就云集了大小数百家的酒庄，它们各有“家传”酿酒秘笈，其味道各有不同。不说别的，仅各自独具的文化和氛围，就是一种享受。如有机会，不妨到此一游。

10 奥尔巴尼

观光指数：★★★ 推荐等级：★★

奥尔巴尼(Albany)是纽约州的首府，纽约州议会大厦体现了意大利文艺复兴时期和法国罗马时风格的特征，很受游客关注。纽约州博物馆讲述了奥尔巴尼的成长历史，让游客了解奥尔巴尼的历史以及美国本土居民和许多移民者争夺土地的情景。Lark Street是最为繁忙的地段，有许多一流的商店、餐馆和时尚的休闲场所。在这里你可以很轻松地步行或驾车四处游览。上班时间市区变得空旷冷清，天黑后若走在街上还会感到害怕。

USA全攻略

地 纽约州奥尔巴尼，游客中心在弯肯布什广场25号

电 518-434-1217

交 在纽约市乘坐往返奥尔巴尼的公共汽车（518-434-8095）前往

亲历者体验 FOLLOW ME

1 奥尔巴尼住宿好去处

奥尔巴尼市区的松树港口包早餐旅馆（Pine Haven B&B，电话518-482-1574）是一个不错的选择，价格合理。位于Willett街70号的Kittleman House旅馆（电话518-432-3973）房间里布置着古典家具，房间95美元/天；位于state街393号的Morgan State House（电话800-427-6063）则是一家档次更高的旅馆。

2 奥尔巴尼品尝美食的地方

Lark街是奥尔巴尼的饮食一条街，每到夜晚一派繁华的景象。Lark街187号的绿荫餐馆（Shades of Green）是素食主义者的避风港；Lark街301号的贾斯廷餐馆（Justin's）是一家高档餐馆，有羊腿、烤鲑鱼（grilled salmon）和四种干酪馅的意大利小方饺（fourcheese ravioli）。

市区内百老汇633号的Nicole's Bistro at Quackenbush Square是一家浪漫的餐厅，只提供午饭和晚饭，菜肴有肉焖豆（cassoulet）、烤扇贝（seared scallops）和烤鸭（roast duck）等，电话518-465-1111。Grand街49号Cafe Capriccio是一家只提供晚饭的意大利餐馆，木质嵌板、职业侍者以及意大利面食，电话518-465-0439。

11 罗切斯特

观光指数：★★★ 推荐等级：★★★

罗切斯特（Rochester）位于安大略湖岸，是纽约州第三大城市，因为早年利用充沛水力推动水车来磨面粉，素有“面粉城”的昵称。如今漫步在市中心，仍可以追忆当年的繁华。每到春季，这里便会百花盛开，因此罗切斯特有“花城”（Flower City）的美誉。罗切斯特有着大量的博物馆，最吸引人的是拥有大量的美国历史资料的斯特朗博物馆以及乔治·伊斯曼国际摄影及电影博物馆。

USA全攻略

地 纽约州罗切斯特

电 800-677-7282

交 美国各地有前往罗切斯特的交通，中国也有直接到罗切斯特的班机

亲历者体验 FOLLOW ME

罗切斯特位于温带，有典型四季分明的气候。春季百花盛开，有“花城”（Flower City）的美誉，夏季凉爽，6、7月的平均最高温为27℃；秋季气候宜人且落叶叶色缤纷，冬季则寒冷多雪，每年的11～次年3月为雪季，1、2月的最低温平均为-9℃。

早年罗切斯特利用充沛水力推动水车来磨面粉，素有“面粉城”（Flour City）的昵称；水力也用以发展轻工业如制造钮扣等。但是后来铁道运输兴起，水运便捷的优势不再，加上有其他更有效率的能源，罗切斯特早年因水力而兴盛的轻工业也随之没落。现今在市区中心的High Fall一带仍保存有过去的水车与工业生产遗迹，供游客与民众追忆。

罗切斯特有数所大学院校，到了罗切斯特不妨去转转。其中最著名的为罗切斯特大学（University of Rochester）与罗切斯特理工学院（Rochester Institute of Technology）。罗切斯特大学是私立综合研究型大学，被卡普兰和《新闻周刊》誉为“新常青藤”；罗切斯特理工学院则以大学本科教育与专精职业训练闻名，光学摄影与影像处理专业也十分有名。

同时可以游览

哈特福德

地 康涅狄格州哈特福德

电 860-244-8181

交 哈特福德的公共区域有飞机、汽车与火车前往全美各地，具体情况可以在公园街31号的4层咨询

萨拉托加温泉

地 纽约州萨拉托加温泉

电 518-587-3241

交 百老汇297号有前往美国各地的火车与汽车

阿第伦达克山脉

地 纽约州阿第伦达克山脉

电 518-532-2445

交 公交车主街216号有公交的信息，平静湖有车前往

库珀斯小镇

地 纽约州库珀斯镇

电 607-547-9983

交 栗树街31号有汽车的信息

利其菲尔德县

地 康涅狄格州利其菲尔德县

电 860-567-4506

康涅狄格州河谷

地 康涅狄格州Windsor、Old Lyme

电 860-444-2206

康涅狄格州海滨

地 康涅狄格州海滨米斯蒂克

电 860-572-9578

●康涅狄格州风光

纽约旅游资讯

自助游必须掌握的交通

飞机

纽约有3座机场，分别是皇后区的约翰·F·肯尼迪国际机场、拉瓜迪亚机场以及新泽西地区的纽瓦克自由国际机场。中国游客前往纽约多在肯尼迪国际机场着陆。

肯尼迪国际机场是纽约市和新泽西地区最大的机场，降落的飞机基本为国际航班，只有极少数的国内航班。从肯尼迪机场到市区，有几种方式：

●**超级短程公车**：是一种小型面包车，车票可在机场航站内交通询问台处购买，也可以直接向司机购买，单程车票15～19美元，电话800—258—3826。

●**大巴**：在四号航站楼可以乘坐，每天有3趟前往港务局汽车站、42大街及第八大道，票价15美元。

●**地铁**：可以在地铁站乘A线地铁到达市区，票价2美元。

●**公交车**：机场有公交开往布鲁克林和

皇后区，票价1～2美元，Q10线在Lefferts Blvd站与地铁A、E、F、R线相连，B15线在169大街与Hillside Ave与地铁F、R线相连，B15线开往布鲁克林区，可换乘3、4线地铁。

●**出租车**：每个航站楼内都有出租车到达市区，起步价为2.5美元，到达曼哈顿要45美元左右。

火车

纽约有两个起始站，分别为中央车站和宾夕法尼亚火车站，都在纽约市中心。

●**中央车站**：美国铁路和纽约北部铁路的火车都由中央车站发出，其中有通往纽约郊区威彻斯特的短途列车和通往康涅狄格州、纽约州首府奥尔巴尼以及加拿大的长途列车。到达火车站，在市内乘地铁4、5、6、7和S线可以到达，也可以乘公交M1、M2、M3、M4、M5、M42、M98、M101、M102、M104、Q32路到达，电话212—340—2347。

●**宾夕法尼亚火车站**：列车主要是通往美国中西部、南部以及华盛顿市、波士顿市，去往新泽西州的铁路也在此发车。到宾夕法尼亚火车站可以乘坐A、C、E、1、2、3线地铁到达，电话212—630—6401。

长途汽车

纽约甚至整个美国的长途汽车票价都比火车便宜，因此有很多人选择使用长途汽车旅行。在曼哈顿有两个主要长途巴士站，分别是港务局汽车站与华盛顿桥巴士站，而灰狗公司的巴士可以在这两个车站乘坐。

●**灰狗巴士**：乘坐灰狗的巴士，售票

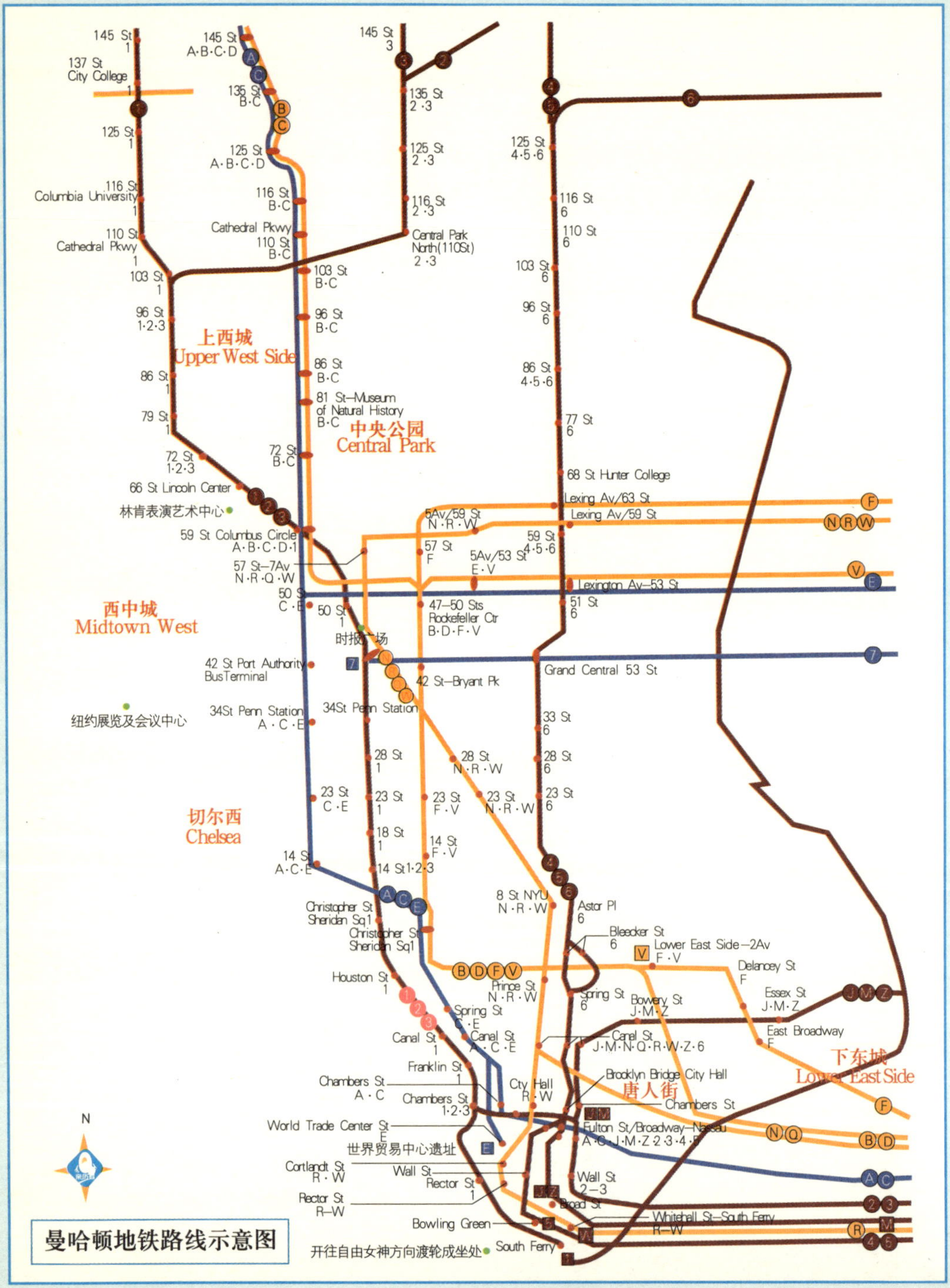
145 St
1
137 St
City College
125 St
Columbia University
116 St
110 St
Cathedral Pkwy
103 St
96 St
1·2·3
86 St
79 St
72 St
1·2·3
66 St Lincoln Center
林肯表演艺术中心
59 St Columbus Circle
A·B·C·D·1
57 St–7Av
N·R·Q·W
50 St
C·E
145 St
A·B·C·D
135 St
B·C
125 St
A·B·C·D
116 St
Cathedral Pkwy
110 St
103 St
96 St
86 St
81 St–Museum of Natural History
B·C
72 St
145 St
3
135 St
2·3
125 St
116 St
Central Park North(110St)
2·3
125 St
4·5·6
116 St
6
110 St
103 St
96 St
86 St
4·5·6
77 St
68 St Hunter College
Lexing Av/63 St
Lexing Av/59 St
5Av/59 St
N·R·W
59 St
4·5·6
57 St
F
5Av/53 St
E·V
Lexington Av–53 St
51 St
47–50 Sts
Rockefeller Ctr
B·D·F·V
上西城
Upper West Side
中央公园
Central Park
西中城
Midtown West
50 St
时报广场
42 St Port Authority
BusTerminal
42 St–Bryant Pk
Grand Central 53 St
纽约展览及会议中心
34St Penn Station
A·C·E
34St Penn Station
33 St
6
28 St
1
28 St
N·R·W
28 St
6
23 St
C·E
23 St
1
23 St
F·V
23 St
N·R·W
23 St
6
切尔西
Chelsea
18 St
14 St
A·C·E
14 St1·2·3
14 St
F·V
8 St NYU
N·R·W
Astor Pl
6
Christopher St
Sheridan Sq1
Bleecker St
6
Lower East Side–2Av
F·V
Delancey St
F
Houston St
1
Prince St
N·R·W
Spring St
C·E
Spring St
6
Bowery St
J·M·Z
Essex St
J·M·Z
East Broadway
F
Canal St
1
Canal St
A·C·E
Canal St
J·M·N·Q·R·W·Z·6
下东城
Lower East Side
Franklin St
1
City Hall
R·W
Brooklyn Bridge City Hall
唐人街
Chambers St
A·C
Chambers St
1·2·3
Chambers St
World Trade Center St
E
Fulton St/Broadway–Nassau
A·C·J·M·Z·2·3·4·5
世界贸易中心遗址
Cortlandt St
R·W
Wall St
Rector St
1
Wall St
2–3
Rector St
R–W
Broad St
Bowling Green
Whitehall St–South Ferry
R–W
South Ferry
开往自由女神方向渡轮成坐处
N

曼哈顿地铁路线示意图

时只要问最终目的地以及在出发地点的上车日期和班次，沿途可以任由游客下车观光，只要自己算好时间，搭乘任意班次的灰狗巴士在半个月之内到达终点即可。

●**港务局汽车站：**是与纽约市以外的全美各大城市联系的长途巴士总站，市内有很多公交车和地铁到达，如地铁1、2、3、7、9、N、R、S线，公交M10、M16、M27、M42路。电话212—564—8484。

●**华盛顿桥巴士站：**主要是从纽约开往外州的中途巴士，乘地铁A线可以到达，电话201—346—4200/800—221—9903。

市内交通

纽约市内的交通有地铁、公交车、出租车、格雷线观光巴士，如果有国际驾驶证，则可以租车。

●**地铁：**分为1、2、3、4、5、6、7、9、A、B、C、D、E、F、G、J、L、M、N、Q、R、S、V、W、Z线，还有快车以及慢车之分。地铁站都设有售票处，并有免费的地铁图供乘客阅读。有些较大的站有缩写的标志，如果特色鲜明就用标志表示。美国的地铁24小时都有，车票有两种，一种是硬币式车票，每枚2美元，在地铁站有售；另外是卡式车票，也叫“捷运卡”，使用这种卡，不管是乘公交还是地铁，可以在两小时之内免费互相转车。另外乘地铁只要不出车站，任何线路就任你乘坐，电话718—330—1234。

●**公交车：**纽约的公交车也是24小时服务，一般都用一个字母表明在该区行驶的公交，如曼哈顿地区是M，皇后区则是Q，布鲁克林区则是B，布朗克斯区是BX，斯塔滕岛区则是S。公交车窗户之间设有彩色橡皮胶带，如果要停车，就按一下胶带。有的公交在车后门设有黄色橡皮胶带，按一下车门就自动打开。公交车票一般2美元，快速公交5美元，必须用硬币或者MetroCard付款，不接受纸币，也不设找零。值得一提的是，在晚间，10:00～次日5:00，乘客可以要求驾驶员在自己目的地最近的地方停车，而驾驶员一般会满足乘客的要求。

●**出租车：**车身全部是黄色，在路上或者在较大的宾馆前面就可以搭乘。出租车的起步价是2.5美元，每约320米增加0.4美元，在20:00～次日6:00加0.5美元，在16:00～20:00加收1美元，还要预备给司机的小费、过隧道和过桥的费用。

●**格雷线观光巴士：**最适合初来美国的观光客，观光巴士一般从时代广场附近的中城区出发，然后分为上城和下城两大线路，在重要的景点停靠，有50多个停靠站，车上有导游，并且是多种语言讲解。观光巴士的票价因不同的线路而不同。

●**租车：**如果有驾照、护照、旅行保险证就可以租车。租车者的年龄要达到25岁，可依照个人需要支付保险。租车者在租车的时候，要仔细检查车子，以免发生纠纷。租车费用在纽约市内一天要46美元以上，一周200～300美元。租车的地方主要集中在机场一带，在网上订好了车，下飞机就可以直接去取车。

驴友力荐的住宿地

纽约住宿有顶级酒店，也有青年旅舍，但是价格要比其他城市的同级酒店贵。比较好的旅馆集中在市中心一带的3号大道至40街和7号大道至60号街之间。不过经济衰退让很多旅馆大亨都开始纷纷降价，但是最好的旅店还是会很昂贵。所以，计划在1～3月之间来纽约吧，这时候纽约市几乎每个旅馆的价格都相当的低。

星级酒店

名称	地址	电话	费用
四季酒店	57 East 57th Street	212-758-5700	800～1200美元
纽约皇宫酒店	455 Madison Avenue	212-888-7000	700～2300美元
皮埃尔酒店	Fifth Avenue at 61st Street	212-940-8111	700～900美元
半岛酒店	700 Fifth Avenue at 55th Street	212-956-2888	800～18000美元

普通酒店

名称	地址	电话	费用
The Michelangeelo hotel	152 West 51st Street	212-765-0505 800-237-0990	700～1700美元
Benjamin Hotel	125 East 50th Street	212-715-2500	450美元以上
The Empire Hotel	44 West 66rd Street	212-265-7400	350美元以上
Carlton New York	88 Madison Avenue	800-601-8500	400美元起

经济型旅馆

名称	地址	电话	费用
The Mansfield Hotel	12 West 44th Street	212-277-8700	400美元起
Ibis Hotel Wellington	871 7th Avenue	212-247-3900	160美元起
Gershwin Hotel	7east 27th Street	212-545-8000	200美元起
The Sohotel	341 Brooms Street	212-226-1482	80美元
Days Inn	215 West 94th Street	212-866-6400	40美元起
Jazz on Lenox Hostel	104 West 128th Street	212-222-5773	20美元起
国际青年旅馆	891 Amsterdam Avenue	212-932-2300	35美元起

饕餮一族新发现

纽约市有超过18000家餐馆，食物的种类也涵盖全世界。因此在这里就可吃遍全世界，品尝每一种美味佳肴，如阿富汗、克里奥尔、伊索比亚、夏威夷、牙买加、黎巴嫩、蒙古、西藏等风味食品。体验传统大陆、地中海和新美洲风味的食品，你可以尽情享受素食、犹太食品、熟食和鱼子酱等各种小吃。

特色餐厅

名称	地址	电话
Le Bernardin	155 W.51st St	212-554-1515
Masa	10 Columbus Circle 4th, New Yirj	212-826-9800
Union Square Cafe	21 East 16th Street	212-243-4020
Daniel	60 E 65th St	212-288-0033
Aquayit	65 E 55 th St	212-307-7311
Danube	30 Hudson St	212-7913771

中餐馆

名称	地址	电话
Shun Lee West	43W.65th St	212-595-8895
Peking Duck House	28 Mott Street	212-227-1810
Amazing 66	66Mott St	212-334-0099
China Fun 246	Columbus Ave	212-580-5298

淘宝达人爱去的街店

纽约是世界的时尚之都，其中的曼哈顿上城区的麦迪逊大道上有着各种名牌服装，第五大道则是全世界知名的购物大道之一。

●第五大道&57街：有着世界知名品牌，如路易·威登、香奈儿、范思哲、迪奥等。在这里，你可以看见最时尚的人群，最时髦的衣服，其奢华的气氛着实令人疯狂。

●麦迪逊大道：从57街到79街这片区域，有很多高档的精品店，如帽饰店，高档百货商场等。

●125街：从圣尼古拉斯大道到第五大道之间这段距离，期间店铺林立，聚集了许多知名的大众品牌，价格也比较便宜。

●钻石区：47街位于第五大道和第六大道之间，这里不光卖钻石，还提供一切与珠宝有关的服务，如清洗、保养、鉴定、重镶等。

●SOHO区：是纽约市民最喜爱的购物地，主要购物区从百老汇的西面一直延伸到第六大道，区内的每一所店铺，都是一个小小的艺术世界，能让你淘到极具创意的东西。

消夜族恋恋不舍的地方

纽约的娱乐设施非常健全，每当夜幕降临时，你可以在纽约市各种酒吧、休闲会所、俱乐部和舒适的小屋去放松放松，喝上一杯饮料，慢慢回味一天的经历，也可以到各大剧院电影院放松心情。不管你是在喜剧俱乐部尽情欢笑，还是在体育吧内观看一场比赛或在音乐厅听一场音乐剧……不管你想做什么，都可以一直到天亮。

酒吧

名称	地址	电话
Blind Pig	233 E.14th St	212-209-1573
Pink Rlephant	527 W.27th St	212-463-0000
Cafe Wha	115 Macdougal St	212-254-3706
Sapphire Lounge	149 Eldridge St	212-777-5153

剧院

名称	地址	电话
Ambassador Theartre	219 West 49th Street	212-239-6200
Ed Sullivan Thearter	1697Broadway	212-975-4321
New Victoria Thearter	209 W.42nd St	646-223-3020

电影院

名称	地址	电话
Pioneer Therter	155E.3rd St	212-591-0434
Cinema Village	22 East 12th St	212-924-3363
Quad Cinema	34 W.13th Street	212-255-8800

2

美国最热门的旅游圈

WashingtonD.C.

华盛顿哥伦比亚特区

华盛顿哥伦比亚特区（Washington D.C.）是美国的首都，完全是按照一个纪念碑和纪念馆来设计的。华盛顿不属于美国50个州中的任何一个，但它是美国最美丽的城市之一。特区内聚集着很多来自世界各地的餐馆，以及世界上最大的博物馆群，使得这个充满政治味道的城市变得活色生香。

美国最热门的旅游圈

WashingtonD.C.

华盛顿哥伦比亚特区

2

华盛顿哥伦比亚特区景点

01 白宫

观光指数：★★★★★
推荐等级：★★★★★

白宫（The White House）是美国历代总统的宫邸，但不包括第一任总统乔治·华盛顿。因为白宫是美国总统府和国家的象征，所以对人们来说充满了神秘感。白宫支出由全体纳税人担负，因而部分在规定时间内向全世界公民开放，因此成了游人观光的热点。这是一栋有着200多年历史的历史性建筑，带有浓厚的英国建筑风格，又在随后的主人更替中一层层融入了美国建筑的风格。朴素、典雅，构成白宫建筑风格的基调。

USA全攻略

地 宾夕法尼亚大街1600号

电 202-208-1631

交 搭乘地铁蓝线或者橘黄线到McPherson Square站下可到

时 周二至周六7：30～16：00

了解点历史掌故

白宫从前并不是白色的，始建时是一栋灰色的沙石建筑。在美英战争中，英国军队入侵了华盛顿。并焚毁了这座建筑物，只留下了一副空架子。重新修复时为了掩饰火烧过的痕迹，门罗总统下令在灰色沙石上漆上了一层白色的油漆。此后这栋总统官邸一直被称为“白宫”。1901年美国总统西奥多·罗斯福正式把它命名为“白宫”，后成为美国政府的代名词。

亲历者体验 FOLLOW ME

1 参观白宫非常不容易

2006年5月始，只接待由国会议员推荐或审批过的游客团。具体情况是10人以上的团队如果持有美国国会议员的介绍信可以提出参观白宫的申请，如申请得到批准则有可能参观白宫，但是需要提前6个月以上的预约。

2 主要参观白宫的东翼

白宫供游人参观的部分主要是东翼，包括底层的外宾接待室、瓷器室、金银器室和图书室，一楼的宴会厅、红厅、蓝厅、绿厅和东大厅。东大厅是白宫最大的一个房间可容纳300位宾客，主要用作大型招待会、舞会和各种纪念性仪式的庆典。历史上许多重要事件在此发生：这里曾经停放过7位总统遗体，这里也曾举行过许多位总统女儿们的婚礼，罗斯福在此观赏过日本相扑表演，肯尼迪则在此欣赏优美演奏。

02 美国国会大厦

观光指数：★★★★★ 推荐等级：★★★★★

美国国会大厦（United States Capitol）被美国人看做是民有、民治、民享政权的最高象征，称他为Capitol。大厦是一座巨柱环立的建筑物，中间是皇冠形的圆顶式大楼，非常壮观。国会大厦外墙全部使用白色大理石，通体洁白，中央穹顶和鼓座仿照万神庙的造型，在中心大圆顶的上面，竖有一座青铜像——“自由雕像”。

亲历者体验 FOLLOW ME

1 导游陪同才能进入大厦内部

参加导游陪同的导游团，才能进入美国国会大厦内部进行参观。这种旅游团是有时间限制的，每周一至周六的9:00～16:30才有。参加旅游团须要领取入场券，参观时间约是30～40分钟。须知，进入国会大厦时需要进行安全检查。参观从大厦的Totunda开始，它就在二层中央圆形大厅内。

2 精美壁画、人物雕塑是重点

中央圆形大厅内气势宏伟的精美壁画和多尊重要历史人物雕塑是参观的重点。圆形的墙壁上，有8张大幅油画，分两个阶段记载了美国历史上的8个重大事件。中央圆形大厅的南侧是环立着形形色色人物雕像的大厅，其中的一尊是与真人大小完全相同、用洁白云石雕刻的林肯石像，此外还有几十座美国各州历任议员的巨型雕像。

USA全攻略

地 第1街和第3街，宪法大街和独立大街之间

电 202-224-4121/202-225-6827

交 乘坐地铁蓝线或者橘黄线到Capitol S或Union Station下可到；乘公交32、34、36、96路可到

了解点历史掌故

美国国会大厦1793年9月18日由华盛顿总统亲自奠基，1800年投入使用。在美英战争期间被英国人焚烧，部分建筑被毁。后增建了参众两院会议室、圆形屋顶和圆形大厅，并多次改建和扩建。因为美国宪法规定，首都华盛顿的建筑物都不得超过国会的高度，所以，国会山上的国会大厦成为华盛顿的最高点。站在国会大厦上向远处眺望，华盛顿市的所有美景尽收眼底。

了解点历史掌故

林肯逝世两年后，北方各州提议为林肯建造纪念建筑物。由于不知道建在哪儿，所以一直被搁置。直到1911年成立了林肯纪念委员会，才接受了一位名叫亨得·拜肯的大学生建议，在华盛顿国会大厦遥相对应的地方建筑纪念堂。拜肯本人则被选为纪念堂的设计师，其设计方案得到了委员会的支持，最终通过了美国国会的批准。从1914年动工，直到1922年林肯纪念堂才落成。

03 林肯纪念堂

观光指数：★★★★ 推荐等级：★★★

林肯纪念堂（Lincoln Memorial）是为纪念美国第十六任总统亚伯拉罕·林肯而建，被视为美国永恒的塑像及华盛顿市标志。纪念堂是一座通体用洁白的花岗岩和大理石建造的古希腊神殿式建筑，纪念堂正中央游林肯雕像。每年2月的“总统纪念日”，林肯纪念堂的台阶上都要举行纪念仪式，仪式的重要内容之一是朗读《葛底斯堡演说》。

亲历者体验 FOLLOW ME

沿着纪念馆的阶梯往上走，绕过林肯雕像背面，能看到美国国会大厦和华盛顿纪念塔的壮观景色。在倒影池中还隐约透着华盛顿纪念塔的倒影。林肯纪念堂临近National Mall和Ellipse，极受游人们的欢迎。

USA全攻略

地 宪法大街，位于弗伦奇和培根车道之间
电 202-485-9880
交 搭乘地铁蓝线或者桔线在Foggy Bottom站下可到
时 周一至周日8:00～23:45

★葛底斯堡演说全文

87年前，我们的先辈在这个大陆上创立了一个薪新的国家。这个国家孕育在自由之中，奉行人人生来平等的原则。如今，我们正在进行一场伟大的国内战争，以检验我们，也检验任何一个奉行同样原则的民族能否长久地存在下去。现在，我们在这场伟大战争的一个战场上聚会，我们来到这里，是为了把这块战场上的一小块土地奉献给那些为国英勇捐躯的人们，作为他们长眠的地方。我们这样做是完全应该的，也非常恰当的。

然而，从更广阔的意义上说，我们没有能力奉献这块土地，没有能力使这块土地变得更为神圣。因为在这里战斗过的，已经死去的和仍然活着的勇士们，已经使这块土地变得如此神圣，远非我们的微力所能予以抑扬了。

世人不会记着我们在这里说过的话，但是对英雄们曾在这里崇高地向前推进而尚未完成的事业。我们应该献身于他们留给我们的伟大使命。先烈们已将自己的全部精诚付与了我们的事业，我们应该从他们的榜样中吸取更多的精神力量，使他们的鲜血决不致白流。在上帝的护佑下，我们国家将获得自由的新生，我们这个民有、民治、民享的政府将永世长存。

04 华盛顿纪念碑

观光指数：★★★ 推荐等级：★★★

华盛顿纪念碑（Washington Monument）是为纪念美国首任总统乔治·华盛顿而建造的。纪念牌是一座大理石方尖碑，有着金字塔式小尖顶。纪念碑整个碑身上没有一个字母，仿佛在告诉人们，华盛顿一生的伟业是难以用文字来表达的。纪念碑内墙镶嵌着188块由私人、团体及全球各地捐赠的纪念石，其中一块刻有中文的纪念石是清政府赠送的。

亲历者体验 FOLLOW ME

1 美国独立日最美丽

在每年的7月4日美国独立日的夜晚，都要在华盛顿纪念碑周围燃放焰火，是夜，造型各异的焰火竞相绽放，美不胜收。开放时间为每日早9:00至午夜，9月～次年3月9 :00～17 :00免费参观。地铁蓝线、橘黄线Capitol South站、红线Union Station站下车，这儿离灰狗长途汽车站也不远，可步行前往。

2 提前领取门票，乘电梯观光

华盛顿纪念碑免门票，但是需要提前去纪念碑的信息亭领取门票，每个人最多可以取6张。纪念碑内有50层铁梯，也有70秒到顶端的高速电梯，游人登顶后通过小窗可以眺望华盛顿全城、弗吉尼亚州、马里兰州和波托马克河。

USA全攻略

地 17街西南的独立大街

电 202-426-6841

交 乘地铁在史密森尼学会下可到

时 周一至周日9：00～16：45

★清政府赠送纪念石刻文

华盛顿，异人也。起事勇于胜广，割据雄于曹刘，既已提三尺剑，开疆万里，乃不僭位号，不传子孙，而创为推举之法，几于天下为公，乎三代之遗意。其治国崇让善俗，不尚武功，亦迥与诸国异。余尝见其画像，气貌雄毅绝伦，呜呼，可不谓人杰矣哉！米利坚合众国以为国，幅员万里，不设王侯之号，不循世袭之规，公器付之公论，创古今未有之局，一何奇也！泰西古今人物，能不以华盛顿为称首哉！

05 国家航空和航天博物馆

观光指数：★★★★★ 推荐等级：★★★★★

国家航空和航天博物馆主要收藏反映美国航空航天史的飞机、发动机、火箭、登月车及著名航空员与宇航员用过的器物。展品中有1783年孟特戈尔菲兄弟乘坐飞越巴黎上

■ **USA全攻略**

地 独立大街西南601号
电 202-633-1000
交 搭乘地铁橘黄线、黄线或者蓝线在儿童广场站下可到
¥ 免费（IMAX，天文馆及航空模拟器另行收费）
时 每天10：00～17：30

空的气球复制品，1896年成功起飞的第一架无人驾驶研究机，1903年由莱特兄弟用金属线木料手工特制的第一架飞机，1927年第一次横渡大西洋的航空家查尔斯·林白驾驶的圣路易斯精神号飞机等。

亲历者体验 FOLLOW ME

1 体验式参观

这里的体验式参观让其他博物馆难望项背。神秘的机舱，繁复的仪表台，来自太空的合成物，都可以让参观者直接接触。除体积过于庞大的采用模型外，展品绝大多数都是珍贵的原物或备用的实物。馆内陈列品没有“请勿动手”的标牌，观众可以自己动手操作，可以随意拍摄展品。

2 令人震撼的飞机

人类航空航天的历史并不算太长，所以这间博物馆所展示的，大多是人们耳熟能详的内容，从莱特兄弟一号到F35隐型战斗机，从阿波罗登月舱到火星探测器，这些传说中的接近神话的故事，突然出现在眼前，看到真家伙所产生的震撼，每一个第一次到这里的参观者，都有同样的感受。

06 美国国会图书馆

观光指数：★★★★　推荐等级：★★★★★

美国国会图书馆（American Library of Congress）不仅是世界上最大的图书馆，也是美国知识与民主的重要象征。整个图书馆由3座大楼构成，分别以3位美国总统的名字命名：主楼是托马斯·杰斐逊大楼（The Thomas Jefferson Building），面向国会大厦；其后南侧的是约翰·亚当斯大楼（The John Adams Building），北侧的是詹姆斯·麦迪逊大楼（The James Madison Building）。馆内藏书丰富，有1.3亿册，林肯总统在葛底斯堡发表演说的草稿，也保存在馆内。超过2/3的书籍是以多媒体形式存放的，其中包括很多稀有图书、特色收藏、世界上最大的地图、电影胶片和电视片等。

USA全攻略

地 东南第1街10号 电 202-707-5000

交 乘地铁红线在联合广场站下可到 时 麦迪逊馆周一至周五8:30~21:30，周六8:00~18:30；杰弗逊馆周一至周六10:00~17:30；亚当斯馆周一、三、四8:00~21:30，周二、五、六8:30~17:30

了解点历史掌故

美国国会图书馆成立于1800年4月24日，不幸的是在二次英美战争中毁于战火。后来，退休的托马斯·杰裴逊总统将其一生收藏的6487本私人珍藏图书捐给了国会，为日后国家图书馆奠定了基础。

亲历者体验 FOLLOW ME

1 不可错过图书馆的中文部

杰斐逊大楼被誉为“美国国会图书馆的宝藏”，这是专门收藏与东方文化有关的地方，其中分设的中文部最值得一看。中文部共藏有中国古代的善本书籍5万多册，其中有一卷叫《一切如来》的书，是公元975年北宋早期佛经的木版印刷品。中文部还拥有4000多种共6万余册的中国地方志，其中的100多种是中国国内的孤本，是关于中国少数民族的文字资料，该部也收有200多种藏文木版印刷品，400多种满文资料和3000种云南纳西族东巴文资料。

2 国会图书馆的大厅很有看头

坐电梯上到二楼，就是国会图书馆的大厅。大厅雕梁画栋，尤如金碧辉煌的艺术宫殿，是意大利文艺复兴时代的雅典风格。穹顶上是宗教绘画，贴缀着23K金叶片，距一楼地面有22.5米高。二楼是大理石柱支撑的围廊，四壁的雕像、壁画、镶嵌画，是当时50位美国艺术家的杰作，内容是与文化相关的传说、神话和历史。窗户的上方有圆形顶窗，南北各有四面顶窗是8位古典女性的彩画，像是配有格言的文字。

07 国家艺术馆

观光指数：★★★ 推荐等级：★★★★★

国家艺术馆（National Gallery of Art）是一座位于华盛顿特区的艺术博物馆，常缩写为NGA。艺术馆分为西馆和东馆，西馆主要是以13～19世纪的欧洲绘画、雕刻以及美国美术为中心；东馆是以20世纪以后的美术作品为主。可以说，馆内的欧美艺术品收藏非常丰富，在这里，不仅可以欣赏到著名的艺术作品，也能见到许多热爱艺术的青年。

USA全攻略

地 西馆位于西北第4街和第7街之间的宪法大街，东馆位于麦迪逊车道和宪法大街之间的第4街西北

电 202-737-4215

交 乘地铁在海军纪念堂、档案馆、法院广场、史密森尼学会下可到；乘32、34、36、70路公交也可到

时 周一至周六10:00~17:00；周日11:00~18:00

亲历者体验 FOLLOW ME

1 抓紧时间看西馆美国本土艺术

美国国家艺术馆里面的宝贝可真多，西馆不仅有早许多古典美术作品，还有伦勃朗、梵高、高更、德加、塞尚，修拉、莫奈……一大批艺术家的原作。在这里，许多人都会一边看，一边拍照。如果不抓紧时间看，有可能3个小时过去了，也没有看了艺术馆的1/4。而且，艺术馆地下两层还有更多的美国本土艺术家的作品，这可是美国国家艺术馆最大的亮点。

2 不可错过西馆的雕塑园

隔着西馆7th St.的西侧，有个小巧而非常特别的雕塑园。园内的中心广场是让人倍感清凉的喷水池，周围绿树环绕，并且有游客步行道。重要的一点是园内的雕塑作品布局相当完美，给人愉悦的心情不说，只是它层出不穷的变化就让人感受到无穷的乐趣。

08 杰斐逊纪念堂

观光指数：★★★★　推荐等级：★★★★

杰斐逊纪念堂（Jefferson Memorial）是为纪念起草独立宣言与权利章典的作者杰斐逊诞辰200周年兴建的，纪念堂整个建筑物是仿罗马万神殿的圆顶建筑风格，呈圆柱状，材质为大理石，象征着杰斐逊总统完整的人格，室内中央竖立着杰斐逊青铜像。每年3月下旬～4月上旬，与纪念馆相邻的托马克公园会举行国际樱花节，届时，纪念馆也非常热闹。

USA全攻略

- 地 潮汐盆地南岸
- 电 202-426-6841
- 交 乘坐地铁到史密森尼学会下可到
- ¥ 每天8：00到深夜

了解点历史掌故

杰弗逊纪念堂的修建颇费周折，从1934年6月26日美国国会通过决议，到1943年4月13日落成开放，用了近9年的时间。当年通过决议专项拨款修建后，成立了专门委员会，并聘请著名建筑师波普设计。不幸的是波普在纪念堂建造过程中逝世，所幸的是他的合作者奥托·埃格斯和丹尼尔·希金斯继续了波普的使命。即使炮火连天的第二次世界大战也没有使建造杰弗逊纪念堂的工程停顿下来。

关于美国总统杰佛逊

杰斐逊是美国历史上公认的最博学的总统。美国心理协会曾对总统分类，历史上的42位总统可以分为7种类型，属于“知识分子型”只有6位，杰斐逊、麦迪逊、林肯、海斯、加菲尔德和卡特，他们都属于“读书总统”之列。杰斐逊总统排在了首位。

09 肯尼迪艺术中心

观光指数：★★★★ 推荐等级：★★★★★

肯尼迪艺术中心（John F. Kennedy Arts Center）是专门进行各类艺术表演的场所，包括了一家歌剧院、两个舞台表演厅、一间实验剧院、一个音乐厅、一个电影院及表演艺术图书馆。作为表演艺术的最高殿堂，这里吸引着无数表演艺术家和艺术爱好者，而对广大的艺术爱好者来说，在此欣赏自己喜爱的艺术作品，也是一大享受。

USA全攻略

地 新汉普夏大姐和罗克克里克公路西北

电 202-467-4600

交 乘坐地铁在福吉底端下可到，也可以乘坐公交80路到达 时 每天8:00~21:00（周日上午12:00开始）

了解点历史掌故

肯尼迪艺术中心是1971年正式向公众开放的，其历史可以追溯到1958年美国总统艾森豪威尔签署了建立国家文化中心的法律时期。艾森豪威尔卸任后，肯尼迪继任美国总统，他很关心艺术中心的建造，在白宫举办了多次筹款宴会和仪式。不幸的是，1963年11月22日肯尼迪在达拉斯遇刺身亡。肯尼迪被暗杀后，在全美范围内展开了悼念性活动。许多人，包括艺术中心委员会的主要负责人，要求将正要在华盛顿建造的艺术中心命名为“肯尼迪表演艺术中心”。1964年，总统约翰逊批准了美国国会的决定，将国家文化中心命名为肯尼迪表演艺术中心，并建立了美国国家剧院。1965年，美国总统约翰逊运用在1914年为林肯纪念堂和1938年为杰斐逊纪念堂奠基时使用过的同一把镀金铁锹为中心奠基培了第一锹土。

亲历者体验 FOLLOW ME

到肯尼迪中心观看演出是华盛顿旅游的主要节目之一，漫步于中心的屋顶露台，还可以观赏波托马克河及华盛顿的风光。中心内有联合国各成员国的国旗和美国各个州的州旗陈列在两个大厅。另外还有纪念品专卖店，有各国各个年代的影象资料。当然还有杰奎琳女士的照片等纪念品。如果有兴趣，不妨去美国电影研究放映厅（American Film Institute）看看，这里主要放映从无声电影到以后各个历史时期的美国电影，供研究和爱好者观摩。

10 国家动物园

观光指数：★★★★ 推荐等级：★★★★

国家动物园即史密森国家动物公园（Smithsonian National Zoological Park），动物园的面积非常大，拥有470多种动物，数量达3600多只，其中比较受欢迎的有印度豹、白虎、苏门答腊虎、亚洲狮、长臂猿、低地大猩猩、大熊猫等。动物园内还有完全模仿亚马逊热带雨林的亚马逊丛林区。如果带孩子去美国旅游，一定不要错过这个景点。

USA全攻略

地 康涅狄格西北大街3001号

电 202-673-4717 交 乘坐红线地铁在动物园站下，在Connecticutave.往左转，沿着缓坡而上，大约步行10分钟可达 时 4～10月，6：00～20：00；11月～次年3月，6：00～18：00

亲历者体验FOLLOW ME

这里的馆藏绝对没有国内的一些大动物园多，但是它也有自己的特点——科普搞得非常好，很多研究的实验室就在动物园的各个馆内，并且都是透明开放的。当然是只能参观不能进去乱碰，不过有些做好的科普小仪器摆在了外面。

了解点历史掌故

美国国家动物园与中国很有渊源。1972年，中国政府将大熊猫“兴兴”和“玲玲”作为国礼送美国，并在该动物园安家落户，成为美中两国发展友好关系的纽带。2002年12月6日，又有“美香”和“添添”两只大熊猫乘坐美国联邦快递公司提供的专机“熊猫一号”，从中国成都抵达该动物园，旅居10年。如今，美香和添添在该园产下一子，被美国人称为“泰山”，算是入了美国户籍。

11 国家自然史博物馆

观光指数：★★★ 推荐等级：★★★★★

国家自然史博物馆（National Museum of Natural History）拥有关于自然界和人类历史的题目，亮点是恐龙的骨骼标本和重45.5克拉的世界最大的蓝宝石Hope Diamond、实物大小的白鲸模型、昆虫、加工精致的宝石和矿物展示品等。另外，这里有40亿年前的化石，从浮游生物到恐龙蛋，到动物化石、无数动物剥制品，还展示人类，动物，自然从史前时代到现代的发展资料，让参观者了解过去的动物史。

USA全攻略

地 宪法大街和第10街西北

电 202-633-1000

交 搭乘地铁蓝线或者橘黄线在Smithsonian站下可到，也可以乘坐32、34、36路公交到达

时 10：00～17：30

亲历者体验 FOLLOW ME

这个博物馆的藏品丰富，种类繁多，展品几乎占据了一楼和二楼的全部空间。从正门进入就可以见到宽广的圆形大厅中央的非洲巨象标本，这是该馆引以自豪的展品之一，重达80吨，肩高4余米，可算世界上最大的非洲象标本。

以此大厅为中心，一楼东侧为动植物化石室，西侧是哺乳类、鸟类、海洋生物等的展示室。北侧是美洲大陆土著和太平洋地区、亚洲和非洲文化展示室。

二楼展示的是矿物、宝石、翡翠、陨石、动物的骨骼，以及反映北美及中南美洲的考古学、自然人类学等，其中宝石大部分为私人捐赠，其中最著名的是由第一位持有者命名的“教宗钻石”，这颗钻石重44.5克拉，其色泽之清纯无与伦比。

12 美国历史博物馆

观光指数：★★★　推荐等级：★★★

美国历史博物馆（American Museum of History）是美国最大的历史博物馆，史密森学会的一个下属博物馆，主要收藏美国历史文物和工艺技术发明的实物资料，有服饰、民俗、天文、医药、军事、货币、纺织、交通、音乐等方面的藏品1700多万件。二楼的动手历史屋非常吸引游客，因为这里的东西都可以用手触摸，让你能更真实地了解美国的历史。

了解点历史掌故

该博物馆是在1876年美国建国100周年纪念博览会展品的基础上建立的，1955年由艾森豪威尔总统拨款3600万美元开始组建，1958年动工，耗时5年，于1964年正式对外开放，当时称国立美国历史与技术博物馆，1980年改名为国立美国历史博物馆。

USA全攻略

地 第14街和宪法大街

电 202-357-2700

交 搭乘地铁在史密森尼学会站下可到，也可以乘坐32、34、36路公交到达　时 10：00～17：30

亲历者体验 FOLLOW ME

1 馆内的特色非常多

博物馆的许多展览都别具心思。例如第一层的时钟廊，介绍不同时期人们对时间的看法与计时工具，趣味与知识并重地带游客走过时间的历史；第二层的墙内故事，选择一栋具有200年历史的房屋，以在其中居住过的5代人与5个家庭为蓝本，将数百年的美国大众生活浓缩提炼，娓娓道来。

2 公众项目非常多

博物馆有许多公众项目，包括开办展览、演讲、表演、参观、各项节日等，目的是博物馆的游客可以更好地以不同形式（诸如音乐、戏剧、故事、电影、口述等形式）了解美国的历史。此外，博物馆还在第一层、第二层分别设动手体验历史与动手体验科学的区域，鼓励参观者自己参与，积累感性认识。博物馆的档案中心存放着大量关于美国历史的文字资料，有兴趣的游客可以前往阅读。

3 可以了解一下战争史

对战争史有兴趣的游客可以在第三层参观关于越战、炮舰、西点军校、以及冷战时期的陈列。参观者可以亲眼见到华盛顿在独立战争中用过的成套餐具，1783年穿过的军服，1935年打捞上来的独立战争中沉没的美国最早的军舰"费拉德费尔"号……此外，这里还有货币、纪念章、防止品、印制品的展览。

13 华盛顿国家大教堂

观光指数：★★★★　推荐等级：★★★

华盛顿国家大教堂又称圣彼得和圣保罗大教堂（Cathedral Church of St. Peter and St. Paul），它属于美国圣公会，一方面担当圣公会华盛顿教区主教堂的职责，另一方面是国会指定的举行全国性宗教纪念活动的场所。教堂完全是英国哥特式结构，用大理石建造巨大穹顶，配以长柱尖顶、卷形花边、各种浮雕、怪兽滴水嘴，镶有各种彩色玻璃。该堂比例匀称，线条明细，令人叫绝。人们入内顿感其神圣庄严。大堂旁另建儿童小教堂，大门上雕有各类新奇动物，相对低矮的圆顶给人以舒适、亲切之感，与大堂形成鲜明对照。

USA全攻略

地 马赛诸塞州和威斯康辛西北大街
电 202-364-6616
交 乘公交32、34、36路可到
时 周一至周六10:00～17:30；周日12:30～16:30

了解点历史掌故

该教堂在美国有着崇高的地位，奠基典礼时西奥多·罗斯福总统亲临，有一万多全国各地来的群众参加。威尔逊总统、二次大战时的国务卿贺尔及盲人女作家海伦·凯勒的遗骨均葬于此堂；艾森豪威尔总统的葬礼、里根和布什总统的就职礼拜仪式也在此举行。

14 国际间谍博物馆

观光指数：★★★★　推荐等级：★★★★

国际间谍博物馆的展品多是从美国、加拿大、英国、以色列、联邦德国、民主德国、前苏联、捷克、乌克兰和波兰等地收集而来，比较有代表性的展品有做成一支血红色唇膏样式的微型手枪，黑色钢笔样式的催泪枪，一次性打火机样式的微型发报机等。在这里，人们可以通过听讲座、参加研讨会的方式，探知间谍的生活和工作，得知很多幕后的特工故事，了解招募间谍的严格条件。

USA全攻略

- 地 F街800号
- 电 202-393-7798
- 交 乘坐红线、蓝线以及绿线在Gallery Pl站下可到
- ¥ 11美元
- 时 周一至周六10：00～21：00，周日12：00～21：00

★精巧的间谍工具

国际间谍的一些用具非常精巧，也非常普通，普通得让人想不到它是间谍工具。路边邮筒上的一个粉笔记号、电线杆底下一个空烟盒或者大树旁一个可乐罐，窗台上的一盆花、书架上的一本书或者书桌上的一个相框，都有可能是随时在收听谈话的窃听器。有的间谍工具技术十分先进。藏有微缩胶片的刮胡刀、手提箱照相机、手表形状的窃听器，这些功能先进的间谍用品凝聚了一个时代的最新技术。

亲历者体验 FOLLOW ME

1 通过多种方式认识“间谍”

在这里，人们可以通过听讲座、参加研讨会的方式，探知间谍的生活和工作，得知很多幕后的特工故事，了解招募间谍的严格条件。参观者还能在设备精良的放映厅里，观看高科技制作的电影和电视。在这里，喜欢间谍类影片的参观者可以跟制作影视片的导演讨论间谍故事和人物的真伪，探讨影片拍摄的技巧。

2 游客可以动手参与

为了增加参观者的切身感受，博物馆设计了很多动手节目，包括让人们拆装具有间谍功能的收音机，设计和破译通信密码，发明具有伪装性能的仪器。组织者认为安排这些参与性的活动，有助于刺激参观者的好奇心，让他们理解间谍活动的风险环境，体会间谍文化。

华盛顿哥伦比亚特区周边景点

01 巴尔的摩

观光指数：★★★★ 推荐等级：★★★★

巴尔的摩（Baltimore）是2008年北京奥运会夺得八金的“奥运奇迹缔造者”菲尔普斯的故乡，它还是美国大西洋沿岸重要的海港城市。市内的街道整齐笔直，城中心高楼林立，白色和红赭色的楼房相互交错。市区东部有很多旧的老式房屋，其中有法兰西式、英国式或荷兰式的建造风格，这些房屋大都是早期欧洲殖民者建造的。城中心区的富兰克林大街和姆的逊路是黑人居住比较集中的地区。

USA全攻略

地 马里兰州巴尔的摩

电 410-837-4636

交 可以从华盛顿前往

亲历者体验 FOLLOW ME

1 不可错过国家水族馆

巴尔的摩市内最值得一看的是建于1981年的国家水族馆（电话410-576-3800），馆内展出了5000多种水生生物，游人可沿自动浮梯盘旋而上，欣赏海星、闪光鱼、大鲨鱼、巨晰、海豹……那看不尽的珍奇异物。另外该馆采用了先进技术，能使观众有一种在海底漫游、与鱼虾共舞的感觉。

2 看看火车头的历史

到了巴尔的摩，不要忘了去市区西南面火车头历史博物馆看看，这里摆放着各式各样的火车头，从世界上出现的第一个火车头到今天世界上常用的各种火车头都能看到。在博物馆的另一处还有世界铁路内燃机车的鼻祖。

3 去伟人拜访的市场逛逛

列克星敦市场是巴尔的摩的一座特大食品市场，一个屋顶下设有130家摊档，水果蔬医、肉类海鲜、风味小吃应有尽有。这个市场已有200多年历史，当年华盛顿、杰斐逊总统都曾慕名而来。在这里游客可以品尝到当地特产——味美汁鲜的切萨皮克湾海蟹和牡蛎。

02 山那都国家公园

观光指数：★★★★★　推荐等级：★★★★

山那都国家公园（Shenandoah National Park）沿蓝岭山脉分布，山岭上有天际线公路贯穿公园。公园的主要地貌特征是山谷及森林地型，景色秀丽，春天到处野花盛开，经常举办特别的野花导览活动。园区内有一个总统度假山庄，因为距华盛顿很近，交通也方便得多，是当时的总统们喜欢跑来这里休闲的地方，地以人贵，也就因此成名。

USA全攻略

地 弗吉尼亚州北部，华盛顿特区以西大约112千米，仅约2小时车程

电 540-999-2170

交 从华盛顿自驾车上66号公路，根据指示牌可达

亲历者体验 FOLLOW ME

1 游客中心及游览线路

公园内有两个游客中心，分别是迪基岭游客中心（Dickey Ridge Visitor Center）和哈瑞·F·伯德游客中心（Harry F.Byrd Sr.Visitor Center），两个游客中心在每年春季中期至秋季末开放。山那都国家公园最知名的是地平线公路（Skyline Drive），秋天在此公路上穿行能看到最壮观的景色。另外，著名的阿巴拉契亚步道（Appalachian Trail）也在这个国家公园中。

2 公园内的住宿设施

公园中四个露营区从每年春天开放至10月或11月末，露营区大多在比较偏僻的地方，所以露营的游客必须采用“不留痕迹”（Leave No Trace）方法，即将自己在此露营的痕迹隐藏掉，如掩埋粪便，不点营火等。另外在露营期间还要小心野生动物，游客最好将食品或是有香味的物品悬吊起来，以防止狗熊的袭击。另外园内的大山旅馆（Big Mountain Lodge）每年4月底～11月初开放。

03 威廉斯堡

观光指数：★★★　推荐等级：★★★

威廉斯堡（Williamsburg）原名为Bushwick Shore，是美国著名的历史名城和旅游胜地。它依湖傍水，坐落在一望无际的大西洋沿岸平原上，附近的土地质地肥沃，气候温暖宜人。从18世纪初起，这里就开始建造许多英式、法式和西班牙式的房屋。现在镇上很多建筑，如民房、商店、火药库、理发店、旅馆、教堂和政府大楼，都是当时的遗迹，现被修饰一新，供人们参观。

USA全攻略

地 弗吉尼亚东南部詹姆斯河与约克河之间的一个半岛上

电 757-253-019

交 在邦德里街421号北有火车与汽车得信息

了解点历史掌故

威廉斯堡的建立颇费周折，从1606年12月20日，第一批英国移民144人从英国伦敦出发，于1607年5月13日到达北美洲，在美国的弗吉尼亚州威廉斯堡附近的詹姆斯建立了英国人的第一个永久居留地起，至后来不断有英国移民来到这里，并带来当时英国的技术和文化，在当地印第安人的帮助下种植烟草和棉花，经过100多年的建设，才建立了起来。

亲历者体验 FOLLOW ME

威廉斯堡小镇的格局跟华盛顿很类似。一条东西向的马路，大约相当于华盛顿的宪法大道或者独立大道；路的东头是议会大楼，相当于国会山，而且也叫Capitol；另外一条南北向的很短的马路，尽头是州长官邸，相当于白宫。官邸前面是一片草地，大致相当于华盛顿的National Mall。

威廉斯堡内一切都保持着原样，能够听到铁匠铺传来的打铁声，车轮修理作坊里车床的撞击声和从旅店里传来的旧时流行小调。在这里，游客可以看到总督官邸，州议会大楼。还可乘坐旧时的马车，在身着传统制服的短笛手鼓乐队的伴奏下参观游览。

04 弗农山庄

观光指数：★★★★　推荐等级：★★★★★

弗农山庄（Mount Vernon）是美国国父乔治·华盛顿的故居，他从22岁直到1799年逝世，都居住在弗农山庄，其间共长达45年。华盛顿住在这里时，将宅邸扩大了3倍，重新设计了庭院与附属建筑物以及扩充耕地，并建了一个大型的农场。现在的庄园包括主楼和许多外部建筑，基本都恢复成华盛顿在世时的样貌。这里的菜园、花园、羊场以及当时奴隶们居住的寓所，都让人感受到浓厚的生活气息。

了解点历史掌故

弗农山庄是华盛顿的异母兄长劳伦斯留给他的产业。华盛顿和他的同父异母兄长从小感情甚好。劳伦斯于1743年在波托马克河边建造了一幢房子作为家园。为了纪念心目中的英雄——英国海军上将弗农·劳伦斯将这片家园命名为弗农山庄。此处风光美丽，劳伦斯藏书颇多，华盛顿很喜欢来此居住。后因劳伦斯染病去世，22岁的华盛顿继承了弗农山庄。

USA全攻略

地 弗吉尼亚州北部的费尔法克斯县

电 703-780-2000

交 乘坐至亨廷顿的黄线地铁可到，也可以乘坐费尔法克斯到弗农山的101路通勤巴士到此

时 4~8月，8:00~17:00；9月至次年3月，9:00~16:00

亲历者体验 FOLLOW ME

从华盛顿特区到弗农山庄有一条直达的纪念公路，公路沿波托马可河修建，一路上景色优美，目前是乔治·华盛顿纪念馆专用车道路的一部分。还有一个收藏有关华盛顿的文件的图书馆对公众开放。花园、果园、草坪和小树林全都保持着华盛顿本人当年规划的原貌，有不少树木都是他亲手所植。

05 蓝岭公路

观光指数：★★★★★　推荐等级：★★★★★

USA全攻略

地 弗吉尼亚州境内

电 828-298-0398

蓝岭公路（Blue Ridge Parkway）是美国诸多经典公路中最出色的一条，公路双向车道，北面与雪兰多国家公园相连，南面到达大烟山国家公园。顺着蓝岭的顶冠和一些山脉前行，便会深入到幽深的山谷，如果延盘山公路盘旋上升到海拔1829米的高处，那里可以俯瞰到漫山的林海。沿途，你会发现曾经居住在这一带的山民留下的大量遗迹，湖滨上大群的水獭。

亲历者体验 FOLLOW ME

1 最精彩的就是观景平台

这条路上最精彩的地方就是沿着香纳多（Shenandoah）国家公园天际线大道修筑的几十个观景平台，它们都选择了景观独特、视野开阔之处，每每在此驻足观景，都仿佛面对超大的山水画卷，令人心旷神怡。

2 蓝岭公路“能量”补给点

蓝岭公路一路上没有食品店和加油站，所以必须要在有岔路的地方出去，沿着岔路走上一段一般会遇上一个小镇，在那里可以补充粮饷。阿什维尔的接待中心是蓝岭公路的总部，有比较全的旅游资料。过了阿什维尔的接待中心有加油站，旁边有食品店，1份combo special & cedil只需2.69美元，有两个热狗，一份超过100og的饮料，一袋薯条，还有些甜点，可以随意拿。

06 葛底斯堡

观光指数：★★★　推荐等级：★★★★★

葛底斯堡就是美国南北战争中葛底斯堡战役的战场，林肯曾在此发表具有历史意义的演说，提出“民有、民治、民享”口号。小镇上的国家军事公园中保留有许多战场和国家公墓，还有一幅大型的圆形壁画，上面戏剧性地展示了一些重要战争的场面。

USA全攻略

地 宾夕法尼亚州葛底斯堡

交 卡丽斯勒大街102号有汽车与火车的信息

电 800-337-5015

了解点历史掌故

1863年7月初联邦政府的北军与李将军率领的南军在此鏖战3昼夜，北军最终击溃南军，赢得胜利，扭转了整个南北战争的战局。这是北美大陆历史上规模最大、伤亡最惨重的一场战斗。战争结束4个月后，林肯总统来到此地发表了著名的葛底斯堡演说。曾有传说，林肯是在从华盛顿到葛底斯堡的火车上完成的演讲稿，因此，稿子写在一个信封的背面。而实际上，他11月18日离开华盛顿前就已经下功夫写好，初稿是两页纸，到葛底斯堡后又作了仔细的修改。从此，这座原先默默无闻的小镇成了一座历史名镇。

亲历者体验 FOLLOW ME

在林肯演讲的地方，现在立有一块纪念碑，上面镌刻着演说全文。林肯在威尔斯家住过的房间，现在是林肯房博物馆，里面有林肯的演说手稿和威尔斯的信等，林肯坐在那里握笔凝思的形象栩栩如生。

一进葛底斯堡，与飘扬着的美国国旗同时映入眼帘的是随处可见的南方邦联的旗帜。当年邦联公然与联邦政府分庭抗礼，然而，现今的美国人坦然地将邦联的旗帜看作美国历史的一部分予以容纳。

镇中心的国家公墓是林肯总统发表演说的场所。这座国家公墓是葛底斯堡建了一座永久和平纪念碑联邦政府建立的，但安息在墓地周围的并不仅仅是获胜一方的北军将士——南北双方的阵亡将士在这里平等地分享着他们的空间。

走出国家公墓不远，就是当年双方激战的战场。北军的工事筑在战场东南边的小高地上，一侧竖立着北方各州分别为各自州的阵亡将士建立的纪念碑。南军的阵地在一英里外遥遥相对。阵地边上，也竖立着南方各州为自己州的阵亡将士建立的纪念碑。

07 匹兹堡

观光指数：★★★★ 推荐等级：★★★★

匹兹堡（Pittsburgh）是宾夕法尼亚第二大城市，素有“世界钢铁之都”之称，同时也多次被评为全美最适宜居住城市。城市中兼具悠久的历史记忆与现代化的都市景象，卡内基梅隆大学与匹兹堡大学也在此落户。从市内的华盛顿山上可以眺望全城风景，每到夜晚，河面上就会倒映出一个灯火辉煌的城市。匹兹堡还是著名的体育之城，拥有3支非常有名的职业球队，分别是冰球、棒球、橄榄球。

USA全攻略

地 宾夕法尼亚州匹兹堡

电 800-366-0093

交 第六大街425号楼30曾有飞机、汽车与火车的信息

亲历者体验 FOLLOW ME

1 从华盛顿山到酒吧林立的“南区”

在华盛顿山欣赏风景的同时，可到附近的蒙特里海湾鱼洞餐馆(Monterey Bay Fish Grotto)吃些鱼，即使没有订座，也可以坐在大厅里一边吃饭，一边俯瞰美丽的风景。晚上10：00可去匹兹堡历史悠久、酒吧林立的“南区”（South Side），那里的Tiki Lounge装修得如同一个梦幻热带乡村，3座瀑布分布其间，鸡尾酒一直供应到凌晨两点。

2 去大学校园看看

匹兹堡有两所名牌大学：匹兹堡大学（University of Pittsburgh）和卡内基梅隆大学（Carnegie Mellon University），两所大学都在奥克兰区(Oakland district)。可沿福布斯大街（Forbes Avenue）走到42层的学习堂(Cathedral of Learning)，参观巨大的“Commons Room”以及大楼第一层与第三层的“Nationality Room”教室，这里的装修集合了全球不同国家的建筑风格。然后沿街去卡内基自然历史博物馆(Carnegie Museum of Natural History)参观。如有兴趣，还可到安迪·沃霍尔博物馆参观，馆中藏有大师逾1.2万件艺术作品及其他物件。如果想买礼物的话，博物馆商店就是个好去处。

08 里士满

观光指数：★★★★ 推荐等级：★★★★★

里士满（Richmond）是弗吉尼亚的首府，在美国内战期间是当时美国南方联邦的首都。第二次世界大战期间建立大船坞后，发展迅速，各种工业都在这里生根发芽，其历史底蕴也非常丰厚。内战时期的艺术，包括将军的外套和建筑，都能在里士满的联邦博物馆内见到。

除了联邦博物馆，里士满还有两个非常不错的博物馆，分别是弗吉尼亚科学博物馆与弗吉尼亚美术博物馆。

USA全攻略

地 弗吉尼亚州里士满

电 804-783-7450

交 第三街北405号有前往各地的汽车以及火车

亲历者体验 FOLLOW ME

到了里士满，不能不去北部大街200号的弗吉尼亚美术博物馆。这里珍藏了埃及、印度、喜马拉雅艺术，甚至是法国印象主义学派与现代美国的多样艺术品，其中最吸引人的便是俄罗斯皇家艺术的普拉特收藏。该博物馆周三至周日11：00～17：00开放，联系电话是804-340-1400。

同时可以游览

约克

地 宾夕法尼亚州约克

电 717-852-9675

交 伊甸园路1425号有汽车与火车的信息

里丁

地 宾夕法尼亚州里丁，玛丽 梅里特博物馆位于本杰明 富兰克林高速公路，道格拉斯镇

电 800-443-6610，玛丽 · 梅里特博物馆610-385-3809

交 352里丁，佩恩街有火车与汽车的信息

时 玛丽 · 梅里特博物馆周一、周三至周六，10：00～16：30；周日13：00～17：00

诺福克

地 弗吉尼亚州诺福克

电 800-368-3097

交 在中央大街东232号有前往美国各地的飞机、火车与汽车信息

赫希尔

地 宾夕法尼亚州赫希尔，巧克力世界位于SR743和US422

电 800-955-0969；巧克力世界717-534-4900

交 哈里斯堡派克，哈里斯堡1255A有火车与汽车的消息

时 巧克力世界全年开放的时间不一样，基本在9：00～17：00

新河峡国家公园

地 兰辛，美国第19号公路

电 304-574-2115

交 通过19号公路可到达

时 8：00～16：45

莫农加希拉国家森林公园

地 西弗吉尼亚州埃尔金丝，西卡莫尔街200号

电 304-636-1800

交 可以从阿列格尼路前往

时 周一至周五，8：00～16：45

华盛顿哥伦比亚特区旅游资讯

自助游必须掌握的交通

飞机

华盛顿哥伦比亚特区有3个机场，分别是华盛顿里根国内机场、华盛顿杜勒斯国际机场与巴尔的摩–华盛顿国际机场。中国的游客前往华盛顿，多半会停在巴尔的摩–华盛顿国际机场。从巴尔的摩–华盛顿国际机场（（1–800）135–9294）前往市区，有以下几种方式：

●**专门巴士**：巴尔的摩–华盛顿国际的交通方式多样而便捷，机场提供门对门服务的专门巴士，可以到指定的地点接送乘客前往目的地；

●**列车**：国家铁路客运公司的铁路车站就位于机场附近，你可以乘免费的公共巴士到达车站，然后乘列车到达市区，铁路车站有发往华盛顿市区联合车站和巴尔的摩周边区域的列车；

●**出租车**：从巴尔的摩–华盛顿国际机场前往华盛顿市区大概80美元，往巴尔的摩则需要35美元左右；

●**国际租车**：机场有很多国际租车连锁公司的办事点，符合在美国自驾条件的游客可以乘机场的免费巴士到达办事处，然后租车。

火车

联合车站（（1–800）872–7245）是华盛顿的交通中枢，位于50 Massachusetts Avenue N.E每天都有许多列车从这里前往美国各地，另外还有在工作日运营的Marc线，将华盛顿周边以及巴尔的摩联系到了一起。值得一提的是，联合车站还是一个购物和娱乐的好地方，在这里，还能看到很多的个性小店，出售奇特的商品。

长途汽车站

灰狗长途汽车（202–289–5160）站位于Washingtom Greyhound Station，10051–St，N.E，从有多条线路发往全国各地，票价便宜。由于长途汽车位于华盛顿的郊区地带，因此晚上出行的话建议坐出租车。

市内交通

华盛顿哥伦比亚特区的交通工具多样，主要有地铁、公交、鸭子船等。

地铁：华盛顿的地铁有红线、蓝线、橘黄线、黄线和绿线5条线路，贯穿整个市区以及周边的马里兰州和弗吉尼亚州，工作的时间是5:00～午夜，周末7:00～次日3:00。如果在市内见到标有“M”的标志就是地铁站。地铁的最低票价是1.35美元，具体票价根据里程与乘车的时间定，在高峰期与非高峰期的差别也非常大。如果一天之内要去很多地方，建议买一张一天有效的地铁通票，只需要5美元，可以省去不少的钱。

USA小贴士 在美国的地铁站以及地铁上不允许吃东西，如果被警察发现，就有被捕的可能。

●**公共汽车**：华盛顿的公交被称为Metrobus，是由Metrobus公司负责运营。华盛顿的公交四通八达，非常方便，车票1.25美元起，根据车程的长短决定票价。查询时间与线路可以拨打电话202-637-7000

●**DC Ducks（鸭子船）**：这种交通工具非常有意思，可以水陆两用。它是根据第二次世界大战水路的两栖车改装的，车上有导游为旅客介绍城市主要的景点。

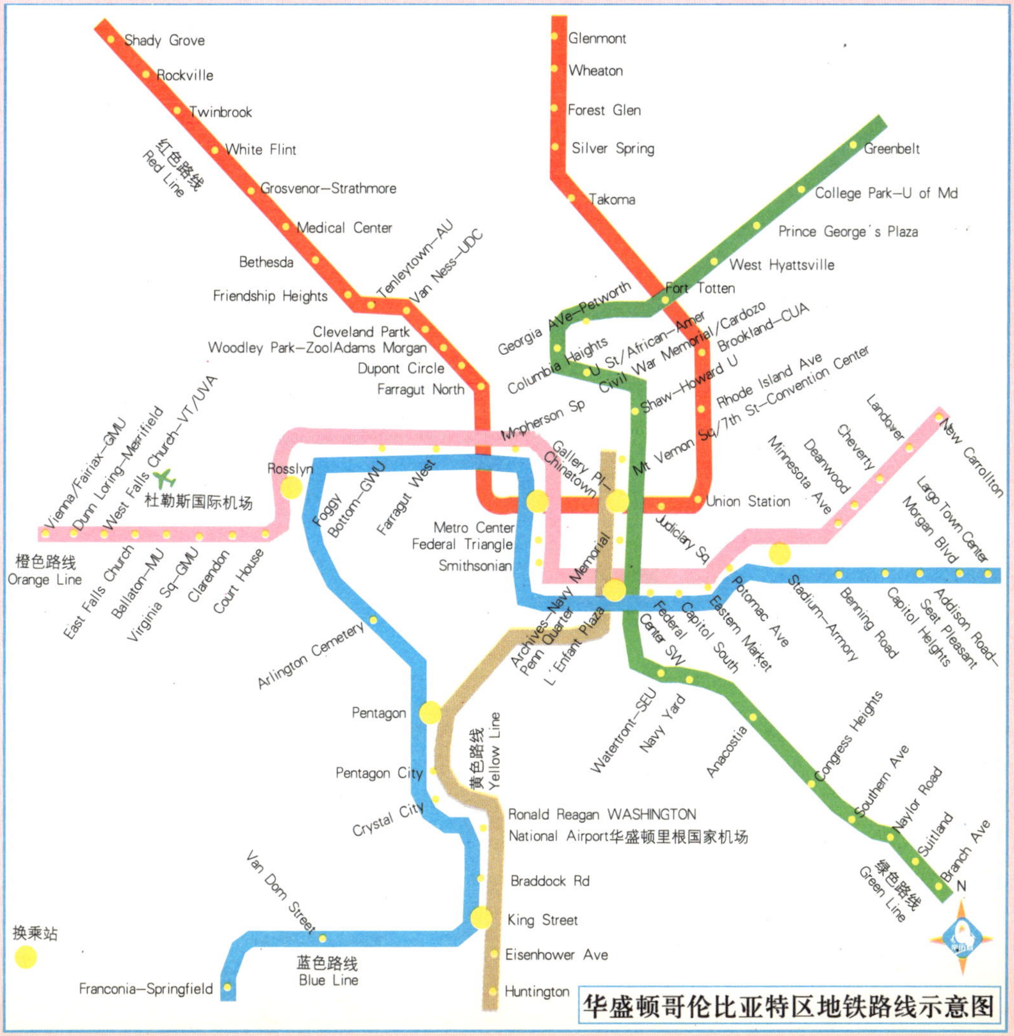

华盛顿哥伦比亚特区地铁路线示意图

●旅游巴士： 华盛顿有三家公司负责旅游巴士的运营，线路涵盖了华盛顿所有的景点。Tourmobile的票价12美元/人，运行时间9:30～16:30，电话202-554-5100；Open Top Sightseeing的票价32美元/人，运营时间9:00～17:00，电话202-289-1995；Old Town Trolley的票价是32美元/人，运营时间9:30～16:30，电话202-832-9800。

●出租车： 华盛顿出租车公司把市区划分为5个大区和27个小区，出租车在某一个区内行驶的收费是固定的，与里程无关。每个区内的最低价格是6美元。

USA小贴士

华盛顿的出租车只能在市内行驶，不能离开特区，而从邻近的弗吉尼亚州或马里兰州的出租车前往特区没有问题。

华盛顿的景点比较密集，范围也比较大，交通比较方便，因此不建议租车。如果要去邻近的州或者其他地区租车倒是没问题。

驴友力荐的住宿地

华盛顿的住宿分为3种档次：豪华宾馆、中档旅馆及经济型旅馆。豪华宾馆的双人间每晚价格在180美元以上，中档旅馆的双人间价位一般在100～180美元之间，经济型旅馆的价格一般都在100美元以下。

经济酒店

名称	地址	电话	费用
Allen Lee Hotel	2224 F St.NW	202-331-1224	140～160美元
ANA	1101 16th st.Washinqton, Pc	202-857-5270	140～160美元
Channel Inn	650 Water St.SW	202-554-2400	140～180美元
Four Seasons Hotel	2800 Pennsylvania Avenue NW	202-342-0444	130～150美元
Guest Quarters	2500 Pennsylvania Ave, NW	202-333-8060	80～130美元
Harrington Hotel	436 11th & E St.NW	202-628-8140	100～110美元

经济旅舍

名称	地址	电话	费用
华盛顿国际青年旅舍	1009 11th St.NW	202-737-2333	20美元一个床位
国际招待所	1441 Kennedy St.NW	202-726-5805	30美元，一周190美元
高地人汽车旅馆	3336 Wilsion Blvd	703-524-4300	80美元
华盛顿国际学生中心	2451 18th St.NW	202-667-7681	约30美元

饕餮一族新发现

华盛顿哥伦比亚特区是个美食餐馆遍布的城市，无论是博物馆、美术馆还是那些奢华的顶级酒店，处处都有令人惊喜的美食体验。

最好的餐厅是一些高级宾馆里的餐厅，食物和服务都属一流，但价格较贵。市内的意大利餐厅和法国餐厅也是较为豪华的，价格相对较贵。

亚当斯–摩根地区有许多印度、非洲和中东的餐厅，在那里可以吃到味道浓烈的蘸食辣肉。与华盛顿特区交界的贝斯达拉则是一个大规模的餐厅城，那里主要聚集了德州、墨西哥、西班牙及拉丁美洲风味的餐厅，可以品尝到口味纯正的蔬菜冷汤及土豆片沙拉。华盛顿西北部的中国城里则主要分布着包括中国餐厅在内的亚州餐厅，有越南菜、印尼菜和泰国菜等。

如果想节省开支，可以在新式的快餐厅里将就几顿，这些地方环境不弱，食物的味道也还不错。如果想吃鱼，可以去城市西南面的河岸边，那里是海鲜餐厅的集中地。

特色餐厅推荐

名称	地址	电话
Old Ebbitt Grill	675 15th St.NW	202–347–4800
Sushi Taro	1503 17th St.NW	202–462–8999
Filomena	1063 Wisconsin Ave.NW	202–338–8800
City Lights of China	1731 Connecticut Ave.NW	202 265–6688

淘宝达人爱去的街店

华盛顿哥伦比亚特区的购物场所遍布全城，即使随便逛逛，也是一件身心愉悦的事情。

乔治敦街区：是华盛顿具能引领时尚的购物区，这里从世界顶级品牌到潮流服饰小店，乃至古玩店和各类专营店的各种商品应有尽有，而这一街区的购物中心Georgetown Park有70多家店铺，是华盛顿主要的购物中心之一。

康涅狄格大道：如果喜欢高级品牌和颇有格调的各类专门商品，就可以到康涅狄格大道。

亚当斯·摩根街区：在亚当斯·摩根街区，能找到流行服饰、书籍和各类有趣的商品。

另外，威斯康星大道的Mazza Gallerie、国会山一带的Union Station和位于Pentagon City的Fashion Centre都是华盛顿的知名购物中心，可以买到从高级品牌到精致纪念品的各类商品。

消夜族恋恋不舍的地方

华盛顿哥伦比亚特区有很多的免费活动。周五出版的《华盛顿邮报》周末版可以给你带来免费音乐会、艺术演讲、电影、签售书、比赛等活动的详情。

华盛顿的肯尼迪中心是华盛顿歌剧院和国家交响乐团的所在地，可以在这里看到世界顶级的演出。另外，华盛顿有很多季节性的文化节，如6月莎士比亚剧院的免费表演，9月国会山草地上的国家交响乐的音乐会。

●华盛顿哥伦比亚特区的国会大厦

3

美国最热门的旅游圈

Boston 波士顿

波士顿（Boston）是美国较古老的城市，它拥有煤气灯照亮的鹅卵石街道、国家历史公园以及众多的迷人建筑，300多年的历史沉淀，让这座城市显得格外厚重。20世纪初诗人Rudyard Kipling曾评价它“我从来从没听到过波士顿人抱怨什么或是争吵什么”。如今，波士顿依然是一个被文化浸透的地方，400多家高级学府聚集于此，人们甚至把她称作为美国的雅典。

3

美国最热门的旅游圈

Boston 波士顿

Boston 波士顿 波士顿市内景点

01 哈佛大学

观光指数：★★★★★

推荐等级：★★★★★

哈佛大学（Harvard university）是世界大学中的典范，在世界各大报刊以及研究机构提供的排行榜上，哈佛大学的排名经常是世界第一。这里先后诞生了8位美国总统，40位诺贝尔奖得主和30位普利策奖得主，她的一举一动决定着美国的社会发展和经济的走向。哈佛大学的校园风光非常迷人，如众多建筑以及校园内的布置，而历史的沉淀更让这座校园彰显着文化的魅力。

了解点历史掌故

哈佛大学的前身是由英国清教徒于1636年决定创建的剑桥学院，由于创始人中不少人出身于英国剑桥大学，他们就把哈佛大学所在的新镇命名为剑桥。剑桥学院1638年正式开学，第一届学生共9名。1638年9月14日，牧师兼伊曼纽尔学院院长的J·哈佛病逝，由于他把一半积蓄720英镑和400余册图书捐赠给了剑桥学院，为了纪念他马萨诸塞议会通过决议把剑桥学院改名为"哈佛学院"。1780年，即美国建国后的第四年，哈佛学院升格为哈佛大学。

亲历者体验 FOLLOW ME

1 参加观光团游哈佛

到哈佛大学参观，可登录网站www.hon.harvard.edu/guide/to_do参加哈佛大学校园观光团。这个观光团每年在6～8月中旬最具集中，具体时间是周一至周六的10：00、11：15、14：00、15：15。此外，其他学校开放时间是，周一至周五的10：00、14：00、周六的14：00。

2 不可错过哈佛的3大艺术博物馆

哈佛大学有福格、布施·莱辛格、阿瑟·M·萨克勒3大艺术博物馆，3个艺术博物馆分别以时代及区域划分，陈列了不同类型的展品。参观3大艺术博物馆，可以购买7.5美元的通票，大学生花6美元就可以买到，高中生以下可以免费参观。3大艺术博物馆具体开放时间是周一至周六10:00～17:00、周日13:00～17:00，联系电话是617-495-9400。

3 购买4馆通票玩转哈佛自然史博物馆

哈佛最有名的博物馆是4馆合为一体的自然史博物馆，游客置身其中，不仅可以了解地球上所有的生物，还可以了解印第安文化的考古学、民族学。拨打617-495-3045这个电话即可订购自然史博物馆4馆通票。参观该博物馆，在周日上午以及9月～次年5月的周三15:00～17:00可免费入场。

4 顺便到麻省理工学院(MIT)看看

与哈佛大学相邻的竟然是与之齐名的麻省理工学院(MIT)，有趣的是，两大校园之间并没有明显的界线。麻省理工学院有“世界理工大学之最”的美名，但是感觉它只有哈佛两个学院的大小，房子很集中，很像中国的厂房。当你仔细看时，就会发觉它的内涵并不像它的外表那样看起来普通。

5 到剑桥其他地方转转

哈佛大学所在的剑桥有许多历史遗迹与风景，乔治·华盛顿的战场司令部、哈佛广场上的购物休闲中心，还有流行商品店以及街头艺人。另外，在剑桥还有5个一流的博物馆，如福格艺术博物馆、布施·赖辛格博物馆都不可错过。乘坐地铁红线到了哈佛广场站，出来就是剑桥旅游信息中心，电话：617-441-2884。

USA全攻略

地 马萨诸塞州波士顿剑桥

电 617-495-1000

交 从波士顿乘坐地铁红线在哈佛广场站下出站即到，也可以乘坐1、69路公交到达

★哈佛毕业的总统

历史上，哈佛大学的毕业生中共有六位曾当选为美国总统。他们是约翰·亚当斯(美国第二任总统)、约翰·昆西·亚当斯、拉瑟福德·海斯、西奥多·罗斯福、富兰克林·罗斯福(连任四届)和约翰·肯尼迪。

02 自由之路

观光指数：★★★★★ 推荐等级：★★★★★

USA全攻略

地 起点波士顿公园，终点公园大街

自由之路（Freedom Trail）是一条从波士顿公园(Boston Common)到查尔斯顿(Charlestown)之间的街道，它由红砖铺成，曲折延伸近4千米。路上拥有很多与美国独立战争相关的遗址，如波士顿公园、瓦格纳堡战役的纪念碑、波士顿大屠杀遗址等，而这条自由之路的街上满是小吃摊、地摊，不时有穿制服的乐队经过。

亲历者体验 FOLLOW ME

沿着红线指引的方向，就可以将市中心的主要景点看到，完全可以徒步，不用担心迷路。走过一个又一个历史遗迹，波士顿300多年的历史在会在你的眼前慢慢生动、清晰起来。“自由之路”之行，会使你对崇尚自由的美国人、对“自由”观念与行动的发祥地波士顿产生由衷的敬意。

03 波士顿公园

观光指数：★★★ 推荐等级：★★★★

波士顿公园与其邻近的公共花园（Public Garden）都是波士顿城最为核心的地方，它是自由之路（Freedom Trail）的起始点，也是美国最早的公园。波士顿公园最初用于放牧，后曾作过军事训练场，现在是波士顿人休闲的理想场所。公园内有很多景观，如法国人送的青铜喷泉、青年铜像、露天音乐台、鹿园和等。此外，公园里不仅林阴蔽空，花草茂盛，榆树林立，池塘处处，还有天鹅船供人悠游，可以说是一个难得的历史纪念碑聚集地。

USA全攻略

地 公园街站和博伊尔斯顿站

交 乘地铁公园街下可到

亲历者体验 FOLLOW ME

公园的上午很安静，在阳光明媚的下午，你会在公园里见到一些从事各类行当的人，其中包括音乐家、杂耍艺人、演说者和木偶艺人。不幸的是，夜晚的波士顿公园并不安全。仲夏季节，可在园中观看免费的莎士比亚戏剧表演。从这里前进自由之路最是得宜，因为可以在此地的旅客服务中心索取自由之路的免费地图以及各种旅游资讯。

04 州议会大厦

观光指数：★★★★　推荐等级：★★★★

州议会大厦（The State House）是波士顿著名的地标之一，大厦内部富丽堂皇，旗厅就在圆顶下面，是为了收集内战时期的战旗而建的。有关里维尔飞骑报信和“波士顿茶党案”的壁画装点了参议院楼梯厅。众议院大厅悬挂着一个著名的木制鱼——马萨诸塞州“神圣的鳕鱼”，表明了1784年以来捕渔业在波士顿的重要性。地下档案馆和博物馆里有《五月花和约》等许多珍贵的历史文件。

了解点历史掌故

州议会大厦于1798年由著名的建筑师查尔斯·布而芬奇设计，所以看第一眼还真是有点像国会大厦。除了二战期间为防空袭曾被涂黑，它金光灿灿地在灯塔山上闪耀了一个多世纪。

USA全攻略

地 比肯街与公园街交汇处的比肯山山顶上

电 617-727-3676

交 乘地铁到公园街站下可到

时 周一至周五10：00至16：00

亲历者体验 FOLLOW ME

到大厦内游览，入场前要对游客随身携带的物品进行X射线检查和金属探测器的安全检测。大厦内部组织参观团，在二层凑齐了人数就发团。周日或其他节假日，大厦内部可以进行自助旅游，不过需要通过索取资料。

05 公园街教堂

观光指数：★★★　推荐等级：★★★★★

在波士顿有一座周人皆知的教堂——公园街教堂（Park Street Church），它建于1809年，被后人誉为“基督教建筑的经典之作”。教堂由英国的建筑师彼得·班纳尔设计，红砖墙，圆门厅，白塔尖，造型非常漂亮，既淳朴又不失优雅，成为美国历史各个时代的见证人。从远处看，它脚踏绿地，直矗蓝天，就像一个赞美生活的大叹号。

了解点历史掌故

1812年南北战争时期，波士顿扮演着“解放黑奴，保卫联邦”的重要角色，教堂的地下室曾被用做火药贮存库。1829年，废奴主义者威廉·劳埃德·加里森在这里举办了他一次废除奴隶制度的演讲。在1831年美国独立日的那一天，这里响起了全美第一次为庆祝国家生日而高唱的美国国歌。1895年教堂还发生了一件趣事：有位牧师正在准备第二天的礼拜仪式，轰然一声，不远处的一个窗户倒蹋下来，他跑得及时才幸免于难。19世纪末，教堂附近修建地铁，一片杂乱，主水道也被挖破了，有位牧师在礼拜时曾狠狠诅咒地铁是一条“恶魔之洞”。然而那条地铁却是美国的第一条地铁线，美国的第一趟地铁列车便是从公园街教堂附近的地铁站开出的。

USA全攻略

地 波士顿公共绿地东侧的公园街南端的一角

电 617-523-3383　交 乘地铁到公园街下可到

时 周二至周六9:00～15:00

06 法尼尔厅

观光指数：★★★★　推荐等级：★★★★★

法尼尔厅（Faneuil Hall）由彼得·法尼尔兴建，为波士顿的重要市场之一。在独立战争前夕，一些重要会议就是在此地举行，因此成为波士顿最受欢迎的聚集地“Quincy Market”，是美国最繁忙的市场之一。现在的法尼尔厅，一楼是市场，二楼的大厅经常举行各类集会，三楼则是波士顿炮兵团本部所属的博物馆。

USA全攻略

地 波士顿市中心

电 617-523-1300

交 乘地铁到State Street站下可到

时 9:00～17:00

亲历者体验 FOLLOW ME

法尼尔厅是波士顿最受欢迎的聚集地昆西市场（Quincy Market），它是美国最繁忙的市场之一。市场的中央建筑内有许多美食摊位，相邻的2栋则是时装、装饰品、珠宝与礼品店，而且有很多具有历史价值的建筑物，是波士顿著名景点。该市场于周一至周六10：00～21：00、周日12：00～18：00开放，电话是617-523-1300。

此外，法尼尔厅不远处，就是新英格兰大屠杀纪念碑(New England Holocaust Memorial)。接下来是旧北教堂(Old North Church)是波士顿最古老的教堂。

了解点历史掌故

法尼尔厅从1742年修建完工那一天起，便注定了它要“多灾多难”，19年后却因一场大火而成为了灰烬。19世纪初，法尼尔厅由于城市的高速发展而变得异常狭小。于是，在1805～1806年进行了扩建。在波士顿于1822年成为城市之后，这个会议厅就再也不用来开镇民大会了，但是它仍然是这座城市最重要的会议厅。20世纪70年代初期，法尼尔厅和昆西市场因长年失修而发生垮塌成为废墟。1976年，法尼尔厅与昆西市场、北市场以及南市场成为了法尼尔厅市场的一部分。

07 新英格兰水族馆

观光指数：★★★★ 推荐等级：★★★★

新英格兰水族馆（New England Aquarium）是世界上为数不多的大型水族馆之一，馆内有18万加仑的大海水池，放养了包括鲸鱼在内的1000多种海生动物，此外还有定期的专题展览。水族馆其实是一个特别大的玻璃水桶，5层楼高吧，周围是陈列的一个一个的小水族箱，每一个都模拟动物的自然生活环境，有的不停地下雨，有的不停地打浪。

USA全攻略

- 地 市中心北端太平洋大道的中央码头
- 电 617-973-5200
- 交 地铁蓝线水族馆Aquarium站下
- 时 周一至周五9：00～17：00；周六、周日9：00～18：00

亲历者体验 FOLLOW ME

1 水族馆旁好去处

水族馆旁就是游船码头，可以乘船游波士顿海港，也可以去鳕鱼角看鲸鱼。水族馆旁还有一个大大的IMAX电影院，是上映立体三维电影电影“海底世界——Whale & Dolphin”的地方。戴上小小的眼镜，那庞大的鲸鱼就仿佛在身边游荡，能清楚的看到它的眼睛、嘴巴，甚至它的牙齿……让人有一种身临其境的感觉。

2 购买水族馆门票有诀窍

买水族馆的门票最好在它旁边的MITAC购买，这里专门向持有MIT ID的人出售一些折扣票，包括演出、电影、比赛和博物馆等的门票。水族馆门票10美元一张，而在水族馆门口，则要20美元一张。

08 波士顿唐人街

观光指数：★★★★ 推荐等级：★★★★

波士顿唐人街是新英格兰地区唯一的唐人街，也是美国第三大唐人街。它位于波士顿市中心，正门华埠牌楼上刻四个大字：“天下为公”，反面则刻着“礼义廉耻”。唐人街上，有约近百家店铺，如金铺、百货、音像、礼品、家具、点心店、照相铺等。

USA全攻略

地 以金斯顿大街、尼兰大街以及华盛顿大街、艾赛克斯街为界

交 乘地铁在唐人街下可到

唐人街渊源

波士顿的华人足迹最早可以追溯到18世纪末，波士顿城区的一所公墓中某碑文：“安葬此地的是19岁的中国少年阿周，他于1778年9月11日在波士顿号船上从桅杆堕下身亡。他的雇主约翰波立此碑以志纪念。”1870年，华工大批涌入马萨诸塞州，投身于北亚当斯的制鞋业与波士顿的电话线铺设。后来他们当中的一批人在波士顿的“平安巷”落脚暂住，便是今天的波士顿唐人街。

亲历者体验 FOLLOW ME

1 到这里逛街要考虑钱包的承受能力

虽然说波士顿的唐人街比起纽约的还是要小很多，可是它的周围都被金融区所覆盖，也是全美国消费最高的唐人街，到哪里都要注意钱包的承受能力。

2 在唐人街会能说粤语最好

唐人街有很多的中餐馆，所以这里就成了中国人聚餐的首选之处。不过这里的中国人几乎只说粤语，所以会说粤语的人在这里占有很大的便宜，常常会有老板因为人能说粤语而打折。

09 波士顿艺术博物馆

观光指数：★★★★★ 推荐等级：★★★★★

波士顿艺术博物馆（Museum of Fine Arts in Boston）是世界四大博物馆之一，它以收藏东方艺术品著称于世，其中亚洲艺术品的收藏最为丰富，有中国、日本、朝鲜等国的青

铜、陶瓷、绘画、书法、纺织品、雕塑以及上下五千年的各类艺术瑰宝，如著名中国古画代阎立本的《历代帝王图》、宋徽宗摹唐张萱的《捣练图》等，还有亚洲各地的伊斯兰教、印度教和佛教艺术的珍品。

USA全攻略

地 市中心北端太平洋大道的中央码头

电 617-267-9300

交 乘坐E线地铁到Museum of Fine Arts站下或乘橙色线到Ruggles站下到达

时 周一、周二、周六、周日10：00～16：45；周三至周五10：00～21：45

亲历者体验 FOLLOW ME

波士顿艺术博物馆所处的地方交通方便，乘坐绿线地铁就可直达。一出地铁站，一幢主体两层的建筑便赫然映入眼帘，这就是你要找的博物馆。由于这个博物馆很牛，所以馆内的有些地方如“OO画廊”不准拍照，但是其他地方都默许不开闪光灯的条件下可以拍照。

10 加德纳博物馆

观光指数：★★★★　推荐等级：★★★★

这个博物馆是伊莎贝拉·斯图尔特·加德纳创造的，所以以其名名之。在19世纪后期，她周游列国后，收集了很多艺术品，后来，她建设成一个非常美丽的博物馆，供大众欣赏。博物馆收藏着2500多件各种艺术品，这些艺术品按照时间和地点有组织地陈列在一间又一间的房间里，包括绘画、雕塑、稀有的书籍、珠宝和一些古建筑的部件。

USA全攻略

地 芬威路280号

电 617-566-1401

交 乘地铁在艺术博物馆下可到

时 周六至周二10：00～16：45；周三至周五10：00～21：45

了解点历史掌故

1990年3月18日凌晨，两名“窃贼”扮成警察敲响了一家私家博物馆的大门。当时在博物馆值班的是一名做兼职门卫的学生和他的朋友。也许是喝了酒，也许是太困，总之他们忘记了博物馆规定的即使上帝来敲门也别开的原则，竟稀里糊涂地让警察进门。于是，他们很快被绑到地下室的柱子上。而盗贼优哉游哉地逛着博物馆，一个半小时内从画框和墙壁上掠走包括伦勃朗、维米尔、德加等大师作品在内的、总价值高达3亿美元（有说5亿）的13幅名画。窃贼们走之前取下了监视器里的录像带，致使该案至今未被侦破，成为一桩悬案。

亲历者体验 FOLLOW ME

除了参观艺术品，每年9月始至次年4月初的周六及周日，博物馆的二楼都会举行具有波士顿当地风格的音乐会以及爵士乐音乐会。此外，博物馆的中心花园是按照15世纪威尼斯宫殿风格而建的，四周被共计3层楼的画廊环绕。花园中央有一块长方形地面，各种植物疏密有度地栽于其间，枝叶被园艺师修剪得整齐而婀娜。据说园里的花草一年四季会不断更换，以保证不同的季节有不同的美景。

11 波士顿大学

观光指数：★★★★ 推荐等级：★★★★

USA全攻略

地 Silber Way, Boston

电 617-353-2000

波士顿大学（Boston University）是全美第三大私立大学，与哈佛大学、麻省理工学院等校隔着查理士河相对。校园闹中取静，交通便利，又临查理士河畔，拥有理想的学习环境。波士顿大学所处的位置中，除了艺术文化及学术风格浓厚之外，一些国家级的机构也设立在此，如美国国家航空暨太空总署、医学研究中心等，因此让这里赢得了“美东硅谷”之美称。

亲历者体验 FOLLOW ME

波士顿大学校园后面的查尔斯河对岸景色如画。学生们在闲暇之余，可以优惠租艇扬帆于河上，许多游客都会在此大秀一把。其实，站在对岸拍摄波士顿大学，有河水衬托，效果更好。查尔斯河下游斜对面就是麻省理工学院、哈佛大学等名校，参观完波士顿大学，沿着河边向下游步行一段，跨过河面上的大桥，可以一条线去麻省理工学院和哈佛大学，路途不是很远。

同时可以游览

联邦大道

地 波士顿联邦大道

交 乘坐地铁在海因斯大会中心、科普利、阿灵顿可到

旧北教堂

地 193 State Streest North End

电 617-523-6676

交 乘地铁到Hay market站下可到

时 周一至周六9:00～18:00；周日9:00～11:00

州古议院

地 华盛顿及州大街

电 617-720-1713

交 乘地铁在州下可到

时 9:00～17:00

纽堡大街

地 波士顿纽堡大街

交 乘坐地铁海因斯大会中心、科普利、阿灵顿可到

老南会议厅

地 华盛顿街310号

电 617-482-6439

交 乘地铁到State Streest站下可到

时 4～10月，9:30～17:00；11～次年3月，10:00～16:00

北城古教堂

地 塞伦大街193号

电 617-523-6676

交 乘坐地铁在北、干草市场、水族馆下可达

时 9:00～17:00

科普利广场

地 科普利广场

交 乘坐地铁到科普利下可到

三位一体教堂

地 科普利广场

电 617-536-0944

彭加山纪念碑

地 波士顿布里德山

电 617-242-5641

交 乘地铁到North Station站下可到

保罗·里维尔故居

地 北广场19号

电 617-523-23383

交 乘坐地铁在干草市场、水族馆下车可到

时 4月中旬～10月9:00～17:15；11月～次年4月上旬9:30～17:15

国王礼拜堂和墓地

地 特里蒙特大街58号

电 617-523-1749

交 乘地铁在水族馆、博物馆下可到

约翰·F·肯尼迪图书博物馆

地 多尔切斯特、哥伦比亚波因特

电 617-514-1600

交 乘地铁在肯尼迪图书馆下可到

时 9:00～17:00

Boston 波士顿 波士顿周边景点

01 波特兰

观光指数：★★★★ 推荐等级：★★★★

波特兰是缅因州最大的城市，有很多维多利亚风格的建筑与历史博物馆。海港附近的旧港，复原后满是商店、饭店和画廊；旧港以西有波特兰艺术博物馆，里面是毕加索等欧洲大师的作品。另外，波特兰还有一些历史性的建筑向游客开放，如墙上绘有现代错视画的维多利亚楼，波特兰的标志性的地标——威廉斯堡公园内的波特兰岬灯塔。

USA全攻略

地 缅因州波特兰

电 877-678-5263（游客中心）

交 康格雷斯街950号有飞机与汽车到达各地，在商业街与弗兰克林街有游船到达各地，具体情况可以在商业街245号咨询

亲历者体验 FOLLOW ME

1 到了这里过一把啤酒瘾

波特兰是“微型啤酒厂”的发起地，城内有许多微型啤酒厂和酒吧，素有“世界啤酒都”的美誉，游客到了这里都会过一把啤酒瘾。非常有趣的是，这里的啤酒厂可以直接向顾客卖酒，因此游客多是去微型啤酒厂品尝啤酒，而不是去酒吧。波特兰有数个啤酒节，包括每年7月举行的俄勒冈啤酒节，这是北美洲最到的独立啤酒厂庆祝，游客总会在这个时候来尝鲜。

2 去波特兰艺术博物馆欣赏艺术

位于市区康格雷斯广场7号的波特兰艺术博物馆非常值得一看，它主要收藏欧美传统的视觉艺术品，并以缅因当地艺术家的作品见长。镇馆之宝包括欧洲印象派大家德加、雷诺阿、莫奈和美国著名画师温斯洛·霍玛、安德鲁·维思等人的作品。该博物馆联系电话是207-775-6148。

了解点历史掌故

波特兰最初只是位于俄勒冈市和温哥华堡之间的一个小港，后来在1843年的时候，被威廉·奥维顿及他的伙伴买走了。由于奥维顿对这里砍树造路的事情大伤脑筋，于是将这里一半的地盘卖给了一个来自波特兰的人。在决定这个地方的名字时，波特兰人和波士顿人都想以自己的家乡来命名这个新的城市，于是两人掷币来做决定，结果来自波特兰的人赢了，这座新的城市就被命名为波特兰。

02 阿卡迪亚国家公园

观光指数：★★★★★　推荐等级：★★★★★

阿卡迪亚国家公园（Acadia National Park）位于大西洋沿岸，有大面积的原始松林，清澈见底的淡水冰川湖泊和大西洋海岸第一高峰——凯迪拉克山，还有一条非常漂亮的海滨路。此外，寒冷的浅水海湾中栖息著大量海生动物。在这里，可以看到整个美国最早的一抹晨光，还可以见到贝壳、沙滩等美妙海景，是一个运动、休闲的好去处。

USA全攻略

地 缅因州东海岸，弗伦奇曼湾两侧

电 207-288-4988

交 在赫尔斯科夫3号公路附近的赫尔斯科夫游客中心，有前往阿卡迪亚国家公园的车辆

时 4月中旬～10月

了解点历史掌故

阿卡迪亚国家公园内的荒山岛以前是法国殖民地，为了争夺此地，英国和法国进行了长达一个半世纪之久的战争。1759年，该地落入英国人之手。19世纪末20世纪初，包括约翰·戴·洛克菲勒在内的许多百万富翁都来这个库度夏游玩。后来，洛克菲勒在岛上建起了一个复杂的马车道，并将自己私有土地捐给了阿卡迪亚国家公园。

亲历者体验 FOLLOW ME

1 多种游览方式

在阿卡迪亚国家公园，可以在波光粼粼的池塘边花上一个上午的时间，凝视五彩缤纷的奇妙海绵、海葵、海星以及滨螺；可以去森林里远足，森林在卡迪拉克山山顶附近，遍布着云杉、白桦、红枫、还有摇曳多姿的白杨，跟加拿大的森林很相似；可以站在卡迪拉克山主峰高高的山顶极目远望，伴着习习微风，可以将岛屿和宁静的大海构成的仙境尽收眼底。对于喜欢清静的游客来说，公园外围的小岛非常不错，例如位于公园内主岛荒山岛（Mount Desert）西南方向约24千米的奥特岛。

2 野生生物摄影

阿卡迪亚国家公园也因它丰富的野生动物资源而闻名。光海鸟就种类繁多，有个头庞大的苍鹭和海鸥、鸣鸟和碛鸟、鱼鹰和老鹰、海鸠和燕鸥等等。野生生物摄影大师艾略特·波特（Eliot Porter）经常花上好几个小时的时间潜近公园的鸟儿拍摄它们。

03 佩诺布斯科特湾

观光指数：★★★★★　推荐等级：★★★★★

佩诺布斯科特湾是缅因州的一本风景画册，有着美丽的海岸风景，环境良好的岛屿。其中的罗克兰岛是吃龙虾的好地方，每年8月的第一个周末有一场盛大的龙虾节；

卡姆登岛有着美丽的教堂、优雅的房屋；锡斯波特是缅因州的古董之都，在夏季的周末，有很多跳蚤市场，也有很多可遇不可求的古董，除此之外，这里还有如卡斯廷和布卢希尔这些静谧的村庄。

USA全攻略

地 缅因州佩诺布斯科特湾

电 卡姆登207-596-0376/锡斯波特207-236-4404/卡斯廷207-548-6510/迪尔岛207-326-4502

交 在佩诺布斯科特湾的罗克兰有通往佩诺布斯科特湾各地的轮船

亲历者体验 FOLLOW ME

美国独立战争时曾在佩诺布斯科特湾的卡姆登发生激烈的战斗，卡姆登周围有14个古战场残迹，市内长老教会前建有纪念碑。附近的沃特里河一带是砂质丘陵地，为马球和狩猎等乘马运动的著名地区。每年4月1日在此举行卡罗来纳越野赛马，11月召开全国狩狐大会。

★佩诺布斯科特人

住在佩诺布斯科特湾两侧的印第安人通常被称为佩诺布斯科特人，他们以渔、猎及采集为生，根据食物资源按季迁徙。冬季，各个小型的家庭集团住在狩猎营地，营地设於各家庭的土地内，土地所有权由男性继承；夏季则住在大型营地或村落内。部落首领没有权力，每个成员都以部落代表的身份参加仪式，或与外人交往，有时还参与争端的裁决。

04 塞勒姆

观光指数：★★★ 推荐等级：★★★

塞勒姆是美国新英格兰最古老的海港之一，它出名主要是因为曾经发生过一起举世瞩目的案件——女巫受审案。在塞勒姆的女巫地牢博物馆（Witch Dungeon Museum）中，还可以看到关于巫婆如何对人质进行试验的多媒体短片。另外，这里与海军历史文物有关的展出以及许多17世纪古老建筑物吸，因此引大量游客。

USA全攻略

地 马萨诸塞州塞勒姆

电 978-740-1650

交 从波士顿的码头出发，乘船可达小镇，具体情况可以到新独立大街2号了解

★女巫受审案

1692年，塞勒姆一个牧师的女儿及其平素形影不离的7个女孩相继出现了同样的怪病。这类症状的病因是一种寄生于黑麦的真菌"麦角菌"。当时人们普遍认为，是村里的黑人女奴蒂图巴和另一个女乞丐，还有一个孤僻的从来不去教堂的老妇人，让孩子们得了怪病。人们对这3名女人严刑逼供，"女巫"和"巫师"的数量也一步步增加，先后有20多人死于这起冤案中，另有200多人被逮捕或监禁。

亲历者体验 FOLLOW ME

除了女巫地牢博物馆内对"女巫受审案"生动的艺术再现，塞勒姆最值得看的就是东印度广场上的皮博迪航海博物馆了。馆内收藏大量的航海船只模型、海图以及中国古代的瓷器、油画和手工艺品，并具体介绍了美国新英格兰地区与中国进行海上贸易的历史。该馆每天10：00～17：00开放，电话是800-745-4054。

05 普利茅斯

观光指数：★★★★ 推荐等级：★★★★

普利茅斯有众多的博物馆、纪念碑和历史遗迹，还有众多的名人故居，如霍普金斯故居、阿勒顿故居等。其中移民者登陆时用来做标记的一块礁石，一艘原版"五月花"号的复制品是两个最重要的景点。值得一提的是，美国历史上的第一个感恩节在这里庆祝。

USA全攻略

地 马萨诸塞州普利茅斯

电 508-747-7533

交 有轮船到达目的地，但是分季节性，具体情况可以到地水街130号了解

亲历者体验 FOLLOW ME

1 去彼里莫斯种植园参观

普利茅斯有个名叫"彼里莫斯"的种植园，它当初是移民者建立的一个村庄，里面有基本的住宅和家畜。到这里参观，可以看到原始殖民者的导游。种植园4～11月每天9：00～17：00开放，联系电话是508-746-1622。

2 参观"五月花"号

"五月花"号的原物已不存在，如今停泊在海边的机帆船是一件复制品。船身两侧安装着数门铁炮，船上有身着17世纪粗布制水手服的讲解员向参观者介绍"五月花"号的情况。离"五月花"号船不远的地方，有一个拱门式的石亭，里面是著名的1620年岩石。据说下了"五月花"号的第一批移民就是踏着这块石头上岸的。在这块著名岩石后面的坡地上，是移民们埋葬死者的地方。

了解点历史掌故

美国的历史是从普利茅斯开始的，1620年，100多名被迫害的英国清教徒搭乘"五月花"号木帆船经过两个多月的艰苦航行，阴错阳差地停留在了普利茅斯海港。此时已是冬天，众人无奈只能在船上渡过了一个寒冷的冬天。第二年的3月他们在鳗鱼河(Eel River)入海口附近登陆。从此这些清教徒白手起家，开辟了属于自己的殖民地，而他们的理念在150年后成为了美国的建国纲领。

同时可以游览

康科德

地 马萨诸塞州康科德

电 978-369-3120

交 在缅因街58号有交通的信息

洛厄尔

地 马萨诸塞州洛厄尔

电 978-459-6150

交 在中央大街9号201号有汽车的信息

科德角

地 马萨诸塞州普利茅斯

电 508-862-0700/888-332-2732

交 在艾姆大街、海恩尼斯有前往各地的飞机与长途汽车；在海洋大街、海恩尼斯、有前往各地的游船。具体情况可以到Jct Rtes & 132 6, Rte 25，海恩尼斯去了解

伯克希尔

地 马萨诸塞州伯克希尔

电 413-443-9186/880-237-5747

交 乘皮茨菲尔德线可以到目的地，具体情况可以在伯克郡公交广场去了解。

坎波贝洛岛

地 罗斯福坎波贝洛国际公园

电 506-752-2922

时 每天10：00～18：00

肯尼邦克斯

地 缅因州肯尼邦克斯

电 207-967-0857

交 在肯尼邦克韦斯滕街17号有通往美国各地的飞机，具体情况可以在这里咨询

波士顿旅游资讯

自助游必须掌握的交通

机场

波士顿市内有洛根国际机场。洛根国际机场是达美航空、美国航空、全美航空和捷蓝航空的重点停靠机场，由此可以前往美国其他城市、加拿大、拉丁美洲、非洲以及欧洲。机场有机场巴士、水上巴士以及地铁前往市中心。

●机场巴士：机场巴士主要来往于机场与波士顿主要的旅馆之间，7:00～23:00每15分钟一班，电话：617-561-9000。

●水上巴士：主要航行于机场与市区之间。你可以搭乘写有"Water Shuttle"的免费巴士，到达水上巴士的搭乘处，然后前往市区。

●地铁：可以乘坐免费的接送巴士前往地铁蓝线地铁机场站，然后搭乘地提起前往市区，时间只要十几分钟。

火车

波士顿南站是波士顿市内唯一的火车站，电话：800-872-7245。在这里乘坐特快到达华盛顿只要7个小时，但价格比较贵，要150～170美元，其他列车也要100美元以上。

长途汽车

波士顿长途汽车总站内共有灰狗、Peter Pan Bus Lines、Vermont Transit Lines、Plymouth & Brocktom Buses等多种巴士服务，可以前往美国其他地区，也有前往波士顿近郊的巴士服务。与火车相比，长途汽车的票价要便宜很多，而且还可以看到优美的风景。

市内交通

波士顿市内的交通有地铁、公共汽车、鸭子船、观光巴士与出租车。

●地铁：波士顿的地铁有5条线路，分别是红线、绿线、橙线、蓝线和银线，其中绿线又有4条交叉线，统一从Lechmere站始发，到了市中心Copley后，就按照4个不同的方向分为B、C、D、E线，票价为2美元。

USA小贴士

波士顿的地铁以字母"T"表示，但需要注意的是，街道上大大的"T"字才表示地铁站，小"T"字牌则是公交车表示。

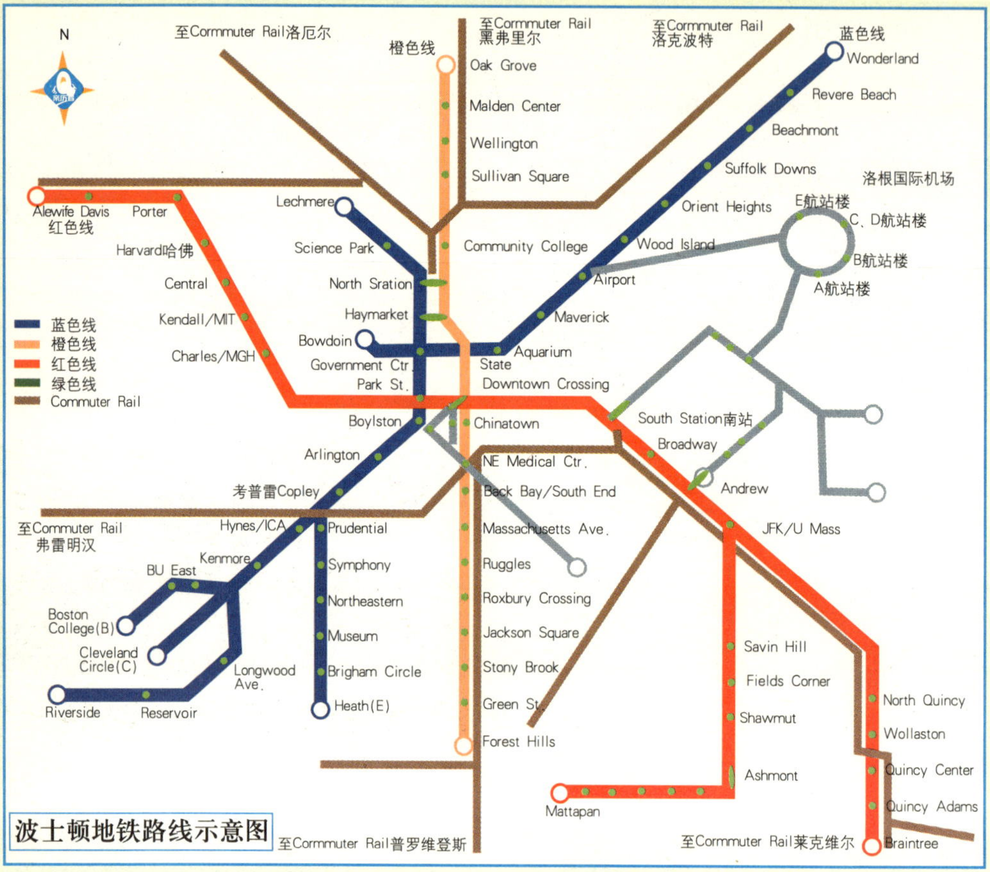

波士顿地铁路线示意图

●公共汽车：公交票价为1.5美元，车上不设找零，因此必须自己准备好零钱。汽车不是每站都停，如果到了目的地，就按铃提示司机停车。

●鸭子船：鸭子船是以二战中淘汰的水路两用军车改装而成，因为可以上山下海、车子造型又像鸭子一样扁扁的而得名。鸭子船的游览线路几乎涵盖整个波士顿市区，司机也可以充当解说员，让你迅速了解波士顿这个城市。鸭子船运营的时间是每天9:00到日落前一个小时，票价约30美元。鸭子船有两个上车的地方，分别是Prudential Center与Museum of Science。建议在网上订票，并依行程规划在订票时决定在哪个地方上车。电话：617-723-3825。

●观光巴士：观光巴士的司机也能充当解说员，也没有严格规定上下车地点，只要在一天巴士运行的时间内都可以自由上下车，因此游览的方式可以自由选择。观光游分为一日游和两日游，一日游票价约30美元，两日游票价约40美元。

●出租车：波士顿的出租车1.75美元起价，每200米加上0.3美元，等车费用每个小时24美元，如果有行李搬运，则需要另外加收行李搬运的小费。

驴友力荐的住宿地

在波士顿有各种各样的住宿方式可供选择，如星级宾馆、汽车旅馆。这些住宿地大部分价格低廉而标准不低，最便宜的地方也干干净净，设备齐全。

服务全面的宾馆，大多位于市中心，如波士顿人饭店、科普利大厦、里兹-卡尔顿饭店。

价格最贵的住处是旅游饭店，大多数是大型国际连锁饭店，而且在波士顿的主要景点都可以找到。旅游饭店不仅能提供舒适的服务和环境，还有一系列体育设施，包括网球、高尔夫球，同时还有温泉。

USA小贴士 汽车旅馆，是美式住宿的最佳选择。但在波士顿汽车旅馆的数量不是很多，所以最好提前付钱预定。另外，汽车旅馆一般位于临近主要大路的小镇边上，不太适合观光，但只要你是租车，那么就非常方便。

中高档酒店

名称	地址	电话	费用
Milner Hotel Boston	78 Charles St.S	617-426-6220	160～180美元
John Hancock Hotel&Conference Center	40 Trinity Pl	617-933-7700	100～170美元
Millennium Bostonian Hotel	26 North St	617-523-3600	120～240美元
Hyatr Regency Boston	1 Ave De Lafayette	617-942-1234	200～360美元
The Copley Square Hotel	47 Huntington Ave	617-536-9000	140～400美元

经济型旅馆

名称	地址	电话	费用
波士顿青年国际旅社	12 Hemenway St	617-536-9455	30～45美元
TBB Boston	10 Dummer St	617-734-8714	80～130美元
Longwood Inn	123Longwood Ave	617-566-8615	70～120美元
Anrhony′s Town House	1085 Beacon St	617-566-3972	70～90美元

饕餮一族新发现

到波士顿一定要品尝这里新鲜的海产品，大西洋为这里提供了足够的鱼类和贝类，如新英格兰蛤肉杂烩（浓奶汤）、鱼饼及清煮龙虾都独具魅力。其他地方风味，如波士顿烤豆、印第安布丁及波士顿奶油馅饼，也很有名。

名称	地址	电话
Top of the Hub	800 Boylaton St	617-536-1775
Red Bones Barbecue	55 Chester St	617-628-2200
Capital Grille	359 Newbury St	617-262-8900
Legal Sea Foods	26 Park Square	617-426-4444
Union Oyster House	41 Union St	617-227-2750
Anthiny′s Pier 4	140 Northern Ave	617-482-6262

淘宝达人爱去的街店

波士顿是“购物天堂”，从新潮名牌到古董旧货，从著名商厦到减价地下室，应有尽有。除了分布方便的购物中心和各种专卖店，有几处著名购物区。

●**Faneuil Hall Market Place：**地处波士顿市政厅附近，有商店、小摊和快餐摊位。在主要建筑Quincy Market 内，有室内“小吃一条街”，可品尝多国风味饭菜。在Quincy Market 外，四周布满精致的售货车，商品花样繁多，玲琅满目。周围的建筑内是各种商店，街道有树木花草和路椅，周末常有街头艺术表演。

●**Downdown Crossing：**在城中Washington St 与 Winter St 交界处，是一片红砖铺地的街心商业区，以珠宝店居多。有著名的 Filene's 百货大厦、Macy's 百货大厦和世界上最大的 Woolworth 连锁店。

●**Boston University Mall：**地处Kenmere Sq，是波士顿大学校园购物中心，内有新英格兰地区最大的书店，如果是文化爱好者，可以到这里来。

4

美国最热门的旅游圈

Miami 迈阿密

迈阿密是美国本土最南端的城市，拥有湛蓝的海水、白净的沙滩、摇曳的棕榈，完全不同于美国其他城市。过去曾因为气候温暖，是美国退休人士最爱居住之地，所以有“等候上帝招唤的等待室”之称。直到今日，许多人仍会认为这是充满了退休公寓及游泳池的城市，不过如今的迈阿密已经渐渐发展成老年人与时装设计师、比基尼泳装模特儿和古巴移民的天堂，吸引着那些避寒度假的人们。

4

美国最热门的旅游圈

Miami 迈阿密

Miami 迈阿密

迈阿密市内景点

01 南部海岸

观光指数：★★★★★

推荐等级：★★★★★

南部海岸跨越第六大道，延伸到莱诺克斯大道和欧申车到之间的第二三十大道，是一个快乐充溢的地方，在这里，可以看到当红的模特、健美者以及同性恋者，也能见到世界上规模最大、建筑艺术保存完好的风景，如欧申车道两侧的800多座古建筑与科林斯和华盛顿大街上的艺术装饰建筑物。

USA全攻略

地 迈阿密第六大道，延伸到莱诺克斯大道和欧申车到之间的第二十三大道

电 305-672-2014

交 乘坐公交M、S、H、C、G、L、F、M等路公交可到，也可以从迈阿密国际机场乘坐机场巴士到达

亲历者体验 FOLLOW ME

1 去海湾市场场看看

南部海岸有一栋面朝海湾的购物中心，这就是著名的海湾市场，入口处有观光导游处。

每到夜间，购物中心的中央广场还举行免费音乐会，这时可以一边品尝美酒，一边欣赏美妙的流行音乐。购物中心南侧二层是美食区，这里有世界各地的美食，无论是东方的还是西方的，都能让人大饱口福。

2 乘游船巡游

从购物中心出来，可以参加Island Queen Cruises组织的海上巡游，联系电话是305-379-5119。海上巡游每周一至周四11:00～18:00，周五～周日11:00～19:00进行。其实，这个巡游是在你刚到迈阿密就应该参加的。这个巡游可以欣赏到海岸边的著名豪宅，导游会组织游客前往拍照，并讲述关于豪宅的故事。

02 迈阿密滩

观光指数：★★★★★ 推荐等级：★★★★★

迈阿密滩无疑是世界上最负盛名的海滩了，细长的岛屿连绵数十千米的沙滩，细软洁白。海水很蓝，很清澈，可以看到海底一丛丛绿色的海藻和白色珊瑚在水波中舞动。平缓低浅的海床，一直可以远远的走入大海，走向大西洋的怀抱。海里嬉戏累了，那就去沙滩上享受迈阿密灿烂的阳光。沙滩上一排排竖着斑斓的遮阳伞，舒卷的白云和白色的楼宇、细白的沙滩，构筑了迈阿密南海滩白色的妩媚。

USA全攻略

地 与迈阿密城隔比斯坎湾相望

交 乘公共汽车#103C、107C可到

亲历者体验 FOLLOW ME

林肯路和柯林斯大道上什么店都有，人们很悠闲的边走边逛，值得一提的是这里有星巴克可以听音乐，进去享受一下百万张CD任选任听任组的感觉也真是令人大呼过瘾。海滩上的商品店，几乎家家价钱相差很多，而且一进去就被缠住，如果讲了价钱，不买店家就生气，要注意。海滨购物中心入夜之后相当漂亮，有超过150家的商店和餐厅，其中有些店颇具特色值得一逛。

03 小哈瓦那

观光指数：★★★ 推荐等级：★★★★

小哈瓦那是古巴移民的故乡，其气氛以及居民的生活方式都反映着古巴的生活方式。在这里，随处可以听到萨尔萨音乐的节奏，买到古巴的特产。小哈尔纳还有一个古巴纪念林阴大道，被称为西南第13大街，密布着为纪念古巴英雄而建造的纪念馆。每年的4月17日，人们在这里集合，纪念在那些企图推翻菲尔德·卡斯特罗政权战争中失去生命的人。

USA全攻略

地 迈阿密小哈瓦纳
电 305-858-4162
交 乘坐6、8、12、17路公交可到
时 周一至周五，8:00～18:00，周六、周日8:00～16:00

亲历者体验 FOLLOW ME

小哈瓦那是迈阿密的一个城中城，就好像纽约、旧金山因为华人移民众多而出了唐人街一样。小哈瓦那的中心街区叫Calle Ocho，意为第8街，就是从Sw 8th St.的1～95往西到Douglas Rd之间的地区，商店的招牌全部为西班牙语，餐馆内服务员大多数不会讲英语。就连麦当劳的外观也是西班牙式建筑。最热闹的即是第8大街。沿街而走，你可以看到许多特色商铺、小市场、酒吧、休闲咖啡厅和餐厅。想要切身感受一下拉丁美洲风情，那就千万不要错过小哈瓦那。

04 大屠杀纪念馆

观光指数：★★★★★ 推荐等级：★★★★★

大屠杀纪念馆（Holocaust Memorial）位于迈阿密旅游中心对面，是为了纪念第二次世界大战中死于德军集中营的600万犹太人而建的，展出1933～1939年德国纳粹在第二次世界大战全面爆发之前对犹太民族的迫害史实。纪念馆有一个由青铜建造的一只伸向天空的手，代表一个人在死之前的最后挣扎，手臂上刻着源于奥斯维辛集中营里的数字。

USA全攻略

地 莫里迪恩大街1933号

电 305-538-1663

交 乘坐A、F、M、G、L、W路公交可到

时 9:00～21:00

亲历者体验 FOLLOW ME

在广场的中间，矗立的是Kenneth Triester的雕塑，大理石板上雕刻着大屠杀的故事，步行走廊上排列着在大屠杀中逝去的人的姓名和照片……在这里感受到的是一种凝重的氛围，对心灵是一个巨大的震撼，在悼念的同时，也会感慨历史的沉重。

05 巴斯艺术博物馆

观光指数：★★★★ 推荐等级：★★★

巴斯艺术博物馆（Bass Museum of Art）是迈阿密最先进的艺术博物馆，由世界的著名设计师Arata Isozaki设计。其永久藏品包括15～20世纪的欧洲绘画、雕塑，特别是北欧文艺复兴时期和巴洛克时期的绘画。馆中也收藏了19世纪和20世纪世界各地的一流作品，包括照片和日本木版画。博物馆还设有实验室，使得一些艺术家可以在这里进行创作。

USA全攻略

地 2100 collins avenue (between 21st & 22nd) miami beach 电 305-673-7530

交 乘坐M、S、H、C、G、L路公交可到

¥ 成年人8美元，学生和老年人6美元，6岁以下的儿童免费

时 周二、周三、周五、周六10:00～17:00；周四10:00～21:00；周日11:00～17:00

亲历者体验 FOLLOW ME

巴斯艺术博物馆过去的展品包括Picasso，Frida Kahlo和Francois Marie Banier的作品。除了有展示永久藏品的空间外，其展品的规模和质量在迈阿密从前的展示中还没有出现过。博物馆还有室外雕塑平台，咖啡屋和博物馆商店。

迈阿密周边景点

Miami 迈阿密

01 棕榈滩

观光指数：★★★★ 推荐等级：★★★

USA全攻略

地 佛罗里达州棕榈滩镇

电 561-655-3282

交 科科纳特街45号有各种交通的信息

棕榈滩是佛罗里达州东南部的旅游城镇，位于大西洋和沃思湖之间狭长坝滩上。1894年建设了通西棕榈滩的铁路，随之又兴建了众多饭店宾馆，各种设施逐步完善和发展，因此，这里成为了富翁与名流们冬季避寒的好地方，肯尼迪、洛克菲勒，还有很多的社会名流的宅第都坐落在这个岛上。其洁白的细沙滩、一幢幢个性极强的私人别墅，让这里的人个个神清气爽，生活也安详自在。

亲历者体验 FOLLOW ME

在棕榈滩岛的光环笼罩下，位于其西边的西棕榈滩市也逐渐成为备受瞩目的旅游热点。在西棕榈滩以西15英里的惠灵顿被誉为除阿根廷以外"世界上最好的马球运动胜地"。这里有15个顶级的私人马球场和6000匹骏马。

全球1/4的财富在这里流动

旅游旺季的时候，美国1/4的财富在这里流动，这里就是棕榈滩———美国富人的天堂。从几个世纪以前的范德比尔特家族、洛克菲勒家族、卡耐基家族、梅隆家族，到近代的慕恩家族、贝克家族，他们都曾是棕榈滩的主宰者。

02 塔拉哈西

观光指数：★★★ 推荐等级：★★★★

塔拉哈西是佛罗里达州首府，16世纪以后在印第安人村落基础上兴建的城市。杜瓦尔大街上的商业会所是塔拉哈希最古老的建筑，建于1830年，有"圆柱大厦"的美誉；

城区的古议会大厦建造宏伟，大厦有一个白色圆顶和遮阳顶棚，游客还可以进到最高法院房间以及参议院房间参观，并可在古议会大厦后面的新议会大厦顶层俯瞰这座城市。

USA全攻略

地 佛罗里达州塔拉哈西

电 850-413-9200

交 铁路大街918号有飞机与火车的信息，杰斐逊东106号有汽车的信息

了解点历史掌故

佛罗里达州以前被划分成两个行政区域，首府分别在盘萨库拉和奥古斯丁。政府会议在这两个城市间轮流举行，但是路途非常危险并且耗费时间。后来，立法者要选择一个健康的内陆地方。传说中为了找到这个极好的地方，一名特使从奥古斯丁出发向西而行，另一名特使从盘萨库拉出发向东而行。他们相遇的地方就是新的首府，这就是塔拉哈西的起源。

03 基韦斯特

观光指数：★★★★★　推荐等级：★★★★

基韦斯特是佛罗里达群岛最南的一个岛屿和城市，还是作家海明威的故乡，优美的风景与浓厚的历史沉淀让它成为著名的旅游胜地。岛上有明媚的阳光和拥抱着小岛的无际海水以及秀丽的南国风情，还有美国曾经的总统哈里·杜鲁门的度假行宫。另外，该岛还以同性恋者乐园著称。

了解点历史掌故

基韦斯特的最南端有美国“最南点”标志，这里距海对岸的古巴只有144千米。据记载，古巴的民族英雄何塞·马蒂曾在美国侨居了15年。1895年，他领导古巴人一起反抗西班牙殖民者，并身先士卒地指挥并参加战斗，最后牺牲在前线上。据说，当年马蒂的起义指令就是夹在雪茄内从基韦斯特送回古巴的。

USA全攻略

地 佛罗里达州南部基韦斯特

电 305-294-2587

交 沃尔街402号有飞机、汽车与轮船的信息

亲历者体验 FOLLOW ME

1 基韦斯特的饭店

基韦斯特城内小街上开着各类纪念品商店、旅馆和咖啡屋，其中最红火的是一家饭店，这里被称为美国最南端的小楼，有多达17位美国总统曾光顾过这里。尽管饭店仅有13间客房，但要价高达129～200多美元一晚，到了冬天旺季，房价还会更贵。

2 海明威故居

海明威故居就坐落于小城的白头街。街对面是一个高高的灯塔，塔上的灯光不仅指引着海上的船只，还帮助海明威这位经常喝醉的大作家找到自己的家。海明威曾在这里饲养了大约50只猫，尽管他离开了这里，但这个传统保留了下来，现在仍有数十只猫占领着这里。

04 劳德代尔堡

观光指数：★★★★ 推荐等级：★★★★★

劳德代尔堡就在迈阿密的北面，被称为“世界游艇之都”，有着绵密的运河系统。市区的大道两旁是高大的棕榈树和色彩鲜艳的花草，许多建筑仍是尖顶的西班牙风格。港湾码头上密密麻麻地停泊着大大小小的游艇，帆船或快艇，可以驶向大海。这些错综复杂的内陆水道长达480千米，故此，劳德代尔堡又被称为“美国威尼斯”。

USA全攻略

- 地 佛罗里达州劳德代尔堡
- 交 埃勒区1850号，Ste 303有各种交通的信息
- 电 954-765-4466

亲历者体验 FOLLOW ME

市内有许多酒吧、俱乐部，派对气氛很浓，一度因大量的春假活动而广为人知。城市中的拉斯·奥拉斯·布尔瓦是不可不逛的地方，在这里，你可以看到很多小吃摊和杂货摊，既能尝美味也能淘东西，还能到这条街上的博物馆去逛逛。市内的公园有世界最大的蝴蝶养殖基地——“蝴蝶世界”，这里的蝴蝶有150多个品种，人们可以看到成千上万的小毛毛虫，新出生的蝴蝶从它们的茧里钻出来，颤抖着学飞。

劳德代尔堡沙滩上有各种各样的娱乐活动，如果只是想放松一下，劳德代尔堡的日光浴也会让你觉得不虚此行。另外，如果想了解一下佛罗里州在拓荒者来到这里以前是什么样子，你可以在当地土著居民的指引下，租上一艘小船经过沼泽浅滩你沿途可以看到珍稀的鸟类。这也是很受人欢迎的旅游项目。此外冬天还有一年一度的南佛州乡村音乐节，尽管音乐节重点在当代的歌手和音乐，但演出的目的包括流传的乡村音乐，美国土著音乐，乡村摇滚。所有的歌曲，舞蹈，娱乐，将伴你度过一个愉快的，又显得太短暂的周末。

05 奥兰多迪士尼乐园

观光指数：★★★★★　推荐等级：★★★★★

奥兰多迪士尼乐园是世界上最大的娱乐之地，由7个风格迥异的主题公园、6个高尔夫俱乐部和6个主题酒店组成。在迪士尼世界中，设有中央大街、小世界、海底两万里、明天的世界、拓荒之地和自由广场等。中央大街上有优雅的老式马车、古色古香的店铺和餐厅茶室等；走在迪士尼世界中，经常会碰到一些演员扮成的米老鼠、唐老鸭、白雪公主和七个小矮人，使人童心复萌，游兴大发；一天两次的花车游是游客必看的节目；每天晚上10：00还燃放烟花，会将整个迪士尼乐园照耀的色彩斑斓，从而使乐园一天的活动达到高潮。

USA全攻略

地 佛罗里达州奥兰多

电 407-824-4321

交 奥兰多附近的许多酒店提供主题公园的接送服务，景区内有交通系统，只要持有通行证的人便可以免费使用整个交通系统

¥ 1日游67美元，2日游125美元，3日游181美元

时 旺季9:00～23:00，有时候晚上时间会延长；淡季9:00～16:00

亲历者体验 FOLLOW ME

1 迪士尼住宿选择有窍门

众多游人来奥兰多的目的，80%是因为这里形形色色的主题公园特别是迪士尼，如果你想花大半的时间在迪士尼的四大主题乐园又有足够的钱，那么就可以选择住在迪士尼地带。这儿的房价普遍在130美元以上，最便宜的是迪士尼运动酒店、音乐酒店、电影酒店，它们虽然都是很有特色的主题酒店，但是许多住过的人都抱怨房间太小太挤。住在迪士尼周围的好处，就是这些酒店大多提供免费班车，让你自由穿梭在迪士尼。坏处就是，由于迪士尼是坐落在离奥兰多闹市很远的地方，住在这里感觉就像是个大山区，生活不便。

总的来说，最好在沃尔特迪士尼乐园独立运营的地方住宿，虽然价格很高，但能享受在迪士尼玩乐的特权，如可以免费使用迪士尼的交通，可以提早进入公园，可以提早询问公园的详细情况，当公园满园时也能保证进入公园。而在住宿的酒店，你有机会和喜欢的卡通人物共同进餐，还能得到公园内生产的商品。

2 最好安排2日游

奥兰多的主题公园很多，都很好玩，而且都很大，每个公园玩下来都得差不多一天时间才够尽兴，所以如果你能够在奥兰多停留的时间比较短，游程就会比较紧张，所以建议在奥兰多停留的时间最短也要安排2日游。

迪士尼乐园的旺季是6～8月以及2月的最后一个星期，这个时候，迪士尼乐园每天都要接送10万以上的游客，而早上、晚上、游行和就餐的时候是玩乐项目排队最少的时候。

★奥兰多迪士尼乐园精彩看点

1.魔幻王国

魔幻王国内到处都是迪士尼动画中的角色，并有太空山超级摩天轮、史迪奇大逃亡、巴斯光年的太空骑兵、灰姑娘城堡、鬼屋等景点。在这里，你可以体验名为“霹雳过山车”的极限式旅行，观看采用声学仿真技术的动物电影。魔幻王国中的美国大街区有光谱游行，它是集音乐、真人和照明彩车为一体的微光幻境之旅。

2.艾波卡特

它包括“未来世界”和“世界陈列馆”两大部分。在“未来世界”中有通讯、太空、能源、交通、海洋、陆地、农业和未来设想等9部分；在太空里，你可以体验一把绝对真实的航天员的感觉；在陆地馆里，你可以乘坐Soarin，体验乘飞机低空飞行，鸟瞰加州的自然奇观；在海洋馆里，你可以找到小鱼尼莫和他的朋友们。“世界陈列馆”有墨西哥、挪威、中国、德国、意大利、美国、日本、摩洛哥、法国、英国、加拿大等11国的特色建筑和文化。

3.米高梅影城

该主题乐园以好莱坞经典影片和影视娱乐、幕后制作为主题。好莱坞大道坐落着装饰艺术风格的建筑与曼恩中国电影院；在动画城，你可以观看迪士尼动画的魔术治疗；在米奇大道，你可以进行有趣的迪士尼—米高梅影城之旅。下午5：00，公园会以一部迪士尼动画电影为基础举办一次游行，届时，你可以看到很多动画人物。这里的晚会“幻觉”是佛罗里达州同类晚会中最好的一个，非常受欢迎。

06 奥兰多环球影城

观光指数：★★★★★ 推荐等级：★★★★

奥兰多环球影城是美国环球电影公司旗下的。该主题公园里的内容和位于好莱坞影城的主题公园区别不大，但由于奥兰多的这座环球影城比好莱坞的那座要晚建了近30年，所以使得位于奥兰多的这座影城更有现代感，也更被年轻人所喜爱。这座环球影城主要由两个主题公园组成，即佛罗里达环球影城和环球冒险岛，另外这里还有环球城市漫步——一个集饭店、夜总会以及电影院各种会所在内的综合娱乐中心。在这里最常见的游戏模式是乘坐轨道游览车穿过某一电影的场景，片中的反面人物会在沿途不断地出来骚扰，正面人物总是舍身相救，各种声光电效果及传统的烟雾、喷水、爆炸燃烧等手段先后出场，让人体验意想不到的惊险场景。如果你的心脏难以承受这些刺激也只需闭上眼睛堵上耳朵，再多的妖魔鬼怪也就对你无可奈何了。

USA全攻略

地 位于1000 Universal Studios Plaza

亲历者体验FOLLOW ME

1 选择适合自己的项目并安排好时间

影城中有一个类似宇航员训练时使用的离心设备的游乐项目，模拟的是被发射升空的场景，心脏不好的人被严格限制进入。还有一些水上的漂流项目也同样精彩，但惊险程度比较一般，是专为老人和儿童准备的游戏项目。奥兰多环球影城里的游玩项目非常之多，可以说，想在一天之内将其中所有的项目游完是绝对不可能的。

2 不可错过环球冒险岛

环球冒险岛集中了许多惊险的游戏，类似于环球影城，让沉浸在电影世界中的人体会其中的乐趣。环球冒险岛有惊险滑行船、惊险设套人、多姆博士的恐怖下降、侏罗纪公园水上冒险、过山车等景区，保证让你尽兴。环球冒险岛就在奥兰多环球影视城广场，从市内乘21、37、40路巴士可以到达，订票电话是407-363-8000。

3 亲历电影拍摄现场

游客在这座公园中，不仅可以玩惊险刺激的游乐项目，同时还能亲历了解电影片场，以及电影中特殊效果是如何拍摄出来的。在这里你可以看到恐怖片的拍摄场景，如：雪崩断桥，山洪爆发，金刚咆哮等等，还可以看到电影《未来世界》，《侏罗纪公园》和《ET》的仿真场景。栩栩如生的造型让你有一种身临其境的感觉。而在山洪暴发、飓风以及地震等模拟现场，又会有令人畏惧和神经紧张的感受。

4 游园有窍门

奥兰多环球影城的2个公园都是9：00开门，大量的游人不到9：00就开始陆续的进入公园。在这里停车是每天14美金。早点来游玩的好处就是人相对较少，而且环球影城没有快速通道Fast Pass，如果想要不排队还要加钱买优先级较贵的票，首先进入环球影城。环球影城的主要构成是几个用不同城市命名的街区：按照顺时针顺序分别是：制作中心，纽约，旧金山，湖区，世界博览，小孩游玩区和好莱坞。每个街区都按照地域的风格修建了地标性建筑。

07 肯尼迪航天中心

观光指数：★★★★　推荐等级：★★★★★

肯尼迪航天中心（Kennedy Space Center）是美国国家航空航天局进行载人与不载人航天器测试、准备和实施发射的最重要场所，其名称是为了纪念已故美国总统约翰·肯尼迪。目前发射指挥部在39号发射中心，这里也是飞行器组装建筑物的所在地。肯尼迪航天中心也是一个美国国家野生动物保护区，但是大部分地区不开放。

USA全攻略

地 佛罗里达州东海岸的梅里特岛

电 321-449-4444

交 泰特斯维尔市内有汽车前往此地

时 9:00～18:00

亲历者体验 FOLLOW ME

前往肯尼迪航天中心参观，须参加肯尼迪航天中心参观者中心组织的旅游团，否则有些东西看不到。该中心包括数个博物馆、两个IMAX电影院，不同的汽车导游可让游客从近处看到不公开的地方。门票中包括汽车运送到39号发射场的观察点和运送到阿波罗——土星5号中心。这个中心是一个存放着一个重造的土星5号火箭和其它展览品的大博物馆。在这些展览中有一个重建的阿波罗时期的射击训练场，在那里游客可以重新体验阿波罗的起飞，还有一处地方游客可以重新体会阿波罗11号的着陆。

了解点历史掌故

肯尼迪航天中心经历过若干次震惊全球的航天事故。1986年1月28日，39B发射台上，“挑战者”号航天飞机载着7名宇航员准备进行它的第10次太空飞行，11时38分，“挑战者”腾空而起，像一条巨龙直奔云霄，但仅仅飞行了73秒，随着一声巨响，“挑战者”号在数秒之内化成一团火球，浓烟中散射出无数碎片像流星雨一样落在大西洋海面，7名宇航员包括1名女教师全部罹难。“挑战者”号爆炸是美国航天史上损失最大的一次悲剧，也是世界载人航天史上的灾难。不幸的是，时隔17年后的2003年1月，美国的第一架航天飞机“哥伦比亚”号在完成飞行任务的返航途中解体，7名宇航员全部遇难。

08 圣奥古斯汀

观光指数：★★★★ 推荐等级：★★★★

来到圣奥古斯汀，你会觉得自己进入了一个奇妙的时间隧道。在这里，身穿戏服的扮演者们真实地展示了厨艺、锻造工艺、蜡烛制作工艺以及其它技术；还有很多美国历史上的“最古老”，最古老的房子、最古老的木质校舍、最古老的货栈以及最古老的监狱等等。圣奥古斯汀的其他景点也具有融古贯今的特色，如现代剧场、歌剧院、艺术长廊、Potter蜡像博物馆让人在过去与现代之间穿梭。

亲历者体验 FOLLOW ME

圣奥古斯汀修复区的道路狭窄并崎岖不平，路边分布着共计144幢殖民时代风格的房子，这些房子现在是礼品店，餐厅，酒吧、冰淇淋店、古玩店、简易旅店和古迹景点。如果想将它们全部游览一遍，那么可以选择搭乘四轮马车、电车或是小火车，另外也可以在晚上出来步行，充分感受这座古城诡异的一面。

了解点历史掌故

圣奥古斯汀原为印第安人聚居地，1513年西班牙人抢占了它，宣布此地为西班牙领土，他们是美国大陆第一批抵达的“拓荒者”。1565年西班牙人在这里建立了北美洲大陆的第一座城市，并以阿尔及利亚希波大主教圣·奥古斯汀的名字命名。1763年一度被割让给英国，随后于1783年被西班牙赎回。美国于1821年正式占有它。

USA全攻略

地 佛罗里达州圣奥古斯汀

电 904-829-6401

交 马拉加大街100号有汽车的信息

★美国的多个第一从这里诞生

这里有着美国历史上很多个第一，比如美国建立的第一座城市，第一所学校，第一座城堡，第一条用砖铺设的街道等等，它代表了欧洲探险者在美洲新大陆开拓的足迹。因此它的街道房屋都透射出一股与美国其他地方不同的建筑风格，处处体现着西班牙的韵味。

09 彭萨科拉

观光指数：★★★★ 推荐等级：★★★★★

佛罗里达州西北部城市、军港，是美国重要的海军基地和海军航空基地。现在的彭萨科拉保留着浓厚的西班牙时代的风俗文化，建筑的风格多种多样，如殖民时期的村舍到古典文艺复兴时期的大厦都可以见到。其中的佛罗里达州立博物馆是一座西班牙文艺复兴时期的建筑，收藏了折中主义学派的作品。

USA全攻略

地 佛罗里达州彭萨科拉

电 850-434-1234

交 海因伯格东大街1401号有飞机与火车的信息，汽车信息咨询电话：850-476-4800

了解点历史掌故

彭萨科拉起为西班牙殖民地，自18世纪初～19世纪，归属权转换于西、法、英三国之间，1821年为美国所有，并成为重要的海军基地和海军航空基地。为了突出和显示彭萨科拉的重要性，美国的第一级条约型巡洋舰就已彭萨科拉命名，而且还有一艘巡洋舰被命名为“彭萨科拉”号（Pensacola）。

亲历者体验 FOLLOW ME

这里的海水非常清澈，你可以潜入清澈的水中，仔细观赏一下海星和海胆。鹈鹕和海鸥划过天际，海豚越出波浪……这些原住民和墨绿的、闪闪发光的墨西哥湾上空蔚蓝色的天空交织在一起，让人尽情地享受。

这里的整个夏季，每周二和周三，蓝色天使海军特技飞行表演中队就会出来训练。当人们钓鱼时，他们就会在人们的头顶精准的练习各种动作。此时，你若来这里钓鱼，可感受飞机从头顶飞过酷酷的感觉。

10 大沼泽地国家公园

观光指数：★★★ 推荐等级：★★★★

USA全攻略

地 佛罗里达州南部

电 305-242-7700

交 可以租小船或者租借自行车进行观光

大沼泽地国家公园建于1948年，园内沼泽遍布，河道纵横，有超过350种鸟雀在此栖息或经常到访，包括篦鹭、大青鹭、白鹭及蛇鸟，还有爬行动物，如鳄鱼和巨蜥，并为海牛一类的濒危动物提供了很好的避难场所。可惜的是，随着垦荒和农业的发展大量消耗了大量生态系统的水，大沼泽的面积正在逐渐萎缩。

亲历者体验 FOLLOW ME

公园的游客中心陈列着许多景区里生存的动物标本，图片，照片，影像资料。在这里，无论是步行、乘坐独木舟、坐船还是坐缆车都可以观赏野生动物。

这里到处是“毒蛇猛兽”，游览时得小心一点，最好取出驱虫药，喷满全身。否则，景区众多蚊子的攻击，让人防不胜防。虽然被叮了后喷点药水也管点用，但是提前预防是最好的。

在这里，人是真正的“弱势群体”，生物链里“最低级的一环”，所以，一定要遵守原则，不能乱走（表面是干地能下脚的地方，底下也可能就是湿地沼泽），也不能乱摸（因为有毒的植物太多，能割破手的莎草便是其中之一）。

11 比斯坎国家公园

观光指数：★★★★ 推荐等级：★★★★

USA全攻略

地 9700SW 328thst，Hamestead

电 305-230-1120

交 迈阿密有到此的火车

比斯坎国家公园（Biscayne National Park）可以说是一个海洋公园，因为它不仅有广阔的水域，还有美国最大的珊瑚礁生长地区。种种得天独厚的条件，使这里成了浮潜与潜水者的天堂。比斯坎国家公园另一个特别的生态是海岸边的红树林，那一片火红的景色非常壮观。在这里，你还可以看到众多的海鸟。

亲历者体验 FOLLOW ME

这里的水非常浅，浅到一般大船没办法开动，只有游艇或平底船能航行。除了浅水之外，这里的水也格外清澄。公园的主要旅游点是潜水或内湾的珊瑚礁潜水。也可以乘坐玻璃底的船到海湾旅游，或租底皮艇去海湾、岛屿探险。虽然目前不允许的零散观众参观Stiltsville历史家园，但这些结构仍从可以从船上观察。

迈阿密旅游资讯

自助游必须掌握的交通

机场

迈阿密国际机场设施先进，布局有序，游客从机场到达市区乘坐的交通工具都从1楼出发，电话305—876—0000。

从机场到达市区，可以乘坐机场巴士，约20分钟可以到达市内，车费10美元；还可以乘坐出租车到达，费用20美元左右，只需要15分钟。另外，这里的机场巴士还可以到达迈阿密海滩。

火车

迈阿密国家铁路客运公司的Amtrak Station火车站位于市区北部，每天有多次列车到达全美各处，从纽约到迈阿密的银星号列车每天一趟，还经过奥兰多，电话800—835—1222。

汽车

灰狗长途汽车在迈阿密设置了两个车站，分别是机场车站（305—871—1810）、商业区车站（305—374—6160）。这些车站每天都有车前往美国各地，而从迈阿密到奥兰多只需要4小时。

市内交通

迈阿密市内的交通有公交、地铁、水上巴士等。

●**公交：**迈阿密市内的公交行驶路线和发车的数量的很多，能贯穿全市，票价1.25美元，是一种非常便利的交通工具。

●**地铁和轻轨：**迈阿密的地铁和轻轨是最主要的交通工具，几乎到达市内的每一个景点，是观光的交通工具。地铁的票价是1.25美元，如果换乘轻轨，则要多加0.25美元，在市政府中心站可以换乘。而乘坐轻轨只需要0.25美元，换乘地铁加1美元。

●**水上巴士：**是连接迈阿密市区与迈阿密海滩之间的工具，单程票价4美元，往返7美元，在每天的11：00～18：00运行，电话954—467—667。

USA 小贴士

如果购买迈阿密游览卡就可以享受市内28个游览项目的折扣，一日卡60美元；2日卡90美元；3日卡120美元；5日卡153美元；7日卡179美元，儿童老人还有优惠。

驴友力荐的住宿地

迈阿密市内的住宿多种多样，有中高档酒店，也有经济型的旅社。

经济型旅馆

名称	地址	电话	费用
青年旅社	1550 Collins Ave	305-531-0361	床位23美元起
国际青年旅社	239 9th St	305-534-0268	床位15美元起
海下湾国际酒店	2301 Normandy	305-866-7661	40美元起

饕餮一族新发现

在迈阿密可尝到美国、泰国、意大利、日本等各国佳肴，而各种新鲜的海产料理最令人垂涎三尺，尤其迈阿密海滩（Miami Beach & South Beach）各式餐馆林立，提供游客多样选择。此外，在小哈瓦那区（Little Havana）亦可品尝风味独具的加勒比海及中南美洲风味餐饮。

淘宝达人爱去的街店

在迈阿密逛街血拼是极为过瘾的事，由于每年络绎不绝的旅客至此，使得许多商店、百货公司林立。迈阿密海滩上Bal Harbour Shopping Center、 Collins Ave.、 41st St. 、 71st St.、 Washington Ave. 有着各式各样的商店。 South Beach 上的 Lincoln Rd. 拥有200间以上的特殊商店，包括古董店、珠宝店、雪茄店等。位于迈阿密市区 401 Biscayne Blvd. 的 The Bayside Marketplace（电话305-577-3344）拥有150间以上的商店与餐厅，为逛街及休闲绝佳去处。

位于19501 Biscayne Blvd.上的Aventura Mall（电话305-935-1110）拥有250间以上的商店及一间AMC电影院。位于迈阿密市区北边的The Miami International Arts & Design District 卖着各种古董艺术品。其他购物商场如位于7795 W. Flagler St.的Mall of the Americas、位于1455 NW 107th Ave.的Miami International Mall 及位于7535 N. Kendall Dr.的Dadeland Mall都拥有100间以上的商店供游客尽兴采购。

5

美国最热门的旅游圈

Los Angeles 洛杉矶

洛杉矶位于美国充满阳光的西海岸，是美国第三大都市。好莱坞是妇孺皆知的电影王国，有全球闻名的游乐园地迪士尼乐园，充满中国传统气氛中国城……在洛杉矶，总有一些新奇的事物等待着你去体验，比如可以同那些曾经把名字留在传奇的“星光大道”上的明星会面，甚至可到他们家里拜访，或者在欢乐海洋迪士尼乐园里感受激情……

5

美国最热门的旅游圈

Los Angeles 洛杉矶

洛杉矶市内景点

01 洛杉矶古城

观光指数：★★

推荐等级：★★★★

洛杉矶古城以Alameda St、Spring St、Hollywood Fwy和Cesar Chavez Ave围绕的区域为主。它不仅是洛杉矶早期历史的写照，还是1818～1826年社会生活的最佳缩影。到了1926年，古城成为了保护区，并将欧维拉街改成墨西哥风情非常浓厚的商场，随后洛杉矶古城及周围的土池被划定为加利福尼亚州州立历史公园。

了解点历史掌故

洛杉矶古城是洛杉矶的诞生地，其历史可追溯至1781年一群西班牙移民者来到此地开垦。随着墨西哥脱离西班牙独立，洛杉矶也成为墨西哥的领土。1848年，美墨战争中墨西哥失败，后将加利福尼亚割让给美国，洛杉矶遂成为美国的领土。

USA全攻略

- 地 845N. Alameda Street
- 电 213-680-2525
- 交 可以乘坐DASH B线前往
- 时 周一至周日10：00～19：00

亲历者体验 FOLLOW ME

1 千万不要错过古城

洛杉矶古城被包围在一条繁荣的步行街里，如果不是特意寻找，很容易错过古城的入口，而被那些漂亮的墨西哥工艺品和小吃诱惑住了。古城是个四方的院落，院子中间植物繁盛，四周则是最早居民的生活格局，卧室客厅厨房等，还有一些原来的物件摆放其中。古城边上就是洛杉矶的联合车站，对面是最早的消防局和几个小博物馆，中间的广场则是一个纪念碑，外形是鸟笼状，真正的碑记啥的要下到地下看，甚是有趣，这是有西部墨西哥风味的联合车站。洛杉矶现代城市中心离古城也不太远，步行完全可以到达。

2 顺便到唐人街转转

与洛杉矶古城相连，日落大道(Sunset Blvd)往北的方向就是唐人街。唐人街以百老汇街(Broadway)为主轴，一直延伸至柏纳德街(Bernard St)，其间有许多中国餐馆、商店、银行。游人来此是以品尝美食为主，首推以新鲜海产出名的文记海鲜(Mon Kee)，其螃蟹与虾子更是热门招牌菜，每道菜价位约从7～20美元不等，虽然经常大排长龙，每天中午及晚餐时段仍有络绎不绝的客人前来。

02 洛杉矶音乐中心

观光指数：★★★★　推荐等级：★★★★

洛杉矶音乐中心建于1964年，是由Dorothy Chandler Pavilion音乐厅、Mark Taper Forum话剧院和Ahmanson Theatre戏剧音乐舞台以及迪士尼音乐厅4个部分组成，是洛杉矶音乐、歌剧、话剧、音乐舞台剧和舞蹈艺术表演的中心，每年吸引上百万观众。其中的Dorothy Chandler Pavilion音乐厅是著名的洛杉矶交响乐团和歌剧院的表演场所。

USA全攻略

地 格兰德北街135号
电 213-972-7211
交 自驾通过101号高速可到
时 周二至周六从中午～18：00；周日中午～16

亲历者体验 FOLLOW ME

洛杉矶音乐中心最吸引人的是迪士尼音乐厅，它是由美国建筑大师设计弗兰克设计的，是洛杉矶新的地标性建筑之一，外观造型奇特，外墙全部由银灰色的轻质材料制成，看上去既像一艘在碧蓝的大海上远行的、银灰色的帆船，又宛如盛开的玫瑰，令人叹为观止。前往迪士尼音乐厅乘地铁红线在市民中心下车即可。

03 当代艺术博物馆

观光指数：★★★★ 推荐等级：★★★

当代艺术博物馆成立于1979年，是官方和私人共同建立的，也是洛杉矶唯一致力于推动现代艺术的美术馆。博物馆分为3个展览中心，分别是位于格兰大道的Moca Grand Avenue，位于中央大道的芬杰当代艺术馆以及位于梅尔罗丝大道的Pacific Design Center，完整地保存了从1940年到现代的各种形式的作品。

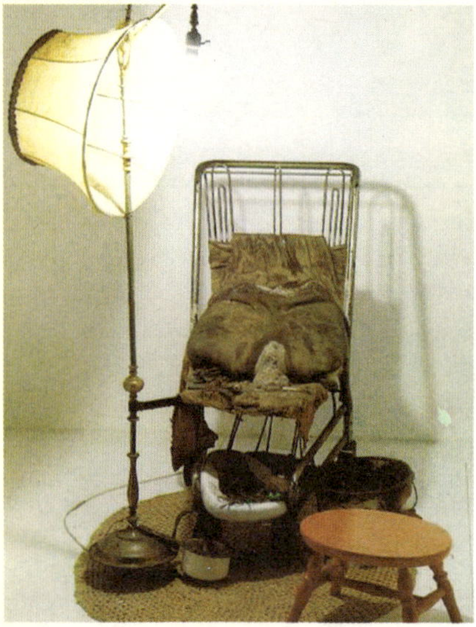

USA全攻略

地 格兰大道、中央大道与梅尔罗丝

交 乘在Grand Ave.沿线的1at St.和4th St.之间运行的小公共B线

电 213-621-1741

亲历者体验 FOLLOW ME

该博物馆每周二、三休息，该馆的分馆也值得一看。分馆位于小东京的MOCA的配楼，这里的展览以通俗的美术为主，与当代艺术博物馆的感觉不同。乘小公共F线路，或者乘经过Figueroa St.的专线巴士81路可到。参观完分馆可到小东京看看，小东京有120多年的历史，是北美最大的日裔和日侨美人社区，在这里，可以品尝地道的日式料理，购买日式调味品或食物。街上浓厚的日本风味，让人误以为自己身在日本。

04 灰石城堡

观光指数：★★★★ 推荐等级：★★★★

USA全攻略

地 洛杉矶贝弗利山

电 310-550-4654

时 10:00～17:00

灰石城堡矗立于贝弗利山居住区的中心地带，建于1927年，耗资300万美元，主人是著名的石油大亨爱德华·劳伦斯·多希尼。由于建设过程中采用了大量的石材，城堡外观呈灰色，人们便把它叫做“灰石城堡”。城堡中有55个房间，每个房间都有着精心的设计和华丽的装饰。城堡内设施齐全，电影厅、台球室、保龄球馆、狩猎场、儿童乐园等等，一应俱全。

亲历者体验 FOLLOW ME

1 前往灰石城堡不方便

因为灰石城堡位于贝弗利山庄中心，再加上不允许观光旅游车开进去，所以去里边只能打电话预约。

如果实在想看一看高级住宅区，最多只能租赁汽车，或利用其他小型旅游团体的专车，否则只能从Santa Monica Blvd.向北侧远眺。

2 难得一遇的园艺设计

除了对外展出，灰石城堡还承办文化艺术活动，其中一年一度的园艺和室内设计展就是其中的重头戏。来自各地的设计师用现代装饰理念赋予灰石城堡新的活力。活动的主办方表示，他们希望通过这种方式，将过去、现在和未来有机地结合起来，给参观者独特的体验。在这里，不仅能近距离接触并了解灰石城堡，还能获得园艺和室内设计方面的灵感，接触到前沿设计资讯。

05 罗宾逊花园

观光指数：★★★ 推荐等级：★★★★

罗宾逊花园（Virginia Robinson Gardens）是Robinson—May百货幕后女老板维吉尼亚罗宾逊夫人的宅邸。别墅的外墙是灰白色，入门处是缤纷的花卉及平整的绿荫，每个房间都有大如墙壁的巨镜，可反射窗外的整片草地。别墅后方为英式花圃，四季繁花似锦；西边则为1万块红砖铺道的意大利庭园，种满了天堂鸟。

USA全攻略

地 1008 Elden Dr. Beverly Hills

电 310—276—5367

时 周二至周五10:00、13:00

亲历者体验 FOLLOW ME

东方棕榈园是这里的最大特色，它简直是一个半热带丛林世界，巨大高耸的棕榈树、椰子林，是美国以外最大的棕榈种植区。夏日走在巨大的棕榈叶下，凉爽异常，气温比地面还低10℃。更令人惊叹的是一棵大到可数人围抱的“巨无霸”草莓树。千万不要忘了，罗宾逊花园仅接受预约参观，有专人导游。另外这里提供婚宴及生日喜庆场地预租，但是费用另计。

06 格蒂中心

观光指数：★★★★ 推荐等级：★★★★

格蒂中心包括格蒂博物馆和该中心的艺术和文化遗产的研究、保护和授权项目，由石油大亨J·保罗·格蒂建立，很多藏品也是由他捐赠。博物馆收集了大量从文艺复兴到后现代主义的欧洲艺术品，藏品主要集中在20世纪之前的艺术运动，还有一些手稿和素描。

USA全攻略

地 格蒂中心车到1200号

电 310-440-7300

时 周二至周四10：00～18：00；周五至周日10：00～21：00

了解点历史掌故

格蒂中心的主人丁·保尔·格蒂，是拥有40亿美元财富的油业巨贾，虽然曾因在其英格兰大厦为来宾安装付费电话，而被目为怪人和“吝啬鬼”。但是他从1953年起就以高临于托盼嗄海滩的别墅为基地，先后拿出7亿美元投入艺术收藏，后又承诺10亿美元新建格蒂中心。正因为此，1997年后，人们才会在格蒂中心有幸免费欣赏他收藏的艺术品。

亲历者体验 FOLLOW ME

1 前往格蒂中心有技巧

前往格蒂中心的大道上车辆首尾相衔，如果去的晚，宽敞的停车场会没有停车位，人们只能把车回开至3千米外的停靠站，然后换乘免费交通车再到中心。如果不想换免费交通，最好早点前往。

2 记得拿张旅游图

UCLA就是一个城中之城，在几个主要出入口专门设有信息点，并有专人负责给游客提供指导。我们在入口就接到一张详细的地图，包括9个停车场的位置、历史建筑的地点和在哪里我们可以吃上饭等信息。

07 六旗魔术山

观光指数：★★★ 推荐等级：★★★★★

六旗魔术山对于痴迷云霄飞车的人来说简直是一处伟大的圣地，这里共有10个主题乐园，百样以上令人眼花缭乱的海陆空摩天云霄飞车。其中最著名的是一座世界最大的白色飞车“巨物”，这座重重叠叠，弯曲犹如大肠绕小肠的大怪物，时速高达144千米。乐园内有自由落体、大旋转、蝙蝠侠飞车等游乐项目。

USA全攻略

地 26101 Magic Mountain Parkway

电 661-255-4100

交 自驾车沿着110高速走可到

时 4～8月的每日，9～10月的周五至周日，每天10:00开放

亲历者体验 FOLLOW ME

1 需制订游玩计划

每到夏季，这里就会变成人的海洋。因此，在夏季为了在有限的时间内玩到更多的游乐项目，建议制订游玩计划。像巨人、轨道飞车、尖叫、蝙蝠侠等游戏设施到周末都得排1个多小时的队，要做好准备。而且进大门时要安检，吃的东西可要藏好了，不然只能扔掉。

2 优先通行证

为了避免排队的麻烦，可以购买4张一套的优先通行证。如果双人的话，可以使用两个Attraction，可以使用的Attraction因日期而变化，不过需要事先确认。

08 圣莫尼卡

观光指数：★★★★　推荐等级：★★★★★

圣莫尼卡是加州最吸引人的海滨城市，这里冬暖夏凉，交通便利，不仅适合消夏乘凉，也是渡过舒适夏天的好地方。沿着海岸，布满了各种大大小小的宾馆、餐厅、电影院以及love house。市中心的第三街步行街，是一条专门用来游行表演的街道，每到夜间，道路被艺人、影吧、酒吧和各式各样的小餐馆所占据，热闹非凡。

USA全攻略

地 加利福尼亚州圣莫尼卡

电 310-393-7593（圣莫尼卡游客中心）

交 从洛杉矶中心乘坐720路专线50多分钟即到

亲历者体验 FOLLOW ME

1 先拿地图才能找对游览路线

圣莫尼卡的游客中心在沿海的Palisades公园内，从这里可以索取游览手册及观光地图。沿着科罗拉多大街走到尽头就是圣莫尼卡码头，这里有个小游乐园，并附设咖啡厅、餐厅及游戏中心，黄昏时分最美丽。

2 去街上转转

圣莫尼卡的主街是一条小商品街，无论是散步或是购物都非常合适。与主街并列的是第三街步行区，这里是专门用来游行表演的，车辆无法通行。每到夜晚，街道中央的喷水池及沿街的小商店、电影院都纷纷亮起了灯，非常好看。

3 不可错过的金三角

金三角是指以圣莫尼卡街、威尔希尔街和背心月街为边界的贝弗利希尔商业区。在这里，有各种繁华的商店、饭店与美术馆，并处处可以见到意大利时装店和最流行的服饰。在金三角的北贝弗利车道，有一座电视机和收音机博物馆，收集了7.5万套广播电视节目，能让人全面了解广播电视的历史。

09 长滩

观光指数：★★★★ 推荐等级：★★★★

长滩以大海和棕榈树为背景，市中心则是古建筑与现代建筑。其中著名的派恩大道两排有着成排的商店、咖啡馆与饭店，彰显着早期西部的风采。沿着海岸线的村庄，可以看见远洋轮船“玛丽王后号”，现虽已经成为宾馆和旅游景点，但还可以参观部分动力室、各种典型的房间，还可以观看有关战争年代的展览。

USA全攻略

地 加利福尼亚州长滩

交 从洛杉矶市内乘坐地铁蓝线可以到达

亲历者体验 FOLLOW ME

这里有很多墨西哥餐馆，大多数都是卖海鲜的，同时也有很多的街头艺人，能让你领略到墨西哥的风情。坐在这里吃饭，可以叫几个穿着传统墨西哥服装的老墨来演奏西墨西哥特有的音乐，感觉还真得不错呢。如果你有兴致还可以租一条电动小船，在小海湾里漂上个把小时，那个感觉就更不用说了，而且租船的费用很便宜，大概是每小时40美元，一条船能坐上6个人，平均下来每个人不会超过10美元。

10 好莱坞

观光指数：★★★★★　推荐等级：★★★★★

好莱坞(Hollywood)曾被誉之为“电影城”，其主要街道是日落大道（Sunset Blvd.）与好莱坞大道（Hollywood Blvd.），街道两旁是电影院与高级的商店，极尽繁华之能事。好莱坞有一座中国剧院（Grauman's Chinese Theater），几乎所有著名的影星都印下过他(她)们的手印或足印。Hollywood Bowl则因在星光下露天演奏交响曲而闻名；Hollywood Bemetery是著名影星的墓地。

了解点历史掌故

好莱坞最初只有一栋房子，到1870年成为了一片兴旺的农田，到了1886年成为了房地产商哈维·威尔考克斯的农庄。韦尔考克斯的夫人一次旅行时听到了一个叫做好莱坞的地方，她很喜欢这个名字，回到加州后，她将苏格兰运来的大批冬青树栽在这里，并将丈夫的农庄改称为“好莱坞”（Hollywood），在英语中，Hollywood是冬青树林的意思，于是有了好莱坞这个名字。

USA全攻略

地 杉矶市市区西北郊

电 323-467-6412（好莱坞高地）

交 从市中心乘坐红线地铁在Hollwood站下

★好莱坞与电影

好莱坞最先是众多摄影师的外景地，后来一些是为了逃避专利公司控制的小公司和独立制片商们纷纷涌来，于是这里逐渐形成了一个电影中心。一战前后，由于卓别林等一些电影大师们为美国赢得了世界名誉，而且华尔街的大财团插手电影业，于是好莱坞电影适应了美国在这一时期的经济飞速发展的需要，并进一步纳入经济机制，从而使影片产量的增多，保证了美国电影在世界上的倾销，洛杉矶郊外的小村庄最终成为一个庞大的电影城，好莱坞也无形成为美国电影的代名词！

亲历者体验 FOLLOW ME

1 去日落台找好莱坞明星

日落台是西好莱坞的一条商业街，时髦的服装店，饭馆及咖啡厅鳞次栉比。一到晚上，各种夜总会、迪厅吸引了成群结队的年轻人来到这繁华的霓虹灯下。在这条街，能见到很多的好莱坞明星，但各个营业场所离得比较远，有必要打的或借一辆车前往。日落台距离市中心1小时车程，位于Sunset出口和Fairfax大街附近。

位于离日落台一半的地方是Sunset Plaza，这里有很多饭馆和时装店，是一个繁华的贸易街。这里不仅有高级商店，还有一些价格适当的咖啡厅和冰激凌店。而且在街旁的小桌上，你也可以享受一顿美餐。

2 中国戏院与星光大道

好莱坞大道上以中国式建筑外观得名的中国戏院最吸引人，这里有哈里森·福特、梅尔·吉布森、阿诺德·施瓦辛格等很多著名好莱坞影星的脚印，每个到此一游的游客，不是忙着拍摄自己偶像的足印，就是把自己的手放在明星手印上好好比对一番。好莱坞大道与藤街伸展的人行道就是好莱坞星光大道（Hollywood Walk of Fame），上面有2000多颗镶有好莱坞商会“追敬”名人姓名的星形奖章。

11 迪士尼乐园

观光指数：★★★★★ 推荐等级：★★★★★

洛杉矶的迪士尼乐园（Disneyland）是世界上第一个专门为孩子设计的主题乐园，堪称“全世界儿童梦寐以求的欢乐天堂”。乐园中有8个主题游乐区，包括按照19世纪美国古典风貌建造的购物街道——美国大街，还有专门为小孩子所设计的米奇卡通城，并有以《白雪公主》、《睡美人》等童话故事为场景的幻想世界，还有热带丛林风格的冒险世界等。整个乐园充满童趣，到处是迪士尼动画中的卡通人物形象。而每个夏季傍晚举行的幻想奇观也不可错过。

USA全攻略

地 距洛杉矶40千米的 Anaheim.

电 714-781-4565

交 在市区的5th St乘坐MTA460路公交前往

时 6~8月，8：00到午夜；9月至次年5月，9：00~18：00

亲历者体验 FOLLOW ME

1 游乐园不可不知的那些事儿

如果园带的东西很多，需要寄存到主街广场Town Square上的消防局与商场之间有寄存柜。如果是大件行李，则在正门售票处的西边存放。如果意外丢了东西，可由主街Main Street 向城堡右侧走，进入Market House，那里有失物招领处。

迪士尼乐园的资料一般可以在服务中心拿到，它就位于主街广场的City Hall。如果与家人走失，可以在这儿广播寻找。

各种食物、饮料禁止带入园中，并且禁止在园中摄影。在迪斯尼要想玩遍有娱乐项目最少要一天半到三天时间。对一般普通旅游者在有限的天数内抽出三天时间很难做到。因此，需要考虑如何用最少的时间享受最大限度的娱乐。

2 顺畅游玩的窍门

要优先考虑真正想看的，不能不看的项目，能省略的尽量省略。早点抵达，出发前要用的早餐，做好充分准备。避免拥挤，在用餐时间的餐厅、需上下车的娱乐项目前，容纳客人少的设施前……经常发生拥挤。所以，要熟悉各个娱乐项目的特性，了解众多游园者的动向，避免拥挤。

洛杉矶周边景点

01 拉斯维加斯

观光指数：★★★★★ 推荐等级：★★★★★

USA全攻略

地 洛杉矶东北方

电 旅游局702-892-7575

拉斯维加斯（Las Vegas）是以赌博业为中心的庞大的旅游、购物基地，是世界知名的度假胜地之一，也被称为“罪恶之城”，当然这一称号是针对那些赌徒来说的。虽然拉斯维加斯是著名的赌城，但是来购物和享受美食的人占了大多数。在这里，你可以找到美食、找到艺术、找到娱乐、找到一个多元化城市的所有要素。

了解点历史掌故

“Las Vegas”源自西班牙语，是很多年前的西部开拓者起的名字，意思为“肥沃的青草地”，因为拉斯维加斯是这一带唯一有泉水的绿洲。拉斯维加斯首先是摩门教徒的生活地，后来变成了一个兵站。直到内华达州发现金银矿后，拉斯维加斯才开始繁荣起来。二战前美国大萧条时期，拉斯维加斯成为一个合法的赌城，不仅是美国各地的大亨纷纷向拉斯维加斯投资建赌场，甚至是日本的富豪、阿拉伯的王子、著名演员均来投资。

亲历者体验 FOLLOW ME

1 各种精彩的表演

到拉斯维加斯游览，重点之一便是观看各式的表演。大型的饭店均有夜总会、晚餐秀等的表演，有些赌场也兼营表演秀，或以知名艺人为号召，杂以小牌艺人的表演、或为法国丽都秀等的欧式讽刺剧、或为百老汇的音乐剧及喜剧。大部分的表演历时90分钟，而且必须预约。详细的表演时间、预约事项、最低消费可以向饭店或赌场咨询。有时候下榻饭店的名气是能不能进入秀场观看表演的一项重要因素。某些门票代售处在秀场终年有预约席，透过他们购票也是一种方式，可以在电话簿里寻找。到了秀场，给带路的服务生5美金～10美金的小费较容易坐到好位置。

2 在赌城如何保护自己

拉斯维加斯是很不安全的城市，为了确保人身安全，应尽量待在灯光明亮之处，也不要离开饭店和赌场太远。从午夜一直到5:00以前若没有人陪伴，最好不要在非公共场合出没。22：00以后，不要单独在外游荡。周六日，在无人的陪伴之下，21：00以后千万不要在拉斯维加斯大道或其他执行宵禁的地方出现。

3 值得参观的地方

位于东特罗皮卡特大街1775号的利博莱斯博物馆，展示了赌城最杰出演奏家利博莱斯的生平与作品，此外还收藏了他开过的名车——劳斯莱斯与一枚镶有260颗钻石的钢琴状戒指。该馆周一至周六

拉斯维加斯中心区域长街和商业区
N
主街道车站
加利福尼亚酒店
普拉萨
拉斯维加斯运动俱乐部
金门大桥
巴德戈特旅馆
赌徒总店
Charleston Blvd.
马戏团酒店
Valley View Bted.
Rancho Dr.
凌霄酒店
La Concha
Sahara Ave
撒哈拉
Las Vegas Blvd.S.
Paradise Rd.
Convention Canter Lodge
Dessert Inn Rd.
新弗兰蒂尔酒店
时尚展览商城
金银岛酒店
凯撒宫
Paradise Rd.
柏柏里海岸酒店
Plamingo Rd.
特里比勒斯
拉斯维加斯巴黎
硬石咖啡厅
霍夫普罗伊哈马斯
波罗塔
可口可乐商店
纽约•纽约酒店
Tropicana Ave.
Las Vegas Blvd.S.
15号高速路

10:00~17:00;周日中午~16:00开放,联系电话是702-789-5585。

位于拉斯维加斯街900号的自然历史博物馆,是全美最大的自然历史博物馆,重要的是这里展出了埃及木乃伊、珠宝和矿石,并介绍了太平洋岛屿、澳大利亚和非洲文化。该馆联系电话是702-384-3466。

02 棕榈泉

观光指数:★★★★ 推荐等级:★★★★

棕榈泉是美国最大的沙漠绿洲城市。1853年,一个测量队在科切拉谷遇到了一个被棕榈林环绕的淡水泉,这便是棕榈泉最早的历史,不久,棕榈泉就成为了一个保健温泉疗养地。棕榈泉的沙漠博物馆集中展示了艺术、自然科学和表演艺术,不仅有19世纪以后的绘画,还有美洲原住民的手工艺品。

USA全攻略

地 加利福尼亚州棕榈泉

电 800-347-7746/760-778-8418

交 因迪奥有飞机与火车前往;印第安北街3111号有公交的信息

了解点历史掌故

沙漠小镇棕榈泉的炙手可热,还与美国总统们的接踵而至有关。据说最初盯上棕榈泉度假的美国总统是赫伯特·胡弗和富兰克林·罗斯福。但艾森豪威尔的造访却是使这座沙漠之城沸腾的真正开始。1954年

2月，德怀特·艾森豪威尔来到棕榈泉，因为“新玩意儿”——电视的转播，几乎将全世界的目光都聚集到了这个天方夜谭般的沙漠之城！

此后，美国历任总统的身影便不断出现在棕榈泉。1962年2月，约翰·肯尼迪第一次来到棕榈泉，总统的光辉再次荣耀了当地居民的心；哈里·杜鲁门总统在棕榈泉度过了不少时光；尼克松曾在此度假以逃避外界的责难；杰拉尔德·福特更是非常喜欢这个沙漠之都，以致他1978年卸任后在棕榈泉修建了自己的家园，并长居于此。

1983年2月，伊丽莎白女王和菲利普亲王造访棕榈泉。几年后，风度翩翩的查尔斯王子来棕榈泉潇洒一游。在流动的岁月里，不论是吉米·卡特、罗纳德·里根，还是乔治·布什、克林顿总统们都在棕榈泉留下了开心的身影。

亲历者体验 FOLLOW ME

1 两个特别的博物馆

位于市内67–616 E. Desert View Ave, Desert Hot Springs的是一个Hopi风格结构的旧式印地安部落博物馆，还有贸易的驿站、岩石商店及艺术画廊。每周三至周日10：00～16：00展出，联系电话760–329–7610。位于745 N. Gene Autry Trail之处的是棕榈泉航空博物馆（Palm Springs Air Museum），主要展出第二次世界大战时期的飞机。这里全年开放，联系电话760–778–6262。

2 别样棕榈泉之旅

棕榈泉的市中心大约8千米外的S.Palm Canyon Dr.是印地安峡谷，高耸的峡谷有着平静的美丽，而且这里有贸易驿站。在这里可以野餐、爬山及骑马。夏天8：00～18：00开放，冬季8：00～17：00开放，联系电话760–325–3400。棕榈泉市外，被圣大罗莎（Santa Rosa）山脉包围的沙漠展示着奇异的鸟类和动物。这里9月1日～6月15日每天9：00～17：00开放。其具体位置在47–900 Portola Ave.Palm Desert.联系电话760–346–5694。

03 约书亚树国家公园

观光指数：★★★★　推荐等级：★★★★★

约书亚树国家公园（Joshua Tree National Park）有加利福尼亚州东南部，包括两个沙漠。公园内有废弃的矿井、绿洲，其独特的地质景观特征，使该地区攀岩爱好者的地方。国家公园中，能见到很多适应环境、并在此扎根的动物，如长耳大野兔、狼、红猫和鹰等。

USA全攻略

- 地 加利福尼亚州东南部
- 电 760–367–5500
- 交 乘沙漠驿车从棕榈泉到特温蒂奈恩帕姆斯
- 时 8:00～16:30

亲历者体验 FOLLOW ME

1 前往公园的注意事项

从洛杉矶出发，走10号公路东，过了Palm Springs，在Mocca/Twenty-nine Palms出口下，左拐转入Cottonwood Springs Road就进入国家公园南口。10号高速的出口名称容易混淆。中间有一个出口是Twenty-nine Pkwy，62号公路北，这个是通往国家公园北门的。事实上这个国家公园主要风景点在西北面，而最好的风景是夕阳照在巨石上的日落时分。10号高速在Palm Springs附近，尤其是10号高速和CA-62号公路交界处有大片的风力发电站，蔚为大观，可以停车拍照。

2 公园内的饮食及住宿

约书亚树国家公园占地极广，而且没有任何旅馆及餐厅，欲前往需自行准备饮水及食物。如果想在附近住宿，周围的29棕榈（Twentynine Palms）及犹卡谷地（Yucca Valley）一带可找到旅馆，或者到更远一点的印地欧（Indio）和棕榈泉（Palm Springs）。若是打算露营，公园内除了黑石峡谷（Black Rock Canyon）营区需预约外（公园中共有9个露营区），其他地区都是先到先行使用。

04 火焰谷州立公园

观光指数：★★★ 推荐等级：★★★★

火焰谷州立公园（Valley of Fire State Park）不但是内华达州第一座州立公园，更可视为一座露天的考古博物馆。经过1.5亿年风雨侵蚀的砂岩，奇形怪状地满布整座山谷之中，“蜂巢”、“石化木”、“老鼠水箱”、“彩虹眺望台”、“七仙女”及“象石”等让人不由自主地惊叹。在红色的砂岩之上，如今还留有许多的壁画，壁画的内容呈现了古印地安人的生活及原住民对宇宙星辰变化的记录。据考证，这些原始的壁画及数量可观的图腾已具有8000年以上的历史。

USA全攻略

地 拉斯维加斯东北

电 702-515-5350

交 自驾可走15号公路往北，至169号州道，往东直走即达火焰谷；自助可以在拉斯维加斯市内有车前往景点

时 8:00～17:00

亲历者体验 FOLLOW ME

在公园的入口处，旅客服务中心会放映介绍公园的多媒体短片，介绍这些壁画，及公园内的生态环境。如果自己开车前往火焰谷州立公园，可以走15号洲际公路往北走，到了169号州道时，往东直走即可抵达。

05 图森

观光指数：★★★★ 推荐等级：★★★

图森地处沙漠河谷，气候温和干燥、阳光充足，有“沙漠绿洲”之称。市内现存的教堂建于18世纪，是西班牙殖民时代的建筑瑰宝，还保留着一组淡黄色的泥砖房屋区，其中以古老的西班牙式泥砖庭院最为有名。图森市内景物不少，郊区名胜更多，东郊，坐落着仙人柱国家纪念公园，西郊有以沙漠生物为重点的沙漠博物馆。

USA全攻略

地 亚利桑那州图森

电 520-624-1817

交 全国铁路客运公司位于东图尔大街400号，有火车与飞机前往各地；灰狗公司位于南第四大街2号

了解点历史掌故

这里早先是印第安人的居住地，17世纪末西班牙传教士开始在这一带建立教会组织。1776年，西班牙人在此建立驻军要塞，围绕要塞形成了今天的城市。1821年，墨西哥独立，取得这个城镇的控制权。32年后，美国通过加兹登购地使图森成为了美国的领土。

亲历者体验 FOLLOW ME

1 西郊沙漠博物馆及周边

图森西郊的沙漠博物馆露天围栏里栖息着美洲豹、黑熊、山狮等大动物，昆虫和爬虫类小动物则放在立体实景模型中，地道馆里向游人展示生活在地下的野生动物，如臭鼬和响尾蛇，此外还有鸟舍和沙漠花园，相当全面地介绍沙漠地区的情况。沙漠博物馆附近建有一座老图森电影城，里面重建的西部小镇与周围险峻的山脉和开阔的山谷融为一体，再现了早期拓荒者所目睹的雄浑景色。美国大部分西部片是在这里拍摄的，仅西部片巨星约翰韦恩就在这里拍过7部电影。

2 仙人柱国家纪念公园

仙人柱国家纪念公园里的沙漠荒野上遍布仙人掌和其他沙漠灌木，其中以仙人柱最多。仙人柱是一种巨型仙人掌，最高可达15米，寿命约200年。它周身呈绿，枝丫耸立。众多的仙人柱排在旷野里，就像千万支擎天巨臂，十分壮观。当地印第安人采摘其紫色果实，生吃、制干饼或酿制饮料。

06 哈瓦苏湖城

观光指数：★★★ 推荐等级：★★★

哈瓦苏湖城是亚利桑那州排第二名的旅游景点。走进小城，首先扑入眼帘的就是一座气势恢弘的大石桥，像是给美丽的科罗拉多河戴上了一顶桂冠。小城南岸是仿造的英国古堡，北岸有鳞次栉比的房屋、小店和酒吧，形象地摹仿出英国小镇的古色古香。

USA全攻略

地 亚利桑那州哈瓦斯湖
电 928-453-3444
交 伦敦大街路314号有飞机与汽车的信息

★哈瓦苏湖城的伦敦桥

哈瓦苏湖城最有名的就是始建于1176年的伦敦桥，它曾凌空飞架在伦敦的泰晤士河上。二战时面对希特勒的狂轰滥炸，依旧巍然屹立坚固如初。20世纪60年代，伦敦桥不能担负日益繁重的伦敦交通压力，精明的英国人以246万美元的价格拍卖给了大西洋彼岸麦库洛奇地产公司老板麦高乐顿生。1968年，伦敦桥的10276块石条被标记编号，并全数被拆下装上海轮运到了加州长滩，之后被搬到哈瓦苏湖城。然后麦高乐顿生耗时3年，耗费100万美元，将伦敦桥复原在哈瓦苏湖城。

07 科罗拉多大峡谷

观光指数：★★★★★ 推荐等级：★★★★★

科罗拉多大峡谷是一个举世闻名的自然奇观，也是联合国教科文组织选为受保护的自然遗产之一。大峡谷的形状极不规则，大致呈东西走向，蜿蜒曲折，像一条桀骜不驯的巨蟒，匍伏于凯巴布高原之上。科罗拉多河在谷底汹涌向前，形成两山壁立，一水中流的壮观，其雄伟的地貌，浩瀚的气魄，慑人的神态，奇突的景色，成为了在太空唯一可用肉眼看到的自然景观。

USA全攻略

地 亚利桑那州科罗拉多河
电 928-638-7888
交 有飞机前往大峡谷机场；如果是乘坐汽车，则可从弗拉格斯塔夫和威廉斯出发
时 南线，全年开放；北线，夏季开放

亲历者体验 FOLLOW ME

1 推荐旅游线路

科罗拉多大峡谷由几十个国家公园相连，其中尤以塞昂国家公园、布赖斯国家公园、拱门国家公园和纪念谷等最为著名。从15号公路转入9号公路，就到了塞昂国家公园。这里的巨石、绝壁和红土山包都值得一拍。从塞昂国家公园转入89号公路，再往东进入12号公路就是布赖斯国家公园。这里最著名的是深壑内耸立的竹笋般的红土塔林，应该多停留一段时间，拍摄早晚光线下的奇岩美景。过绿河转入70号公路就可到达。园内巨大拱门型岩石比比皆是。美国的汽车、摩托车越野赛常在这里举行。旅游旺季时这里的旅馆经常爆满，因此游客要提前做准备。

从191号公路一直往南是印第安保护区，又叫“墨西哥草帽风景点”，从这里到163号公路入口处是一条笔直的大道，路西侧是像纪念碑一般的巨型岩石，故称“纪念谷”。电影《阿甘正传》公路长跑镜头就在这里拍摄，著名摄影家安塞尔、亚当斯的很多黑白佳作也都出自此地。从160号公路向西是鲍维尔湖，如果有时间深入湖内，就可以寻得佳境绝景。北缘在89号公路南端终点，冬季多雪，是拍雪景的最佳地点，南缘为游览胜地。另外，24号公路沿线有数个小公园，可根据时间决定是否游览。

2 寻找印第安人的文明

大峡谷内的四角地区是印第安文明所在地，这里有很多印第安民族留下的崖居遗迹。从211号公路通往“针林”的途中，一个山凹里有块“报纸岩(Newspaper Rock)”，绘满了印第安人的岩画，有动物和其他奇异的图形。专家说这些作品老的有几千年了，近的则只有几百年。人世播迁，不知有多少故事发生过。

大峡谷大名鼎鼎的是纪念谷(Monument Valley)，就在犹他、亚利桑那的边界上。广阔戈壁上散布着台地、柱突和各种造型，远看像桌面上摆的盆景，近看方知个个庞然大物，最精彩的部分必须由本地向导带领才能进入。“太阳眼”、“风之耳”这些岩洞，光听名字就叫人发呆，把它们括入镜头按下快门的瞬间，也体会到印第安人推崇的神圣。

3 悬空玻璃桥

在大峡谷印第安华拉派部落的保留地内，即大峡谷南缘老鹰崖距谷底1200米的高空，有座令人叹为观止的悬空廊桥，桥身为U字形，最远处距岩壁21米。廊桥宽约3米，底板为透明玻璃材质，游客可以行走其上，俯瞰大峡谷和科罗拉多河景观。

4 大峡谷北岸风光最佳

大峡谷北岸风光更佳，因为它的海拔比南岸更高(近3000米)，且景点分散，路途较远，游人只有南岸的1/4，每年的5～10月中开放，没有公交车和旅游车，只得自己开车去，而南岸则全年开放。北岸穿过KAITAB国家森林，完全是北欧的森林草原风光，雨量充沛，年平均降雨量约660毫米。南岸也有片森林，但这里年均降雨量仅400毫米，所以不是北岸那种喜阴的冷杉，而是耐旱的松柏，矮矮的，匍伏在干涸的石山上。无论南北岸，视野都极为开阔，只看到大地起伏、断裂和切割。居高临下，常有种如俯瞰沙盘的错觉，很容易产生君临天下的豪情。

08 化石林国家公园

观光指数：★★★★★　推荐等级：★★★★

化石林国家公园（Petrified Forest National Park）是世界上最大、最绚丽的化石林集中地。

USA全攻略

地 亚利桑那州1-40号公路附近
电 928-524-6228
交 沿1-40号公路直行便可到达
时 夏季7:00～19:00；冬季8:00～17:00

亲历者体验 FOLLOW ME

化石林最美丽的叫做彩虹森林，在零星散落的彩色化石岩林中，有一处景致不可错过，那就是长200米，名为“蓝色弥撒”的环行路两侧山坡的迷人景色。从路中向下俯视，蓝紫色的山丘高矮起伏，营造出一种深处外星球的奇异梦幻的色调。

在化石林地区的“报纸岩”上，可以看到许多古印第安人留下的石刻，石刻的内容包括象形文字、大块砂石上雕刻的各种花纹、巨狮石刻以及人形和含有宗教象征意义的图案。此地的居民曾用化石树做成房屋和桥梁。离玛瑙桥不远有几个瞭望点，极目远望，漫山遍野全是化石树段，不由得让人惊叹大自然的神奇创造力。

进入这里，就可以看见数以千计的树干化石倒卧在地面上，直径平均在1米左右，长度在15～25米之间，最长达40米。在完整的树干化石周围，还有许多破碎零散的化石木块。这些石化的树木年轮清晰、纹理明显，宛如碧玉玛瑙夹杂着片片碎琼乱玉，在阳光之下熠熠发光，使人眼花缭乱，叹为观止。

09 谢伊峡谷国家保护区

观光指数：★★★★　推荐等级：★★★★★

谢伊峡谷国家保护区由东南向西北，蜿蜒纵横。谷中砂岩峭立，保留着大量古印第安人的遗迹，岩壁上、斑驳的雕刻绘画，向人们讲述着当年的辉煌。夏末、整个秋季都是谢伊峡谷最动人的时刻，壮观的峡谷、古朴的岩刻艺术、祥和的印第安村落，宛如一幅自然与人的和谐的画卷，令人由衷地为之感动。

了解点历史掌故

纳瓦霍印第安人是谢伊峡谷的主人，他们祖祖辈辈在此耕种、放牧，至少已居住了400年。其实，早在纳瓦霍人之前，这里就已经是阿纳萨兹人的家园。1880年，一支考古探险队，在峡谷中一处213米高的峭壁下，发现了古印第安人的居穴，其间有两具保存完好的木乃伊。据考证，这个遗址大约从公元300年开始，就已经有人居住。1296年前后，阿纳萨兹人移居到这里，在这里建家立业。

亲历者体验 FOLLOW ME

1 入园的那些事

国家公园设有游客中心，提供游车、观景服务。峡谷依然属于纳瓦霍人，因此进入谷中，必须要纳瓦霍导游陪同，在印第安村落拍照也需征得主人的容许。夏末、整个秋季都是谢伊峡谷最怡人的时刻，壮观的峡谷、古朴的岩刻艺术、祥和的印第安村落，宛如一幅自然与人的和谐的画卷，置身其间，总会令人由衷地为之感动。

2 阿纳萨兹人村落遗址

峡谷中，还有一处有趣的阿纳萨兹人村落遗址，同样吸引了众多参观者，那就是"滑行的屋子"。这个古怪的名字也是纳瓦霍人起的，不过，只要你到了现场，就会发觉它再贴切不过了。这些房屋建造在一个险峻倾斜的岩架上，恐怕最富天资的阿纳萨兹建筑师也不能保证这些墙壁不会移动。

USA全攻略

地 亚利桑那与新墨西哥州界线附近，钦利和191公路以东3.5千米

电 928-674-5500

交 沿191公路行走可到；公园设有游客中心，提供游车、观景服务

时 8：00～17：00

10 死亡谷国家公园

观光指数：★★★★ 推荐等级：★★★★

USA全攻略

地 加利福尼亚州弗尼斯克里克

电 760-786-2331

交 沿着190号公路自驾可达

死亡谷国家公园（Death Valley National Park）里有盐碱地、沙丘、火山口、峡谷、雪山等，有丰富的地质地貌，还有各式各样的断层、峡谷。然而，此地虽然名为死谷，却是美国著名的爱德华空军基地和太空实验的场所，不仅如此，公园内还有众多美景，如金色峡谷、魔鬼高尔夫球场等。

亲历者体验 FOLLOW ME

死亡谷国家公园炎热、干燥，心脏虚弱者应谨慎前往。"Racetrack Playa"是死亡谷国家公园内颇受欢迎的旅游胜地，因为这里的石头会自己移动，最有意思的是，尚未有任何一位科学家能对这一神秘现象给出合理的令人满意的解释。

在死亡谷国家公园野玫瑰山顶小径靠近10个蜂窝状结构的地方，可能会嗅到挥之不去的烟味，此时没有必要惊慌。这只是建于1876年的一个老窑，这个窑炉是用来锻炼银子和铅的，今日已不再使用。

尤里卡沙丘给游客带来令人毛骨悚然的声音，这种声音是自然界的一个神秘现象。盐碱谷里的天然的温泉是当地的Timbisha Shoshone部落的圣地，是一个供人畅游、使人轻松的地方。那里的富有矿质的泉水，充满着碳酸钙，倾向于停止由于岩石有时破裂所引起的上涨。

11 大盆地国家公园

观光指数：★★★★★ 推荐等级：★★★

大盆地国家公园（Great Basin National Park）并不是大片盆地，而是一群高山，最高的山峰惠勒峰海拔高达3980多米。山峰之间是冰川，山腰还有大片大片的积雪，冰川下面连绵着葱郁的雪松。公园内还有冰川时期遗留的冰河，刚针松林和一个溶洞，史前人类的岩画。根据考古发现，史前时代的人类曾经在此居住，他们种植玉米、大豆以及南瓜等植物，同时也在山上进行狩猎活动。

USA全攻略

- 地：内华达州中东部，邻近犹他州
- 电：775-234-7331
- 交：自驾沿488号州际公路可到
- 时：8：00～17：00，夏季适当延长时间

亲历者体验 FOLLOW ME

公园的主要通道是在内华达和犹他州的交界处的Baker往西8千米处，从盐湖城大约有377千米的驾车路程，从拉斯维加斯有460千米的路程，从Reno有620千米的路程，从Cedar City有229千米的路程。从离内华达和犹他州的交界处不远的Baker往西大约有8千米的路程。你可以从盐湖城、拉斯维加斯或Reno乘飞机过来，较小一点的飞机场如内华达的Ely也可。

12 索尔顿湖

观光指数：★★★ 推荐等级：★★

索尔顿湖是加利福尼亚沙漠中的咸水湖，在加利福尼亚州南部。湖原为一盐渍覆盖的低洼地，1905～1906年，科罗拉多河分洪道决口，河水涌入洼地便形成湖泊。湖区游乐区的中心，有游泳、划船和野营设施。湖的最南端在1930年被划定为国家野生动物保护区，此后慢慢成为各种鸟类聚集的地方。

亲历者体验 FOLLOW ME

索尔顿湖有些腥味气，现在湖的东南部已经辟为候鸟保护地，喜欢遛鸟儿的主儿不妨过去一看。湖边的沙滩上螺蛳壳堆集如山，游客可以随意拾捡。

USA全攻略

- 地：加利福尼亚州南部
- 电：760-393-3052
- 交：麦加有火车前往，因奥迪有旅游公交前往

洛杉矶旅游资讯

自助游必须掌握的交通

飞机

洛杉矶一共有5个机场，分别是洛杉矶国际机场、安大略国际机场、范·纳伊斯机场、帕姆代尔地区机场与布班克机场。

大部分的国际班机都会降落在洛杉矶机场。它有8个航站楼，第一至第七航站楼几乎都是美国航空公司的驻地，著名的北美航空公司的班机则集中在汤姆·布拉德利国际航站楼。每个航站楼都有免费的公交车接送，并可以把乘客送至转运中心搭乘至市区的公交。

●捷运：捷运系统无法直接抵达乘洛杉矶国际机场，但是可先搭乘免费机场接驳巴士抵达绿线轻轨系统的Aviation/I–105站，再转乘绿线轻轨到达市区。

●机场巴士：主要来往于机场与市区，车程约45分钟，单程票价3美元。

●出租车：机场所规管的9家出租车可以进出机场。在繁忙时间，过百辆出租车排队等候前往中央客运大楼接载搭客。除出租车外，有些私人出租车也有提供接送服务。从机场到市中心的费用约30美元，但是要加上一点小费。

火车

洛杉矶的联合火车站建于1939年，靠近唐人街，其建筑是一栋非常漂亮的白色西班牙建筑，候车室中的木制横梁加上大理石地板，营造出一种古朴的感觉，因此成为了20世纪四五十年代好莱坞电影中常见的场景。火车站内通红线地铁，郊区火车也由此上车，在此可以到达美国各大城市，电话：800–872–7245/213–683–6979。

汽车

洛杉矶的汽车以灰狗公司的长途汽车为主，其中灰狗公司的总站（213–629–8401）的汽车班次最多，另外还有北好莱坞站、El Monte站、洛杉矶东站和Compton站。

USA小贴士

在美国玩得越久，钱就花得越少，住宿得越久，则可以要求旅馆打折或住短期公寓。而在淡季去旅游或借住在朋友家也是一个省钱的好办法。

市内交通

洛杉矶市内主要有MTA、市中心循环巴士、圣莫尼卡市立巴士、地铁与出租。

●MTA： 是一种非常实惠而且非常方便的巴士，线路的运营地域很大，票价因为时段的不同而不同，一般在5:00～21:00为1.35美元，21:00～次日凌晨5:00为0.75美元，转车的车票为0.25美元，1小时内只能用一次。线路1～99路是以市区为起点的普通线路；100～199路不经过市区，是东西走向的普通线路；200～299路不经市区，是南北走向的普通线路；300～399是1～99线路的快车，只在主要的站点停靠；400～499路是以市区为起点，走高速的线路；500～599路，不经市区，只走高速的线路；600～699路，是在有集会或者有活动时开通的线路。

USA小贴士

在洛杉矶购买固定限期的车票(Metro Passes)可以兼乘MTA和Metro Rail，单周为11美元，半月票21美元，月票为42美元。如果在洛杉矶呆的时间较长，而且经常外出，建议买这样的车票。

●市中心循环巴士： 这是一种很小的巴士，只行走于市区，分为A、B、C、D、E、F线，基本都会到达市内的重要景点，票价0.25美元，A、B、C、D线只在周一至周五运行，E、F线则每天运行。

●地铁： 洛杉矶有5条地铁。分别是红线、蓝线、绿线、紫线与金线，票价一律3美元。红蓝线可以从市区抵达好莱坞与长滩；绿线连接市区以及洛杉矶国际机场；红线在联合车站处与金线相连，前往Sierra Madre Villa，途径唐人街；紫线从联合车站处发，到达Wilshire Boulevard和Western Avenue。

●租车： 洛杉矶市内到处都有租车公司，一般租车费用是每天25～30美元。另外，租车时油箱是满的，因此还车的时候要记得把油加满。还车时，不要超过规定时间1小时，否则就按1天的租金计算。

驴友力荐的住宿地

洛杉矶的住宿设施很多，便宜旅馆一般都在市中心。Crayhound站点周围的很多旅馆一天房费只需13～20美元，灰狗汽车公司周围也有很多便宜的旅馆，但是不能保证被盗等安全问题。洛杉矶西部地区的住宿场所最安全、最干净，只是费用较高。

经济型旅馆

名称	地址	电话	费用
Comfort Inn City Center	1710 West 7th Street	213-616-3000	110美元起
Howard Johnson Hotel LAX	603 Smew Hampshire Ave	213-385-4444	100美元起
Days Inn Hollywood	5410 Holywood	800-381-2935	50美元左右
The Cecil Hotel	640 S.Main Street	213-624-4545	17美元左右一个床位

饕餮一族新发现

在洛杉矶可以品尝到世界各国的美味，其中美国菜味道清淡，主菜以肉、鱼、鸡类为主。热狗和汉堡包是最流行的两种快餐食品，经济而实惠。

因为洛杉矶移民者众多，因此各国美食与各地佳肴应有尽有，越南菜、韩国菜、日本料理、意式料理，还有中国各地的菜肴。

淘宝达人爱去的街店

洛杉矶购物的地方很多，全世界有名的罗迪欧人道到旧衣收购者们聚集的Melrose Ave、还有庞大的购物中心、百货店和专卖店。其中南海岸广场以规模庞大豪华品牌繁多而出名，附近还有很多Oulet连锁店。

●**日落大道**：是洛杉矶最有名的街区，因坐落在好莱坞而备受游人青睐，同时也是洛杉矶年轻人的繁华夜场。日落大道有多家高档店铺，据说明星们也常在此购物。

●**罗德欧街**：是洛杉矶一大高级街区，世界所有一线名牌的最新款式都可在这里看到，好莱坞的明星亦时常出没于此购物。而罗德欧街旁的La Cienega Blvd大街，有超大型的购物中心Beverly Center，从百货商店到电影院，从品牌专卖到高级餐厅都有。

●**老帕萨迪纳大街**：有林立的专卖店，其中的旧衣店更是世界有名，吸引众多人前来淘宝。

●**圣莫尼卡主街**：是古玩店、家具店、装饰品店和各类精品店的聚集地，各种风格的店铺使这里成为各个年龄层次的顾客都爱光顾的地方。

消夜族恋恋不舍的地方

洛杉矶是一个不夜城，每当华灯初上时，这里的生活才刚刚开始。好莱坞大道和日落大道聚集了洛杉矶所有的新潮人士向往的生活，而在洛杉矶的市内，还有众多的剧院、酒吧、夜总会以及电影院，而这些场所，也经常有好莱坞明星出入。

酒吧

名称	地址	电话
The Big Foot Lodge	3172 Los Feliz Bivd	323-662-9227
Red Rock	8782 Sunset Blvd，West Hollywood	310-854-0710
Little Cave	5922 N.Figueroa St.	323-255-6871
Gas Lite	2030 Wilshire Blvd，Santa Monica	310-829-2382

6

美国最热门的旅游圈

San Francisco 旧金山

旧金山是不少中国人最早知晓的美国城市，它又叫圣弗朗西斯科或三藩市，“圣弗朗西斯科”是1847年墨西哥人以西班牙文命名的。1848年这里发现金矿后，移民蜂拥而至。从19世纪开始，许多华人作为“契约劳工”来此挖金矿，修铁路，备尝艰辛。此后大批华工在这里安家落户，他们称这座城市为旧金山。如今的旧金山，是美国西部重要的海港城市，金融、贸易和文化中心。

美国最热门的旅游圈

San Francisco 旧金山

旧金山市内景点

01 联合广场

观光指数：★★★★★

推荐等级：★★★★★

联合广场指的是位于邮政街、史塔克顿街、基立街和鲍尔街之间，经常举行画展、跳蚤市场等各项活动，活动期间有漆成紫色的女乞丐、绿色的妖婆和橘红色的精灵来凑热闹，加上广场周围名店云集，所以这里成为了人们聚集的地方。广场周围的圣法兰西斯大酒店历史悠久，建筑壮丽。

USA全攻略

地 旧金山市中心

交 联合广场是纽约的一个交通枢纽，因此有很多车到达

了解点历史掌故

这座广场是旧金山的基立（Geary）市长在1850年献给这座城市的礼物，因为它在美国南北战争时期，曾身为一系列有关“联邦统一会议”的地点，所以被取名为“联合广场”。这座广场的设立虽与战争毫无关系，但立在广场中央圆柱顶端的胜利女神雕像，却是为了纪念在美西战争中于马尼拉湾得胜的海军上将杜威（Dewey）而建的。

亲历者体验 FOLLOW ME

广场旁的“圣法兰西斯大酒店”历史悠久，建筑壮丽，曾在许多好莱坞电影中露过面，也曾招待地知名人士，如英国女王、麦克·阿瑟将军、马丁·路德·金、约翰·肯尼迪总统、秀兰·邓波儿和英格丽·褒曼等等，这家酒店不但房间古雅舒适，而且招待亲切有礼，今天的它已经不只是一家旅馆，而且已晋升为旧金山的地标之一了。

酒店内名店街所卖的名贵珠宝昭示着当年的时尚，而大厅中的小酒吧“罗盘玫瑰”（Compass Rose）大概是旧金山人气最旺的聚所之一，所供应的下午茶精致诱人，虽然每客要价21美元，照样大排长龙。它的酒单很出色，供应香槟、鱼子酱和高级伏特加，晚上还有现场音乐演奏，花10美元在这里喝一杯酒，就可想象上流社会人士的生活。

02 渔人码头

观光指数：★★★★★　推荐等级：★★★★★

渔人码头（Fisherman's Wharf）过去曾是意大利渔夫的停泊码头，如今已是旧金山最热门的去处，终年热闹非凡，很多游客都会到这里享受一顿新鲜美味的海产宴。渔人码头的标志是一个画有大螃蟹的圆形广告牌，找到了“大螃蟹”，也就到了旧金山品尝海鲜的首选地点——渔人码头。在码头附近还有海洋公园博物馆等。

USA全攻略

地 海岸线和Beach街之间

交 乘坐9、15、25、30、32、39、42、45路公交可到，也可以乘坐鲍威尔-梅森线、鲍威尔-海德线缆车到达

了解点历史掌故

渔人码头的历史可以追溯到19世纪50年代。当时，一位商人为了方便自己的木材生意，在这里修建了一个170平方米左右的码头。没想到，码头刚一建成，就引来众多劳工，廉价的餐馆与酒吧也纷纷落成，生意十分火爆。那一时期，活跃在渔人码头的多是意大利移民，他们的淘金梦破灭后，凭着一手捕鱼的好技术，把渔人码头办成了旧金山水产品的集散地。自20世纪60年代以来，渔人码头的渔业特色渐渐地被旅游业所取代，70年代还有300艘渔船的捕鱼船队，如今也只剩下不足一半，其中能正常出海的也只有1/3。尽管如此，码头上，渔民卸货的气氛一如当年。

亲历者体验 FOLLOW ME

1 在美食中游览

到渔人码头，第一件要做的自然是吃。蟹是这里最多见最出名的海产，尤其是11月至次年6月的丹金尼

斯大海蟹（dungeness crab），搭配法式酸面包同吃，是渔人码头的地道美味。一路吃过海鲜摊档的同时，还可顺带参观渔人码头的几大景点。

2 渔人码头最热闹的地方

39号是渔人码头一带最热闹的地方，在这儿的露天广场可以看到各种街头艺人，开心之余不要忘记放小费哦。39号码头的水底世界(underwater world)有各种水生动物，可从自动步道观赏头顶玻璃之上的海洋世界。不过39号码头最有名的，就是中午常常可以看到的海豹晒太阳，成群的海豹趴在石头和专置的木板上，它们可是渔人码头最闪耀的明星呢。

3 购买渔人码头套票游览

渔人码头套票（fisherman's wharf pass）成人61美元，儿童（5～11岁）38美元，3天内有效。套票包括1小时的红白舰或蓝金舰海湾巡游、敞篷双层巴士或格雷线缆车的城市观光游、到渔人码头的双层观光巴士两天免费搭乘、渔人码头多个可选景点以及各种购物餐饮优惠。

03 九曲花街

观光指数：★★★★ 推荐等级：★★★★

从浪巴街到利文街这一段是一个大下坡，市政当局为了防止交通事故，特意修筑花坛，车行至此，只能盘旋而下，时速不得超过8千米，因此有“世界上最弯曲的街道”之称。现在，车道两边的花坛里种满了玫瑰，街两边家家户户也都在门口养花种草，花开时节，远远望去，犹如一幅斜挂着的绒绣，非常漂亮。而早晚在这里散步，也能一件浪漫的事情。

USA全攻略

地 浪巴街到利文街

交 自驾前往，也可以搭乘鲍威尔-梅森线缆车在九曲花街站下到达

亲历者体验 FOLLOW ME

九曲花街很长，在Hyde街与Leavenworth街之间的一个很短的街区，却有8个急转弯，因为有40°的斜坡，且弯曲像“Z”字形，所以车子只能往下单行。来到旧金山，游客大多要来这里考验一下自己的驾驶技术。在花街高处还可远眺海湾大桥和科伊特塔，如不开车，可顺着花街两旁的人行步道，欣赏美丽景色。

★不到花街等于白去了旧金山

花街是旧金山人的骄傲，如果到了旧金山，而不去花街是非常遗憾的。在旧金山，游客乘坐缆车时，司机一定会提醒：“花街到了，还不下去看看？”如果你不知道什么是花街，司机会大笑着说：“你竟不知道花街？这是世界上最弯曲的街道，你看看，那些排队的车都等着到上面开一段呢！”

04 诺布山

观光指数：★★★★ 推荐等级：★★★

诺布山(Nob Hill)是旧金山市中心最高的一座山，除了大酒店和教堂，聚居着许多上流社会人士，在杭廷顿公园里散步小憩的人，大多是衣冠楚楚的仕女，多半还牵着一只长毛小狗，一起享受着加州的晴空丽日，这和北滩华盛顿公园里衣衫褴褛的游民相比，完全是两个不同的世界。

了解点历史掌故

当第一部缆车在1878年直达这座山坡时，就有2位因淘金而致富和2位因太平洋铁路而发迹的大亨，在山上盖起了美轮美奂的巨宅。但是这些豪宅都在1906年的大地震中毁于一炬，今日取而代之的是豪华的旅馆和美丽的教堂。

USA全攻略

地 旧金山诺布山

交 乘坐1、12、30、45、83路公交可到，也可以乘坐鲍威尔−梅森线、鲍威尔−海德线缆车到达

亲历者体验 FOLLOW ME

沿凡尼斯大道再往北走，街道会渐渐地出现了坡度。再往上攀越几个街区，就进入了诺布山。诺布山遍布着众多的咖啡店、旅店、餐馆和艺术画廊，踱进两旁狭长的小街，几乎每分钟都有新奇的街景和别样的情趣落入眼帘。很多的艺术画廊只有很窄小的门面，但是当你步入其中的时候，你才知道曲径通幽的含义。各式的油画、雕塑、古玩，应有尽有，让人看得眼花缭乱，兴意盎然。

05 北滩

观光指数：★★★★★ 推荐等级：★★★★

北滩有许多意裔移民居住，能让人感受到旧金山式的意大利风情。早上的北滩非常安静，但中午过后，这里就渐渐热闹起来，黄昏以后，就是北滩最热闹的时候，很多酒吧、夜总会在夜色中流光溢彩，吸引着过路的行人。在北滩，白天可以坐在咖啡或餐厅的露天座位上，享受咖啡、意大利面和蛋糕，晚上可以在酒吧尽情放纵。

USA全攻略

地 旧金山北滩

交 乘坐公交15、30、39、45路公交可到

亲历者体验 FOLLOW ME

在北滩，到处是意大利餐馆，虽然没有国内的餐馆夸张豪华，但各有风味。Rose Pistolat餐馆在北滩赫赫有名，以前的老板兼厨师Reed Hearon在旧金山餐饮界大名鼎鼎，另外还开了两家LULU和墨西哥餐馆Cafe Marimba也非常有名。一边吃，一边看大厨的高超手艺，是这里的一个特色。这里的炭烤披萨最负口碑，也是许多人的最爱。这里的饭后甜点巧克力布丁蛋糕(Chocolate Budino Cake)，评为全世界80种最佳点心。这里周末9：30开始有爵士乐演奏，是夜猫子流连北岸区的一个落脚地。

06 金门大桥

观光指数：★★★★ 推荐等级：★★★★★

金门大桥是世界著名大桥之一，被誉为近代桥梁工程的一项奇迹。桥长达2780米，两端有两座高达227米的塔，黄色的桥梁两端矗立着钢柱，用粗钢索相连，钢索中点下垂，几乎接近桥身，钢索和桥身用一根根细钢绳连接起来，使桥显得朴素无华而又雄伟壮观，为了纪念设计者史特劳斯，人们把他的铜像安放在桥畔。

USA全攻略

地 普雷西迪奥101公路

电 415-921-5858

交 乘2、4、8、10、18、20、28、29、50、72、80路公交可到

亲历者体验 FOLLOW ME

桥两端临海湾的一侧设有观景台和停车场，托尔广场边设有一大型的礼品店。桥上风很大，桥的两侧设有约1.2千米长的步行道，供行人与脚踏车通行，往返需要1个小时。金门大桥有3个看点，第一个是桥身南侧的尖兵堡Fort Point，第二个是在靠近莎萨利托的观景点Vista Point，第三个是大桥另一边靠西的了望台Battery Spencer都是观景的好地点。

07 现代艺术博物馆

观光指数：★★★ 推荐等级：★★★★

现代艺术博物馆（Modern Art Museum of San Francisco）是美国西岸第一座专门收藏现代艺术的博物馆。在这个外立面铺有红褐色调的面砖，有着巨大天窗、圆塔的博物馆内，收藏着20世纪具代表性的西方艺术家的作品，如“野兽派”的法国画家马蒂斯、

“普普画派”的美国画家安迪·沃荷、墨西哥女画家弗莉妲·卡荷洛等人，另还收藏如名画家理查·狄班孔等加州本地杰出画家的画作。

USA全攻略

地 第三街151号

电 415-357-4000

交 乘坐5、9、12、14、15、30、45等路公交可到，也可能乘坐J、K、L、M、N路有轨电车前往

时 周四11：00～21：00；周五至下周周二11：00～18：00

亲历者体验 FOLLOW ME

旧金山现代艺术博物馆展出的内容可分“历史与回顾”、“20世纪收藏”、“美国现代艺术”和“青年与未来”4个部分。在“历史与回顾”部分，可欣赏到反映旧金山早期面貌的美术和摄影作品。其中有几幅反映当年华人在旧金山生活的摄影作品，画面真实而清晰，让人震撼。

了解点历史掌故

旧金山现代艺术博物馆是马里奥·博塔最早设计的博物馆，也是他在美国的第一个作品。当初在设计成功时，一度引起了很多争议。这个建筑本身并不是非常难看，但是很多建筑师认为，作为一个博物馆，设计过于华丽，反而降低了博物馆的内涵，有喧宾夺主的味道。虽然如此，但是很多人认为这是一个标志性现代建筑的经典。

旧金山周边示意图

旧金山周边景点

01 里诺

观光指数：★★★ 推荐等级：★★★

里诺（Reno）是美国华达州西部的有名城镇，在20世纪20年代一直到50年代，这里都有着“世界上最大的小城”之称，更有着“世界离婚之都”之名。市内的国家汽车博物馆是全美汽车藏品最齐全的博物馆，从早期的名牌汽车到20世纪60年代的高速马达汽车都有。

USA全攻略

地 内华达州里诺
电 800-444-4445
交 南弗吉尼亚街4590号有飞机、火车与公交的信息

亲历者体验 FOLLOW ME

弗吉尼亚街大桥在“里诺离婚”的历史上有着非凡的意义，因为刚刚离婚的女士都要站在桥上，把结婚戒指扔进汹涌的特拉基河水里，一桩婚姻就此了结。还有“银州小屋”，那是为众多的即将再次成为单身的人准备的临时住处。此外，建于1927年的里诺离婚小木屋独具特色，小屋从墙壁到天花板都是圆木做的，每个小屋根据其建造的树木来命名，比如橡树屋、三叶杨屋、柏树屋、松树屋、榆树屋等。这种屋子冬暖夏凉，价格非常昂贵。如今，这些小屋有的被作为历史古迹保护起来，有的则向怀旧的人开放，能够有机会住上当年的离婚小屋也是一件幸事。

了解点历史掌故

20世纪上半叶，离婚是不光彩的事。但是在里诺，有一种“无责任离婚”，离婚无需理由，只要住够规定的时间，交一定的费用就可离婚。所以，成千上万的美国人为了顺利离婚而蜂拥至此，使这个城市名噪一时。后来，由于这里离婚居住期的缩短，前来离婚的人川流不息，以至于有人找不到住房，从而使特拉基河两岸形成了一排排“离婚帐篷”的风景。

02 卡梅尔

观光指数：★★★★ 推荐等级：★★★★★

USA全攻略

地 加利福尼亚州卡梅尔
电 831-626-1424
交 可以在蒙特雷-萨利拉斯运输处乘车前往各处

卡梅尔（Carmel）是一个较为富裕的旅游胜地。镇上不仅商店、画廊云集，还拥有壮美的海滩，此外也有很多文化盛事，如巴赫音乐节。离城镇不远的卡梅尔传教所是加州21座传教所中最重要的一所，由加州传教之父胡尼佩罗·塞拉建立，建筑是哥特式尖拱，装饰华丽，是所有传教所中最出色的。

亲历者体验 FOLLOW ME

卡梅尔的滨海大道(Ocean Avenue)以及周边小巷的店面是游客必到之地，滨海大道上全是商店，珠宝店、古董店、艺术品店、服饰店、画廊、餐馆等等，每一家商店从外型到商品都独具风格，使人流连忘返。看似此路不通的羊肠小巷，有些非常低调又给人惊喜的小店。如果只为到此一游，顺便选选东西，两三个小时便可逛完。若要领略它的精髓，并挨间挨铺细细逛、慢慢品，可能一整天都不够用。

了解点历史掌故

卡梅尔是1906年因旧金山地震才建的，当年许多艺术家失去家园后，来到距旧金山两小时车程的这里定居，所以风景宜人的卡梅尔人文气氛也相当浓郁。全美国的文艺界人士都纷纷来此寻找心中的“净土”。如诗人乔治·斯特林、作家杰克·伦敦等。1969年国画大师张大千也慕名到此居住多年，并给自己的居室命名为“可以居”。据说当地环境对张大千的画风也有影响。

卡梅尔奇特的法律

卡梅尔有条奇特的法律：女士穿高跟鞋必须提前向市政府申请许可证。这条法律是20世纪80年代通过的。因为卡梅尔依山靠海，地势崎岖不平，几乎没有一块平整的土地。不仅许多女士常常因穿高跟鞋而崴脚，高跟鞋和地面撞击的声音也有损于小城的安宁。

除了限穿高跟鞋，卡梅尔还禁止在酒吧里现场表演音乐，禁止张挂霓虹灯，禁止安装停车计时表。连家家户户门口也不编门牌号，而是“凯蒂的家”，“鲍勃之屋”等人性化名词，所有这些措施都是为了保护小城与自然和谐的氛围。

03 大苏尔

观光指数：★★★★★　推荐等级：★★★★

USA全攻略

地 加利福尼亚州1号公路

电 831-667-2100

交 可以在蒙特雷-萨利拉斯运输处乘车前往各处

大苏尔(Big Sur)是美国国家地理杂志评选出的人生50个应去的地方之一，它本身是美国一号公路的其中一段，但这段路是盘山海岸线，峰回路转、景色绝美。这里海深浪大，怪石嶙峋，有很多种珍稀动、植物栖息或生长在此处。沿途的7个州立公园为游客提供了良好的户外休闲场地，是徒步、垂钓、冲浪、骑车及野营爱好者的天堂。

亲历者体验 FOLLOW ME

1 大苏尔的知名地标

Rocky Point是大苏尔（Big Sur）的知名地标，这家同名餐厅因其观赏海景的绝佳开阔视野而独树一帜。餐厅招牌比路标大那么多，指向一条直直向下、通往海滨的小道，许多人都会在这里喝杯咖啡或是吃上一顿饭。

2 在大苏尔应注意什么

一般说起大苏尔，并不是指一号公路途中位于丛林里的Big Sur小镇，而是指从卡梅尔到圣西门之间大约90英里的Big Sur区域，这里是加州最危险的公路路段之一，欣赏风景的朋友一定不要同时一心二用。一号公路沿途几处国家公园、近海沙滩和露营地，从那些不起眼的岔道口下行，还会有另一番别样洞天。

04 赫斯特城堡

观光指数：★★★★ 推荐等级：★★★★

赫斯特城堡是加州最豪华的城堡，它的主人威廉·伦道夫·赫斯特是美国20世纪二三十年代的传媒业大亨。城堡修建在山顶上，历时28年才完工，极尽奢华之能事，湛蓝透明的室内外游泳池是整个城堡的点睛之作，游泳池底由马塞克拼成海底动物图案，池岸用纯金镶嵌；室外游泳池四周是洁白的大理石石雕，配着瓦蓝的池水，相当华丽。城堡内的家具、挂毯、绘画、雕塑、壁炉、天花板、楼梯甚至整个房间，都是艺术珍品。

USA全攻略

- 地 加利福尼亚州赫斯特城堡路750号
- 电 800-444-4445
- 交 自驾沿赫斯特城堡路走可到
- 时 8:00～16:00

亲历者体验 FOLLOW ME

堡内有位颇有大管家风度的导游，他首先宣布了若干参观纪律——在室内只允许在专供参观者行走的狭窄地毯上行走，不允许踏到地毯外，室内不准用闪光灯，以免损伤文物等。

了解点历史掌故

赫斯特城堡的主人赫斯特是20世纪前半叶美国的媒体巨头，鼎盛时期每天有1/6的美国人看他的报纸，到休息天看报的人会再增加一倍。他不仅缔造了自己的报纸与出版王国，还拥有电影制片厂。城堡里面有自己的电影院，赫斯特喜欢的电影会大力宣传，不喜欢会毫不留情的停掉。迪斯尼的一部电影拿到这里来给赫斯特看，当时迪斯尼远没有今天的成就，胆怯的不敢和他说话。赫斯特逝世几年后，他的子女把这座城堡连同巨大的庄园全部捐献给国家，成了今天的博物馆。

05 弗吉尼亚城

观光指数：★★★ 推荐等级：★★★★

USA全攻略

地 内华达州弗吉尼亚城，游客中心在南C街86号

电 775-847-0311

弗吉尼亚城在19世纪时曾拥有美国最大的银矿，从那时起，城市就迅速发展，成为了芝加哥和旧金山之间最大的定居点，并招来了大作家马克·吐温。现在的弗吉尼亚城完整地保留了西部小镇的特色，一些标志性的符号处处可见，如沿街的带屋顶的走廊，木制的双开店门，木制的店牌，家庭作坊式的巧克力店等。

了解点历史掌故

1861年秋～1862年夏，一个名叫萨缪尔·兰弯·克里曼斯（Samuel Langhorne Clemens）的年轻人来到这片淘金乐土，加入了当时西部的“淘金潮”，他就是后来的大文豪马克·吐温。1863年，28岁的他首次采用“马克·吐温”这个笔名，担任当时内华达州的第一份报纸《事业报》的记者和专栏作家，写通讯报道和幽默小品。由于在社论中骂人，使他卷入了决斗，之后被赶出了内华达。后来，马克·吐温将他在内华达州的冒险经历写成了脍炙人口的半自传体著作《苦行记》，成为19世纪淘金热时期美国西部奇迹般繁荣的写照。

亲历者体验 FOLLOW ME

踏进弗吉尼亚城，会以为误入了影视拍摄基地，一间间百年的商店、客栈、酒馆外貌依然古旧，可里面却变成博物馆，而所有的展品绝少仿制，件件都是真品。在这个拥有一百多年历史的西部城镇体验西部风情是最好不过的了，你可以追随当年拓荒者的足迹，或者是乘坐供游客使用的蒸汽火车穿越康斯塔克矿区旧址中心地带，走访仍然保有当年采矿鼎盛时期风光的城镇，而且在弗吉尼亚城中心还有一家集纪念馆和书店功能于一体的“马克·吐温”书店，保留着这位文坛巨人当年在此办公的桌子及一切他所用过的东西。

同时可以游览

克森城

地 内华达州克森城

电 775-687-7410

交 南卡森街1900号有汽车的信息

蒙特雷

地 加利福尼亚州蒙特雷

电 831-648-5350

交 泰勒街、珀尔街和曼勒斯街有飞机与公交的信息

圣克鲁斯

地 加利福尼亚州圣克鲁斯

电 831-425-1234

交 太平洋街920号有飞机与公交的信息

旧金山旅游资讯

自助游必须掌握的交通

飞机

旧金山国际机场（650-821-8211）位于圣布鲁诺，可直飞美洲、欧洲、亚洲以及澳州的各大城市。每周，北京都有飞机飞往旧金山国际机场。2008年6月，美国联合航空公司开通了广州到旧金山的直航航线。

旧金山国际机场共有4个航站楼，从中国来的旅客都会在国际航站楼出港，然后到达市区。

●**快速列车**：从旧金山国际机场到达市区，可以乘坐旧金山港区交通管理局的快速列车到达旧金山市，时间只需半小时，票价7美元左右。

●**公交**：从旧金山国际机场到达市区的公交24小时都有，而且每个航站楼内都有车站，票价3美元左右，老人与孩子还有适当的优惠。

●**出租车**：旧金山国际汽车站的出租车就停靠在每个航站楼领取行李的位置，到达市区约半个小时时间，车费37美元左右。

火车

旧金山有两家铁路公司运营，Caltrain铁路公司主要负责旧金山半岛地区的铁路，将旧金山与周边的城市连在一起；美国国铁则运营从奥克兰到达旧金山的主要铁路。

汽车

旧金山的长途客车从米申街的越湾总站发车。其中，灰狗长途客运运营旧金山到全美各地的公路路线。另外，还有一家绿龟客运，虽然速度较慢，但比较便宜，而且路线也很多。

市区交通

旧金山市内的交通主要有缆车、地铁、电车、公交巴士等。

●**缆车**：缆车主要作为游览观景之用，停车站牌通常在公交站牌附近，票价每人3美元，运营时间4～9月10:00～18:00；10月～次年3月10:00～17:00。

●**无轨电车**：也叫MUNI，是旧金山最便宜的交通工具，票价1.5美元，可在90分钟内免费换乘无轨电车，非常经济，主要路线有42、38、30、5、1号线。

●**地铁**：旧金山的地铁有6条路线，分别是J橘线、K淡蓝线、L紫线、M绿线、N蓝线、T红线。

●**电车**：在旧金山市内有以观光为主的电车，F线在渔人码头和Castro区之间行驶；E

线在渔人码头与Caltrain Depot之间使用。

公交：旧金山市内共有16条电动巴士线路及55条其他巴士线路。所有巴士除了缆车外均有编号及名称，如F Market、1 California等，字母代表电车，数字编号代表公交，还有在凌晨行驶的Owl，24小时行驶的5Fulton、14 Mission等。

USA小贴士 无轨电车、公共汽车发行一日、三日、七日票，可在指定日内无限制使用，分别为6美元，10美元，15美元。也可以一次买10个汽车代币8美元，节省2美元。这些票在各缆车站和中国城的商店、书店出售，使用便利。

驴友力荐的住宿地

旧金山的酒店和其他住宿设施可以让不同品位、不同消费能力的游客满意。但是，旧金山是一个很繁忙的城市，一定要提前预定好酒店，不然就不能住上自己喜爱的酒店。

中高档酒店

名称	地址	电话	费用
汉得丽联合广场酒店	351 Geary St.	415-781-7800	190～200美元
佛罗伦萨酒店	225 Powell St.	415-397-7700	200美元起
车匠酒店	524 Sutter St.	415-421-2865	170美元起

经济型旅馆

名称	地址	电话	费用
旧金山国际青年旅社	312 Mason St.	415-788-5604	24美元起
国际城市中心旅馆	685 Ellis St.	415-474-5721	23美元起
西汉酒店	620 Sutter St.	415-775-6500	70～160美元
渔人码头国际青年旅社	Fort Mason, Bsilding 240	415-771-7277	24美元起

USA小贴士 旧金山任何住宿地的住宿费用不含早餐，很多旅馆如果没有信用卡，订房时可能会被拒绝，所以要带好信用卡；从苏玛区、市政中心到艾迪街Eddy St.一带的住宿地，治安较差，如果选择这附近的饭店，晚上要尽量避免外出。

饕餮一族新发现

因为旧金山有许多移民，不同国籍的移民各据一方，形成了一个个小国度，充满异国风味的餐厅孕育而生，除了原汁原味的加州料理之外，还有很多异国料理。

要品尝新鲜的海产，就要到海鲜宝库渔人码头，在靠近渔人码头标志周围成排的摊位上可以买到速食海鲜、如海鲜三明治、水煮螃蟹等；意大利社区“北滩”，自然就是品尝意大利餐点的不二之选；在唐人街，中式餐厅多不胜数，除了晚餐外，这里的早点也相当丰富且精致。

另外，旧金山的俄国菜、日本菜、柬埔寨菜、韩国菜以及希腊菜、瑞典菜都非常正宗。

淘宝达人爱去的街店

旧金山的购物区在联邦广场和周围的街区，那里有梅西和尼曼玛库斯等大型商场，也有恩波西里阿马尼、蒂范尼和萨克斯第五街等专卖店。渔夫码头和唐人街的商品应有尽有，另外，联邦大街、海斯谷或海特–阿什伯里等商业街也非常不错，有很多特色小店，能买到一些创意十足的东西。

艺术品是旧金山的购物热点，画廊、古玩店和各类精品店，值得一逛。意大利风味的北摊有不少精品店，此外，嬉皮街的店铺则更为风格鲜明，还有不少怀旧色彩强烈的嬉皮风味店铺，年轻化的知名服饰品牌也纷纷在此设店。

旧金山市郊的Gilroy是大型的Outlet（厂家直销折扣店），品牌众多，商品数量更是数不胜数，绝对是对购买折扣商品的好地方。

消夜族恋恋不舍的地方

旧金山是美国的大都市，一个灯红酒绿的欢乐之城。市区有数家规模宏大的电影宫，每年4、5月的“旧金山电影节”是全美历史最悠久的电影节，届时必定有众多佳片可以观看。

喜欢热闹地方的人可以选择去旧金山的酒吧。Café Du Nord是旧金山最好的爵士音乐酒吧之一，以低廉的价格、各种秀和表演吸引了许多年轻人。

喜欢高雅娱乐方式的大可以选择去旧金山的剧院欣赏芭蕾、歌剧、古典音乐或是交响乐。每年的2～5月是芭蕾的演出季节，世界级的旧金山芭蕾舞公司会在市政中心的战争纪念歌剧院演出。

旧金山有自己的橄榄球队、棒球队、NBA球队，对于那些喜欢体育运动的人来说，去现场观看比赛肯定是最佳的选择。

7

美国最热门的旅游圈

Seattle 西雅图

西雅图早先是印第安人聚居地，其名称来自一名印第安人酋长。随着阿拉斯加掀起淘金热，西雅图成为众多淘金者的必经之地，这座城市因此得到迅速发展。1889年，西雅图遭遇火灾，大部分市区被焚毁，但不到一年，西雅图人就在废墟上重建了新城。如今的西雅图，已经发展成为美国西北部商业、文化与高科技中心及主要旅游和贸易港口城市。

美国最热门的旅游圈

Seattle 西雅图

Seattle 西雅图 西雅图市内景点

01 拓荒者广场

观光指数：★★★★
推荐等级：★★★★★

拓荒者广场（Pioneer Square）是西雅图的旧区，有许多相当“年轻”的古迹，如拓荒者大楼，保存了20世纪30年代西部风格的酒吧，以及艾略特潘书局。广场上的其它商店，在柔和的灯光映照下，也令人感受到怀旧典雅的情调。广场上的国立克朗代克淘金热史迹公园，集大量文物、雕塑及放映电影为一体，让游人缅怀一下当年的历史，因而成为最吸引人的景点。

USA全攻略

地 林阿拉斯加路和耶斯勒鲁，第2街和金南街
电 206-220-4240
交 15、18、21、22、56等路公交可到，也可以乘地铁到达奥克西登塔尔公园下
时 9:00～17:00

了解点历史掌故

拓荒者广场上有一根图腾，原是1890年从阿拉斯加的Tlingit印地安部落偷运来的。在西雅图大火烧毁之后，西雅图政府曾经将毁坏的图腾连同一笔经费运给Tlingit部落，请他们代为修补这根图腾。但是经费收走后却没有下文，因为他们认为这笔钱不过是赔偿图腾被盗的费用。后来西雅图政府才又筹了另一笔经费向他们购买图腾，也就是现在所看到的这个图腾。

亲历者体验 FOLLOW ME

1 参加"地下之旅"

在拓荒者广场参加热门行程"地下之旅"，是了解西雅图历史最快的方式。在旅程中，可以看到当初的饭店、百货商场和厕所，甚至厕所里面的马桶，地下街道的灯光灰暗又潮湿，进入眼帘的是蜘蛛网、灰尘、老旧毁坏的水管和倾倒的墙面……走在这时光隧道般的历史中，让你感到百年光阴如此之短，短的伸手便可触及。

2 随意地去逛逛

走在西雅图历史发源地的拓荒者广场，古老的书店，露天咖啡座，风味小酒吧和现代化的高楼林立，艺廊古董店及各式异国情调的餐厅，铺陈出一幅极为知性的气氛，在优雅的闲情下，不妨随意逛逛拓荒者公园及行人步道区，细细品味古曲与怀旧的西雅图。到了夜晚，可到拓荒者广场上的一流酒吧，释放热情，因为这里有个性爵士乐手及装扮入时的青年男女。

02 派克市场

观光指数：★★★　推荐等级：★★★★

派克市场（Pike Place Market）拥有百年的历史，是西雅图历史悠久的农贸市场，其中的鱼市更是世界闻名。市场内，餐馆、咖啡馆、酒吧有超水准的演出，在好莱坞电影《西雅图不眠夜》中，男主角与友人倾吐心事的餐厅，就是品尝鲜美食物的好去处。此外，市场有曾被评为"全世界十大酿酒厂之一"的啤酒屋，每天提供自酿的招牌啤酒。

USA全攻略

- 地 临派克街和弗吉尼亚街，从第1街道西街
- 电 206-682-7453
- 交 乘15、18路公交可到
- 时 周一至周六9:00～18:00；周日11:00～17:00

了解点历史掌故

市场门前地上有4个汉字，中国人看不懂是什么意思。据说早在1907年，西雅图的农民、渔民为了避免中间商的剥削，将自己捕获的渔产和栽种的蔬果运送到这里来出售，于是这个小市集逐渐发展成为交易市场，当时西雅图的农夫和渔夫有半数来自日本。所以，这4个汉字应该是日语。

亲历者体验 FOLLOW ME

1 不可错过“快乐鱼市”

走进市场，迎面的卖鱼摊位就是著名的“快乐鱼市”。一接近它，就可以感受到鱼贩们的快乐情绪，他们高声吆喝着、呼喊着。“飞鱼秀”是这个摊位的传统节目，大鱼、螃蟹、龙虾等，在鱼贩们的手中飞来飞去，一派热闹场面。似乎这些鱼贩们不是在卖鱼，而是在争先恐后地展示各自的“飞鱼”才华！

2 随意地走走

在市场里，最惬意的是随意行走。在手工艺品摊上可以淘到心仪的礼物，无论是送给朋友或是自己用都很不错；这里有很多有特色的小店，让人一次又一次的惊喜；各种餐馆和酒吧可以让你在里面流连忘返。中餐馆已经在市场经营了20多年，可以看到海边的景色，里面的食物很是丰富，还能找到粽子，麻球，春卷等小吃。

03 西雅图艺术博物馆

观光指数：★★★★　推荐等级：★★★★

USA全攻略

地 1300 1st Aue
电 206-654-3100
交 乘坐41、71、72、73路公交可到

西雅图艺术博物馆（Seattle Art Museum）设立于1933年6月23日，收藏了2.3万件物品，从古埃及的浮雕到非洲木雕，从古代油画到当代画家的作品都有。博物馆的建筑也非常有艺术，入口处就可以见到一座巨大的雕像，建筑的材料是石灰石和砂岩。此外，博物馆还包括位于皮埃尔希尔志愿者公园的西雅图亚洲美术馆和位于滨水区的奥林匹克雕塑园。

亲历者体验 FOLLOW ME

雅图艺术博物馆就位于西雅图市中心，参观有许多注意事项：如果携比较大的包入馆，是需要接受检查的；画廊里不能带进食物和饮料，无意中带进去一瓶矿泉水会被管理员提醒；在博物馆里不能用手碰任何艺术品，画廊里是不允许照相，手机也仅仅只能接电话。

了解点历史掌故

此博物馆设立于1933年6月23日，原建筑属于装饰艺术时期风格（Art Deco），坐落于义工公园（Volunteer Park）中。后来，西雅图艺术学院的校长理察·富勒和他的母亲玛格丽特·富勒捐给了市政府。主要的收藏在1991年12月移到了城中区，旧的史迹建筑则成立了西雅图亚洲艺术博物馆（Seattle Asian Art Museum）。

04 西雅图中心

观光指数：★★★★　推荐等级：★★★★

西雅图中心（Seattle Center）是为举办1962年的世界博览会而建造的，包括太空针塔、文化表演和贸易展、儿童博物馆以及狂欢的摇滚音乐博物馆，周围还有许许多多的餐厅。其中的太空针塔是最引人注目的景点，它是Western国际饭店总裁Edward E. Carson为当年博览会所设计的重点建筑，其奇特的造型就像"一个飞碟立在细细长长的金属上面"，非常前卫。

USA全攻略

地 临丹尼路和第一街北，默瑟街和布罗德街

电 206-684-7200

交 乘单轨铁路到西雅图中心，也可以乘坐2、3、4、16、17、24、33等路公交到达

亲历者体验 FOLLOW ME

1 不可错过太空针塔

太空针塔是西雅图最热门的旅游景点之一，在距离地面158米处是观景台和旋转餐厅。搭乘透明电梯从地面到观景台只需40秒钟，登上观景台可以俯瞰西雅图360°的全景，包括Mt.Rainier，Puget Sound和漂亮的湖泊等。人们常说到西雅图没有到过太空针塔，就像到巴黎没有到过埃菲尔铁塔一样。

2 乘坐单轨铁路的乐趣

如果不想乘公交车去市中心的话，搭乘单轨铁路还是挺方便的。它在Seattle Downtown的终点是Westlake Center，这是一座很大的购物中心，从那走到Pike Market Place和码头只需10分钟左右。另外从空中观看西雅图的市容，街道和建筑也是别有一番风味的。

尤宁湖区机场总站
昆安妮希尔Queen Anne Hill
科幻小说博物馆
西雅图摇滚音乐博物馆
基阿雷纳
西雅图中心Seattle Center
Travelodge by the Space Needle
宇宙针瞭望塔
Best Western Exevutive Inn
Best Wetern Loyal Inn
Travelodge City Center
Ramada Inn Downtown
Macrina Bakery&Cafe
斯洛奥寿司
卡斯凯迪亚餐厅
Flying Fish
城市中心
雷尼尔广场
派克广场市场Pike Place Market
西雅图水族馆Seattle Aquartium
滨水区
55号码头
美国银行大厦
Espresso Vivace
52号码头
斯密斯塔
开拓者广场
国王大街车站
尤宁车站
埃尔奥特湾
探索球场Quest Field
美国移民局
N
宇和岛屋
SAFECO球场

西雅图中心区示意图

05 弗里蒙特

观光指数：★★★★ 推荐等级：★★★★

弗里蒙特是一个非常时尚的地区，在20世纪60年代有"艺术家共和国"之称，还住着学生、艺术家和文人，后来，这里的性质转变，但是至今仍还保持着优秀的传统，如夏至游行与系列户外电影。另外，在弗里蒙特的公共艺术区内，有一尊4米高的列宁雕像。

USA全攻略

地 临第50街北街、华盛顿运河，斯通韦街以及第8街西北

交 乘坐26、28路公交可到

了解点历史掌故

弗里蒙特的列宁雕像有段传奇的历史，它本是雕塑家Emil Venkov按照苏联的指示塑造的，用以表现革命初期的列宁在战火中的奋勇前行。后来，捷克斯洛伐克天鹅绒革命就推翻了赤色政权，列宁雕塑被来自美国华盛顿州的路易·卡朋特花了高价将雕塑运到了美国。

06 华盛顿大学

观光指数：★★★★ 推荐等级：★★★★★

西雅图华盛顿大学（University Of Washington, Seattle）是美国西北部最重要的高等学府，校园就如一个生机勃勃的大花园，有200多座各种风格的建筑。在校内，还有一个伯克自然史和文化博物馆，该馆的主要特色是恐龙化石和西北部原住民艺术品。在校园的西部，有一条小街，路旁遍布书店、小酒馆和饭店。

了解点历史掌故

美国叫华盛顿的大学很多，其中最著名的有以下3所（按建校时间排序）：1821年建校的乔治·华盛顿大学(The George Washington University，GWU)，位于美国首都华盛顿哥伦比亚特区；1853年建校的圣路易斯华盛顿大学(The Washington University in St. Louis，WUSTL)，位于密苏里州圣路易斯市；1861年建校的华盛顿大学(The University of Washington，UW)，位于华盛顿州西雅图市。

USA全攻略

地 临第55街东北、波蒂奇湾、蒙特莱克林荫道东北和1-5号

电 206-543-9198（旅游咨询处）

交 乘坐7、25、43、70、71、72、73路公交可到

亲历者体验 FOLLOW ME

1 了解印第安文化

华盛顿大学的正门有几个高大的图腾柱，这是华盛顿大学的特有景致，也是美国西北部印第安人的特有象征。离大门不远处有一个知名的博物馆Burke Museum of Natural History & Culture。馆内展示许多珍贵的印地安文物，其中又以图腾，独木舟以及各式各样的手工制品最为经典。

2 逛逛45大街

华盛顿大学除了美丽的校园外，还有非常热闹繁华的购物街45大街。这里不仅有各种不同国家风味的餐馆，还有西雅图最大的连锁书店University Book Store，海报专卖店Hang it Up，休闲品专卖店M. J. Feet，以及其它各式各样的商店。

同时可以游览

贝尼敦

地 临丹尼街、弗吉尼亚街、埃利奥特街和布德罗街

电 206-728-1937

交 15、18、21、22、56等路公交可到

西雅图水族馆

地 59号码头，阿拉斯加路1483号

电 206-386-4300

交 15、18、21、22、56等路公交可到，也可以乘坐有轨电车到达

时 春季9：30～17：00，夏季10：00～22：00

伍德兰帕克动物园

地 菲尼街北5500号

电 2065-84-4800

交 乘坐5路公交可到

奥德赛海洋发现中心

地 贝尔街66号码头，阿拉斯加路2205号

电 206-374-4000

交 15、18、21、22、56等路公交可到

时 周二至周六10：00～17：00；周日12：00～17：00

西雅图周边景点

01 北喀斯喀特国家公园

观光指数：★★★★★ 推荐等级：★★★★★

北喀斯喀特国家公园（North Cascades National Park）是北喀斯喀特山脉种最为著名的旅游胜地之一，于1968年建立。公园分为4部分，包括北部荒原区、南部荒原区、其兰湖和罗斯湖国家修养区，有壮丽的冰川、巍峨的高山、碧波荡漾的湖水。另外，整个公园还是一个野生动植物保护区，园中生活着许多野生动物，如熊、美洲豹、麋鹿、山羊、狼獾。

USA全攻略

地 State Rowte 20,marde moutd, Sedro woolley Washington

电 360-854-7200

交 沿着20号州级公路行走可到

了解点历史掌故

8000年以前，印第安土著就首次来此居住。在纽哈林河（Newhalem River）地区，印第安各部落以捕鱼、狩猎和采集为生。到了近代19世纪时，欧美皮毛商和探险家们也常在这一山脉地带进行捕猎。此后矿工和自耕农陆续来到北喀斯喀特山，并在此定居。可以说，在过去8000年里，北喀斯喀特国家公园的山脉和峡谷吸引了无数的探险家、猎人和自耕农。

亲历者体验 FOLLOW ME

1 公园露营情况

在公园的斯德赫钦山谷（Stehekin Valley）有往返公交车载运游客到露营地，所以不必背包徒步，就可以在野外露营。殖民溪露营地（Colonial Creek Campground）和古德尔溪露营地（Goodell Creek Campground）全年开放，其他露营地只在旅游季节开放。北喀斯喀特斯德赫钦客栈（509-682-4494）全年开放。萝丝湖度假村（Ross Lake Resort，206-386-4437）在6月初～10月末之间开放。

2 公园最佳摄影地

位于斯德赫钦旁的巴克纳家园（Buckner Homestead）有众多附属建筑和一座果园，其历史可追溯至1925年，拍摄历史类照片在此可尽取所需。在萝丝湖，很容易就会拍下很多照片。沿着穿越萝丝湖周围地区的道路，北喀斯喀特山和南喀斯喀特山的风景一览无余。

02 奥林匹克半岛

观光指数：★★★★ 推荐等级：★★★★★

奥林匹克半岛有美国西部最壮丽的海岸线，有美国本土唯一的温带雨林。除了雨林的植物外，最特别的是北美麋鹿，是比较稀有的品种，为了纪念罗斯福总统，它们就被命名为罗斯福鹿。天使港是奥林匹克半岛北方较大的小镇，隔海可以眺望到著名的加拿大维多利亚半岛。附近的丹吉尼斯岬出产著名的丹吉尼斯蟹，在加了海水的锅中水煮后味非常鲜美。

USA全攻略

地 华盛顿州奥林匹克半岛

电 360-452-0330

交 从西雅图码头，乘轮渡横穿Puget海峡可到。若是从洛杉矶驾车前往，取道五号州际公路北上，须在州府奥林匹亚市西转，方才进入奥林匹克半岛，游客中心在安杰利斯港南1.6千米处安杰利四山公路3002号

亲历者体验 FOLLOW ME

1 徒步拍摄原始生态之美

这里的生态保持得比较原始，想要拍有特色的生态美至少都得徒步几千米。Ozette徒步路线基本是个等边三角形，从停车点出发，5千米穿越原始森林到达海边，5千米沿海边向南，再5千米穿越原始森林回到停车点。与走平地不同，穿越原始森林的这5千米尽管有不少路段有木板铺出来路，但因为雨季刚过，不少路段潮湿泥泞，木板都长了青苔，很滑，不好走。

2 天使港及品尝海鲜

天使港是奥林匹克半岛北方较大的小镇，隔海可以眺望到对岸著名的加拿大维多利亚半岛。附近的丹吉尼斯岬(Dungeness Spit)出产著名的丹吉尼斯蟹，捕上蟹后送到就近的海鲜餐厅，在加了海水的锅中煮后味道极鲜美。

03 雷尼尔山国家公园

观光指数：★★★★★ 推荐等级：★★★★

雷尼尔山国家公园（Mt. Rainier National Park）是一座以雷尼尔山为中心的公园，除了拥有阿拉斯加以外最大的单一冰河以及最大的冰河系统，还有美国最高的火山。每到7、8

月间，雷尼尔山冰雪融化，花开满山，成了一片美丽的花海。山麓下还有一大片茂密的原始森林，湖泊、瀑布错落其间，其中“天堂”及“日出”两处景点极受人们珍视。

了解点历史掌故

最早发现雷尼尔山的欧洲人是乔治·范库弗上尉，他在1792年为英国绘制帕基特海峡地图时看到了雷尼尔山，为其雄伟所折服，称之为“高险陡峭、白雪皑皑的山峰”，并用他的好友里尔·阿德迈隆·皮特·雷尼尔的名字为此山命名。当然了，这里的原住民印第安人早就知道这座山，并给他起了一个更响亮的名字“塔科码山（Mount Tacoma）”，意为“上帝之山”。

USA全攻略

地 55210 238th Aue E.Ashford

电 360-569-2177

交 从西雅图出发往5号高速公路南下，再接706号公路东行，大约2小时车程即到

时 5～10月中旬10：00～17：00；10月下旬至次年4月，周六、周日及节假日10：00～16：45

亲历者体验 FOLLOW ME

1 去“天堂”看看

此天堂非彼“天堂”，是雷尼尔山国家公园内最受欢迎的一处景点。它位于雷尼尔山西南方的隆迈尔山的北面，除了有漂亮的山景之外，还有潺潺的流水、清丽的瀑布和湖泊，难怪会大受欢迎。在“天堂”的南边和西南边分别是倒影湖和那拉达瀑布，再北边一点则是天堂河，知名的尼斯卡利冰河和天堂冰河就是从这儿进入公园的。

2 不可错过这里的“日出”

“日出”位于雷尼尔山北边，是雷尼尔山国家公园内最高的景点，也是观赏山景最佳的地点。在这里不但可以欣赏到冰河的壮丽奇景，还可以眺望公园内另一座秀丽的贝克山以及太平洋。喜欢研究大自然生态的朋友，特别热衷于在这一带寻找野生动物的踪迹。

04 汤森港

观光指数：★★★★　推荐等级：★★★★

汤森港是一个建于19世纪晚期的繁忙海港。一直以来，汤森港都维持着它那历史性的魔力，因此，每年都有超过100万的游客来此地观赏维多利亚时代的豪宅、山区狭长的景色与水上奇观。

USA全攻略

地 华盛顿州汤森港

电 888-365-6978

交 可以从惠德比岛上的基斯通出发或埃德蒙兹坐轮船出发

亲历者体验 FOLLOW ME

如果想要感受1982的电影《军官与绅士》中扎克·梅奥和当地姑娘宝拉之间发生的浪漫爱情，那就应该去潮汐客栈的10号房间。打开房间的窗户看向窗外，视线中仍然是那片美丽的汤森港湾，那里的美景至今都定格在影片里的演员李察·基尔和黛布拉·温格看到的美好一切，而这份温情也留在了所有影迷的心中。

05 波特兰

观光指数：★★★★　推荐等级：★★★★

波兰特在美国俄勒冈州西北部，为该州最大城市，还是该州文化、教育中心，有波特兰州立大学等多所大学。市内有很多风景优美的公园，有著名的国际玫瑰花实验公园。每年6月，波特兰会举行玫瑰节，能欣赏到很多玫瑰品种，太平洋国际禽畜展览会每年秋季在这里举行。

USA全攻略

地 俄勒冈州波特兰

电 503-275-8351

交 萨蒙西南街26号有飞机、汽车与公交的信息

亲历者体验 FOLLOW ME

1 去南公园街区逛逛

在波兰特市内，临萨蒙街西南和1-405号、西南公园及第9街西南的是南公园街区。街区中最有特色的是雕塑艺术和40余个装饰性喷泉，每周六，还有特色的货品。街区附近，有俄勒冈历史协会与波特兰艺术博物馆。其中的波特兰艺术博物馆收藏了大量欧洲艺术品，还有毕加索、梵高与莫奈的作品。

2 汤姆·麦考尔州长滨水公园

汤姆·麦考尔州长滨水公园是很多节庆举办的场所，如每年5、6月份举行的玫瑰节。在公园内的萨蒙街喷泉是比较亮丽的景点，从100个喷嘴中喷出的水直接喷射到人行道上。炎炎的夏日，让人感觉非常凉爽。街头还有“俄勒冈号”战列舰纪念碑。

06 哥伦比亚河峡谷国家风景区

观光指数：★★★★　推荐等级：★★★★★

哥伦比亚河峡谷国家风景区（Columbia River Gorge National Scenic Area）是美国第

一座国家风景区，有峭壁奇石、有瀑布、有森林。只是这里的山和峭壁不是很高，但却沿着一条被称为工程奇迹的公路（Historic Columbia River Highway）绵延几十千米，一路向东可以看到许多挂在峭壁上的各式各样的瀑布，而这些都是峡谷的灵魂。

USA全攻略

地 俄勒冈州哥伦比亚河峡谷，游客中心在塞勒姆萨默街东北775号

电 800-547-7842

亲历者体验 FOLLOW ME

大峡谷的悬崖上，是一栋一栋的渡假小屋，屋内的设计更是极具豪华，不过这里最大的特色还是从阳台的大落地窗向外望，能一览壮丽的大峡谷——阳光照耀下的大峡谷，视觉令人震撼，阴天时烟雾蒙蒙的景象更有着不同的美感，另外还有一定不能忘记品尝这儿的美酒，0.48平方千米大的葡萄园，有多达13种不同品种的葡萄，酿出各种口感风味的红酒，游客可以在酒窖里品尝不同年份的美酒，也可以在气氛绝佳的餐厅享用地道的美食，美景美酒美食当前，走一趟保证令游客们毕生难忘。

同时可以游览

尤金

地 俄勒冈州尤金，游客中心在奥立弗大街754号

电 541-484-5307

本德

地 俄勒冈州本德，高原沙漠博物馆位于97号公路南59800号，游客中心在沃尔街西北777号

电 541-382-8048，高原沙漠博物馆541-382-4754

时 高原沙漠博物馆9:00～17:00

阿什兰

地 俄勒冈州阿什兰，游客中心在主街东110号

电 541-485-3486

贝灵汉

地 华盛顿州贝灵汉

电 800-487-2032

交 波特街904号有飞机的信息

斯波坎

地 华盛顿州斯波坎

电 800-248-3230

交 里弗赛德西街301-806号有飞机的信息

奇兰湖

地 华盛顿州奇兰镇，游客中心在约翰逊东南102号

电 游客中心在约翰逊东南102号

塔科马

地 华盛顿州塔科马，玻璃博物馆位于多克东街1801号

电 玻璃博物馆253-284-4750

交 太平洋街1119号有飞机的信息

Seattle 西雅图

西雅图旅游资讯

自助游必须掌握的交通

飞机

西雅图的西雅图-塔科玛国际机场，提供到达北美、欧洲和远东的航班；西塔国际机场是阿拉斯加航空公司的枢纽港，是地平线航空公司的补给站和美国西北航空公司的重点机场。此外，西雅图还拥有一个由国王县政府所管辖的普通民用机场——波音机场。

西雅图-塔科玛国际机场离西雅图市中心较远，位于西雅图与塔科玛之间，中国海南航空公司有从北京到这里的直达航班，联系电话206-433-5367。

从机场前往西雅图市内有多种选择，有公交巴士、ST、机场巴士、出租车与小型巴士。

●**公交巴士：**在机场，可以乘坐174或194路公交到达市区，大约40分钟，车票1.25～2美元；

●**ST：**是连接西雅图以及周边城市的交通，根据不同的路程收取不同的费用，大概在1.5～3美元之间；

●**机场巴士：**机场巴士提供机场到西雅图市中心一些大型饭店的快速巴士接送服务，大约20分钟一班，非常方便；

●**出租车：**机场有很多出租车到达市区，大约30美元；

●**小型巴士：**这类巴士提供门对门的服务，对初来的游客非常实用，但是，乘坐这类巴士需要预定，电话425-981-7000。

火车

西雅图的火车站为国王火车站，位于303 South Jackson Street，有多条铁路，通往美国各个较大的城市，电话206-382-4125。

汽车

西雅图的主要汽车站是灰狗汽车站，它位于西雅图市区的811 Stewart St，有到达美国各个大城市的班车，电话：206-628-5526。

轮渡

西雅图由于靠近加拿大，所以轮渡可以从西雅图到达加拿大维多利亚。在西雅图市区的69号码头登船，3个小时后就能到达维多利亚，轮渡冬季有两班，夏季每天两班，电话206-448-5000。

USA 小贴士

如果很想乘船到加拿大去游玩，请记得一定要携带护照，以备往返维多利亚时接受海关安检。

●Washington State Ferries：这趟轮渡主要是为从西雅图到附近的布雷默顿和班布里奇设置的，从西雅图52号码头乘船到布雷默顿只需1小时，而到达班布里奇则只要30多分钟，电话206-464-6400。

市内交通

西雅图的市内交通主要有巴士、轨道巴士、街车、单轨电车与出租车。

●巴士：西雅图的巴士可以到达市内的每一个角落，而且在市中心免费，非常受欢迎。

市中心以外的公交线路分单区段和双区段，华盛顿湖以西的几乎是单区段，华盛顿湖东、南和北是双区段，因此，票价不同。另外，票价还分为高峰时间和非高峰时间，如单区段的高峰期是1.25美元/人，而在非高峰期就是1美元；双区段高峰期1.75美元，非高峰期是1.25美元，高峰的时段一般是周一～周五6:00～9:00和15:00～18:00。

USA小贴士：在西雅图，遇到双休日时，可以花2美元向司机购买一日券，在这一天内，可以免费并且无限制次数乘坐公交。而详细的公交路线可以在公交站牌处查询，也可以到Metro设于联合站的办公室、开拓者广场的Metsker Map处免费索取。

●轨道巴士：主要是行走于西雅图的地下，线路是从会议中心的巴士总站经过第三街到达国际区，票价和市区的巴士一样。

●街车：街车主要是连接South Lake Union与西雅图之间的交通工具，全程有9站，每15分钟一班，票价成人1.75美元/人，老人和儿童只需0.5美元。

●单轨电车：是为1962年世界博览会而建造，连接西雅图市中心的西湖中心和西雅图中心，全程只需要几分钟时间，而且没有停靠站。运营时间是每天的11:00～19:00，票价2美元/人。

出租车：西雅图市内的出租车非常多，只是价格有些贵，1.8美元起价，1.6千米以后每分钟0.5美元或者1.6千米1.8美元。

驴友力荐的住宿地

中高档酒店

名称	地址	电话	费用
商场酒店	86 Pine St	206-443-3600	150～1000美元
罗斯福酒店	1531 7th Ave	206-621-1144	100～200美元
西雅图酒店	315 Seneca St	206-623-5110	80美元起

经济型旅馆

名称	地址	电话	费用
精英酒店	2423 1st Ave	206-448-4721	80～100美元
金斯旅馆	2100 5th Ave	206-441-8833	70～110美元
西雅图国际青年旅社	84 Union St	206-622-5443	床位25～35美元

饕餮一族新发现

特色餐厅推荐

名称	地址	电话
意大利香肠店	309 Third Ave	206-223-0817
滨城餐厅	1046 S.Jackson St	206-329-0208
比彻的小屋	1600 Pike Place	206-956-1964
六七餐馆	2411 Alaskan Way	206-728-7000

USA小贴士

每年7月的第3个周末，西雅图都会举办年度的美食盛宴"Bite of Seattle"。届时，来自西雅图和华盛顿州最好的厨师都会云集于此，精心为人们打造一个美食周末。

淘宝达人爱去的街店

西雅图的购物村不但品牌齐全，而且交通便利，每逢换季的时候，购物村便成为美国人和加拿大人的购物理想地。这里的物品更加休闲和实用，折扣也很吸引人，大部分名牌折扣都达到30%以上。

消夜族恋恋不舍的地方

在西雅图，到了晚上，你可以去听现场音乐，也可以到剧院厅音乐会，还能到电影院欣赏电影。当然，泡吧与喝咖啡也是不错的选择。

8

美国最热门的旅游圈

Atlanta 亚特兰大

亚特兰大是举办第26届夏季奥运会的城市，它就坐落在美国东部的阿巴拉契亚山麓的台地上。亚特兰大周围被乔治亚的田园乡村所环绕，虽然它在南北战争期间是南方军的战略要地而被战火所摧毁，但是在这块土地上仍能感觉到它的繁华，而那些历史遗迹只不过给她增添历史的沧桑感和厚重感。现在的亚特兰大，是美国东南部陆空交通要地、金融中心。

美国最热门的旅游圈

Atlanta 亚特兰大

亚特兰大市内景点

01 可口可乐世界

观光指数：★★★★

推荐等级：★★★★★

可口可乐世界以其独特风格的建筑和展览品，引领游客走进可口可乐的成长历史轨迹与其所创造出的欢乐文化。在这里，你可以免费畅饮可口可乐公司在全世界所生产的各种不同口味饮料，除了我们所熟悉的可乐味道之外，还有许多奇奇怪怪味道的饮料，诸如泰国的荔枝汽水、意大利的麻辣汽水等，让每个人的舌尖迷失在可乐的世界里。

亲历者体验 FOLLOW ME

一进入馆中，红白两色鲜明标示着可口可乐一贯的风格，曲折回旋的时间都犹如时光隧道，百余年的经典记录一一呈现。圣诞老人、北极熊、轻快活泼的音乐，无论广告还是促销商品，都成了这里最抢眼的展示品，举凡手表、call机、手机、随身听等，每一样皆充满可口可乐的灵魂。在这里，可以感受到当年亚特兰大市的街道氛围，杰柯药局的展览，还可以了解最早可口可乐贩卖店家。

了解点历史掌故

1885美国乔治来州的潘伯顿医生（Dr.JohnS.Pemberton），在地窖中把碳酸水加苏打水搅在一块，成为一深色的糖浆。他的合伙人罗宾逊（FrankM,Robinson）从糖浆的两种成分，激发出命名的灵感，于是有史以来最成功的软性饮料coca cola就此诞生了。

到了1892年一个名为艾萨·坎得勒的企业家取得"可口可乐"的配方和所有权，并配合许多营销手法，推出周边商品。另外可口可乐的曲线瓶也在此时产生，其想法来自于大英百科全书上一幅可可豆的图案。1919年，艾萨·坎得勒将可口可乐公司卖给欧尼斯·伍德瑞夫集团，因此造就了可口可乐成为全世界最大的饮料公司。该集团除了可口可乐以外，还推出健怡可口可乐、芬达、雪碧、可口可乐zero等，迈入世界饮料市场销售的前几名。

USA全攻略

地 彭伯顿广场，毗邻乔治亚州立水族馆

电 770-578-4325

交 乘坐地铁Five Daints车站下车即可

时 周一至周六9:00～17:00；周日，中午～18:00

02 亚特兰大地下城

观光指数：★★★★　推荐等级：★★★★★

亚特兰大地下城浓缩了早期亚特兰大的历史。其实，这座地下城的前身是1869年修建的3层高的火车站，不仅在南北战争时为运输军队和物资发挥了重要作用，也直接孕育了亚特兰大这座城市。现在的地下城尽管保留了当年标志铁路起点的零英里标志以及3层车站建筑的第一层，已经被改造成一个零售和休闲中心，是人们休闲、购物的好去处。

亲历者体验 FOLLOW ME

亚特兰大地下街还有一著名的活动，可以与美纽约时代广场相媲美，那就是除夕夜倒计时的盛会。当倒计时开始，一个乔治亚州盛产的大桃子，缓缓由铁塔上方往下降，而人群也在烟火声中庆祝新年。此外还可跨进CNN的新闻节目制作部，通过这个新闻编辑室全球观众24小时可以看到新闻节目。然后可居高临下地看到整个CNN的新闻大厅，及新闻撰写者和导播的忙碌情景，当然也可以参加VIP Tour有机会跟CNN的编辑交谈。

USA全攻略

地 桃树市亚拉巴马大街

电 404-523-2311

交 乘坐地铁可到

时 周一至周六10:00～21:00；周日中午～18:00

03 费恩班克自然历史博物馆

观光指数：★★★　推荐等级：★★★★

费恩班克自然历史博物馆内的展品非常丰富，从板块构造到未来的科幻应有尽有，还有佐治亚州各种各样的生态系统，包括海滩平原、阿巴拉契亚山脉的森林等。博物馆内，还展示着世界上最多的南翼龙模型，10多只南翼龙被悬挂在半空，摆成追逐嬉戏状，相当壮观。

了解点历史掌故

19世纪末期，一位名叫艾米丽·哈里森（Emily Harrison）的自然爱好者在亚特兰大以东的一处被其称之为“弗恩班克”的地方长大。1938年，哈里森与其他人一起为弗恩班克制订了规定，同时购买了0.28平方千米面积的林地，该地就是今天弗恩班克自然历史博物馆的所在地。

1964年，弗恩班克托管人和德卡布县学校系统（DeKalb County School System）一起创建了弗恩班克科学中心（Fernbank Science Center），他们希望借此将弗恩班克的资源与公众一起共同分享。于是1989年破土动工开始修建弗恩班克自然历史博物馆，1992年10月5日博物馆正式向公众开放。

亲历者体验 FOLLOW ME

它不仅展示乔治亚州自然历史的演变，同时还利用现代科技手段来展示一些科学技术现象。另外，在弗恩班克自然历史博物馆中，游客还有机会欣赏5层楼高的IMAX影片。IMAX剧院是博物馆一大亮点，所有的电影都会在宽22米的巨型屏幕上播放，而且影片在全年内还会不停更换。游客可以在这里体会完全不同的观影感受。

USA全攻略

地 克利夫顿路东北767号
电 404-929-6300
¥ 成人13美元；学生和老年人12美元
时 周一至周六10：00～17：00；周日中午～17：00

04 石山公园

观光指数：★★★★　推荐等级：★★★★★

石山公园又称佐治亚石山公园（Stone Mountain Park），园内的石山本身是一座天然生成、巨大的硬质岩石。山侧有一片巨大的浮雕，浮雕面积比一座足球场还大，浮雕人物是杰佛逊总统、李将军、杰克逊将军3人。石头山下的东北、西北两个角落都是湖泊，湖上有脚踏船出租，湖边有露营区、烤肉区和步行路径，整个公园内还辟有石头山博物馆、高尔夫球场、古董车博物馆等历史景点，还有很多儿童游乐的地方。

亲历者体验 FOLLOW ME

石山公园是每个来亚特兰大的游客必到之地，刚进入公园时，不会马上看到石山，不过中间等待的时间是值得的。而且公园内除了浮雕外，还有很多其他值得参观的地方。园中设有在天然环境中生活着的野生动物大牧场和南北战争前的种植园，另外还有仿造的内战时老式机车牵引的窄轨游览火车，以及可在湖内巡游的战前旧式蒸汽船。此外，空中缆车、历史纪念馆、古玩博物馆、高尔夫球场、旱冰场、音乐中心、露天剧场等娱乐设施场所应有尽有。

USA全攻略

地 亚特兰大东部
电 770-498-5690
交 从E7 Avondale车站乘坐120路巴士可到
时 6：00～20：00

同时可以游览

高等博物馆

地 桃树大街东北1280号
电 404-733-444
时 周二至周六10：00～17：00；周日中午～17：00

佐治亚州议会大厦

地 214State Capitol
电 404-656-2844
交 在E1 Georgia State车站向西南方向第一个路口走，然后穿越地下通道即到
时 周一至周五8:00～17:30

吉米•卡特图书馆和博物馆

地 自由大道441号
电 404-856-7100
时 周一至周六9：00～16：00；周日中午～16：45

马丁•路德•金国家历史遗迹

地 奥本大街450号
电 404-331-5190
时 9：00～17：00（夏季到18：00）

Atlanta 亚特兰大

亚特兰大周边景点

01 阿森斯

观光指数：★★★★ 推荐等级：★★★★

阿森斯作为佐治亚州文化和智囊中心，有着举足轻重的地位，作为美国非主流音乐的发源地，声誉也是极高。同样，阿森斯也是佐治亚州大学的所在地。到此，你可以体验厚重的文化，还能在艺术博物馆观看19世纪和20世纪的绘画以及雕刻作品。

USA全攻略

地 佐治亚州阿森斯

电 706-353-1820

交 多尔蒂大街东280号有公交的信息

亲历者体验 FOLLOW ME

到了阿森斯，可以去被人称为鬼屋的疯人院去看看。据说阿森斯市疯人院从1874年开始运营直到1993年被关闭，期间曾发生多起医生痛殴病人的暴力事件，还有数百名精神病患者被残忍地实施了脑白质切断术（当时被认为是治疗精神病的有效方法）。

疯人院关门后这里就开始闹鬼，据说最厉害的鬼魂是一位名叫玛格丽特的聋哑患者。当年她试图逃离疯人院却不料被困在废弃的病房里活活饿死，几周后人们才发现她已经腐烂的尸体。传闻称当年尸体留下的污迹一直都洗不掉，到今天依然可以看见。

★美国鬼城之一

阿森斯是美国著名的鬼城之一，流传着千奇百怪的恐怖故事，比如火车售票员没有头、邪教肆虐横行和家畜被残忍宰杀等等。很多人还惊奇地从地图上发现阿森斯最大的5座墓地正好构成五角星的图案，而五角星被某些符号学家当成魔鬼的象征。据说阿森斯的很多鬼故事都跟100多年前盛行的唯灵论运动有关，那时很多人都相信可以通过某种宗教仪式跟死者交流，这里最著名的就是乔纳森·孔斯的故事。据说鬼魂告诉阿森斯贫农孔斯要建造一座“灵魂屋”，幽灵们届时将从坟墓中走出在屋里跟生者说话。

02 查尔斯顿

观光指数：★★★★★ 推荐等级：★★★★★

查尔斯顿是美国最古老的小镇，还是世界各地富豪的聚居地。这里有美国最早的海关，美国最早的贩卖黑奴交易市场，美国南北战争纪念碑，还有历史悠久的古炮台。查尔斯顿还是美国最大的军港之一，著名的第七舰队的航空母舰等百艘军舰都停泊在海湾。出了众多的历史遗迹，查尔斯顿春夏季节的风景也很美，杜鹃、山茶、玫瑰、茉莉百花盛开，芬芳四溢，与挺拔青翠的棕榈树争相辉映，构成了一幅摇曳多姿的亚热带风情图。

USA全攻略

地 南卡罗来纳州查尔斯顿

电 843-853-8000

交 在集会大街375号有前往各地的飞机、汽车、火车的信息

亲历者体验 FOLLOW ME

1 去古遗址看看

查尔斯顿古遗址讲述了查尔斯顿的殖民地历史以及早期的美国历史。从古城市场到炮台向南的路上，可以看到很多的景点，其中有军火库、法国人的哥特式建筑——雨格诺教堂以及美国总统华盛顿的住宅。古遗址周二至周六10：00～16：30，周日至下周周一13：00～16：30开放，联系电话是843-722-7171。

2 水族馆和博物馆

水族馆码头100号即是南卡罗来纳州水族馆，在这里，可以看见南卡罗来纳州所发现的众多动物，其中还有很多的珍稀品种，而南卡罗来纳州水族馆的建筑也值得一看。水族馆联系电话是843-577-3474。集会大街360号就是查尔斯顿博物馆，这里可以让你对查尔斯顿有一个比较全面的了解，不仅如此，你还可以看见印第安人早时期用过的独木舟以及几亿年前的动物骨骼，如恐龙的骨骼。博物馆电话是843-722-2996。

3 看看美国最大军港

查尔斯顿还是美国最大的军港之一，著名的第七舰队的航空母舰等百艘军舰都停泊在海湾，游人可以在军港海军导游引导下坐车游览，威风凛凛的壮观场面与南端静谧的度假豪宅散发出的温馨气息形成了鲜明对照。

03 纳什维尔

观光指数：★★★★ 推荐等级：★★★★★

纳什维尔是乡村音乐的发源地，素有吉他城的美誉，此外它也是医疗卫生、音乐、出版和交通运输的重要中心。纳什维尔的乡村音乐历史可以追溯到1927年，那时，无线

电广播正从大歌剧音乐转向更为流行的谷仓舞表演，于是，乡村音乐便繁华了起来。市内的乡村音乐名人堂和博物馆记录了乡村音乐的发展史，另外，市内还有田纳西州州立博物馆等景点。

USA全攻略

地 田纳西州纳什维尔

电 615-259-4747

交 第五街百老汇有飞机与汽车的信息

亲历者体验 FOLLOW ME

在吉他城中，展出了很多Gibson最为出色的吉他雕塑模型，这些雕塑模型都是手工绘制而成的。你还可以在号称美国音乐之城的纳什维尔，看到10尺高的Gibson Les Paul和Chet Atkins吉他的雕塑模型。

04 美特尔海滩

观光指数：★★★★　推荐等级：★★★★

美特尔海滩（Myrtle Beach,SC）是一个极受欢迎的海滩，气候宜人，风景美丽，当冬天解冻之后，这里就有很多人度假。这里不仅拥有97千米海滨沙滩、供游艇驰骋的超过160千米的内河航道，还有100多个高尔夫球场。同时，这里有齐备的购物中心、商场、公园、大中小学、几十个各类游乐园及国际机场。

USA全攻略

地 南卡罗来纳州美特尔海滩

电 843-626-7444

交 在奥克格大街北1200号有汽车以及火车的信息

亲历者体验 FOLLOW ME

在海滩休闲之余，你可以玩卡丁车或者去坐过山车，还可以去高尔夫球场玩迷你高尔夫。在美特尔海滩南面有一个绿色小溪主题花园，里面有250余名艺术家创造的550多件雕塑作品，另外还有个海滨公园，让你进入一块质朴的海滩和盐沼木板道。

05 奥克弗诺基野生动植物保护区

观光指数：★★★★　推荐等级：★★★

奥克弗诺基国家野生动植物保护区覆盖了乔治亚州东南部，是佛罗里达州北部的原始沼泽和野生动物保护区。整个保护区约有半个罗得岛面积大小，有低沙岭、草原、沼泽间高地和长满灌木丛和树木的阴暗水区，栖息有美洲鳄鱼、软壳海龟、水獭以及多种鸟类等大量野生动物。

USA全攻略

地 佐治亚州福临斯顿公路121号

电 912-496-7836

亲历者体验 FOLLOW ME

乘船是在此观赏自然美景和野生动物的最佳选择。独具特色的浮筒船和独木舟将带你漂过平静的深色水面，沿途拜访各种各样的鸟类、龟类和鳄鱼。最好避免得在不牢固的吊床上，因为吊床会爬满蛇，有时还有以蚊子为食的食肉植物袭击人。

同时可以游览

高等博物馆

地 佐治亚州梅肯

电 478-743-3401

交 切里大街200号有公交的信息

萨瓦纳

地 佐治亚州萨瓦纳

电 912-944-0460

交 马丁·路德·金大街有飞机火车与公交的信息

黄金岛

地 佐治亚州黄金岛格林县

电 912-265-0620

交 格林大街4号有公交车的信息

伯明翰

地 亚拉巴马州伯明翰

电 205-458-8000

交 第九大道北2200号有飞机汽车与火车的信息

孟菲斯

地 田纳西州孟菲斯

电 901-543-5333

交 里弗塞德快车道北119号有飞机、火车与汽车的信息

莫比尔

地 亚拉巴马州莫比尔

电 2510-208-2000

交 沃特南大街1号有飞机汽车与火车的信息

乔治敦

地 南卡罗来纳州乔治敦

电 843-235-6000

交 可以在弗兰特大街1001号了解汽车的信息

蒙哥马利

地 亚拉巴马蒙哥马利

电 334-262-0013

交 沃特尔大街300号有汽车的信息

达洛尼加

地 佐治亚州达洛尼加

电 706-864-3711

查塔努加

地 田纳西州查塔努加

电 423-756-8687

交 布罗德大街2号有飞机与公交的信息

亨茨维尔

地 亚拉巴马州亨茨维尔

电 256-533-5723

交 丘奇大街500号有汽车的信息

Atlanta 亚特兰大 亚特兰大旅游资讯

自助游必须掌握的交通

飞机

亚特兰大的哈慈菲尔德·杰克逊机场是世界上最大的机场之一，也是客流量最多的机场，电话800–897–0910。从机场到达市区，可以乘坐机场巴士，也可以乘坐地铁或者出租车。

●机场巴士：可以到达市内以及周边各地，在行李托运处西侧就可以搭乘，单程费用是17美元左右。

●地铁：可以在行李托运处西侧的地铁S7 Airport车站乘车，费用约1.25美元。

●出租车：在行李托运处的出口可以搭乘出租车，到市中心的费用约30美元，每增加1个人就加收2美元。

火车

塔特兰大的火车站位于市中心北面约4.5千米处，从N5 Arte Center车站乘坐23路巴士可以到达，其中库雷森特号列车每天往返于纽约、华盛顿以及新奥尔良之间，电话：800–827–7245。

汽车

灰狗巴士站位于南北线S1 Garntl车站的西侧，从候车大厅就可以看见大站牌，每天都有汽车前往美国各地，电话：404–584–1728。

市内公交

亚特兰大市内的公交有地铁、巴士与出租车，乘坐地铁与巴士就可以到达市内的任何景点，非常方便。

●地铁：亚特兰大的地铁有东西线与南北线，两条线在Five Points车站教会。站内采用自动检票机，非常方便。

●巴士：巴士的很多线路都从地铁站发车，因此转车很方便，乘车时要自备零钱，定期车票在站牌右侧的自动零票机上购买，转车证明可以向司机索取。

●出租车：市内的出租车非常方便，在各个酒店外面就可搭乘。如果乘坐出租车前往机场，就可打电话预约或在酒店门口搭乘。

驴友力荐的住宿地

亚特兰大是1996年奥运会召开的地方，因此住宿的条件非常齐全，从高档的酒店到经济实惠的旅馆应有尽有。

中高档酒店

名称	地址	电话	费用
万豪庭酒店	175 Piedmont Rd.	404-659-272	90~200美元
威斯汀桃树广场酒店	210 Peachtree St.	404-659-1400	250美元起
亚特兰大旅行客栈	311 Courtland St.	404-659-4545	100~180美元
亚特兰大费尔菲尔德酒店	175 Piedmont Rd	404-659-7777	100~140美元
希尔蒙特酒店	821 Piedmont Ave.NE	404-872-929	200~300美元

经济型旅馆

名称	地址	电话	费用
亚特兰大国际青年旅社	223 Ponce de Leon Ave.	404-875-9449	22美元起
经济旅馆	1360 Virgina Ave.	404-761-5201	50~65美元
韦尔斯利亚特兰大机场酒店	1377 Virginia Ave.	404-762-5111	70美元起

饕餮一族新发现

亚特兰大的餐饮非常国际化，不仅有很多世界级的牛排餐馆和海鲜餐馆，还有各个国家甚至地方的精美菜式。

亚特兰大盛产蜜桃，不仅有桃树大街、桃树广场和桃树广场饭店，沙拉、果汁甚至菜式中都能见到蜜桃的影子，因此，游客一定要品尝这些新奇的菜式，一饱口福。

淘宝达人爱去的街店

亚特兰大被誉为美国东南部的购物中心，以数量和种类众多的零售商和商品而闻名于世。这里，从高端流行商品到纪念品应有尽有。

亚特兰大地铁站是城市的中心，地面和地下两层的地铁站还是一个巨大的购物场所，附近的巴克海特更是“淘宝达人”必去的地方，这里有很多非常特别的商店、服装专卖店、古董店等。

莱诺克斯广场是亚特兰大市历史最长同时也是最大的购物卖场。另外，与莱诺克斯广场齐名的还有菲利普斯购物广场。

消夜族恋恋不舍的地方

亚特兰大市内有各种酒吧、电影院与剧院。如果喜欢放松，则可以到酒吧High到凌晨，另外你也可以去看电影或听音乐会。在亚特兰大，还有各种体育赛事，如棒球、冰球、篮球等，喜欢这些运动的可以随时关注。

9

美国最热门的旅游圈

Chicago 芝加哥

芝加哥是美国中西部十字路口城，有着宽阔的肩膀和巨大的心脏，更有着长长的一串别名，“第二城”、“风城”、“芝城”等等。芝加哥还是名家之城，既善于表述，又能够绘画。城内的许多绘画名家都曾用自己的作品诠释过它。今天的芝加哥自1833年建市以来，经过100多年的发展，已成为具有世界影响力的大都市之一。

美国最热门的旅游圈

Chicago 芝加哥

芝加哥市内景点

01 宏伟大道

观光指数：★★★★★

推荐等级：★★★★★

宏伟大道是一个漂亮、奢华的购物天堂，在这里你可以找到奢华的酒店、饭店，购买到所能想到的奢侈品。街上，有超过450家奢侈品牌零售店，如Gucci、Prada、Armani，还坐落着哥特复兴式的教堂以及哥特式论坛大厦。在哥特式论坛大厦中有来自世界各地著名遗址的岩石碎片，如罗马的圣彼得大教堂、中国的故宫等。

亲历者体验 FOLLOW ME

在这里游览，除了购物外，可致电（312-922-3432）芝加哥建筑财团，参加摩天大楼观光解说专线。该线除了参观摩天大楼外，还有巡河游览的项目。参观具有意义的摩天大楼，每年5～9月的周四至周二10:00和15:00进行，每年10月～次年4月每日13:00进行。参观现代摩天大楼，每年5～9月周六至周四13:00，周五13:00和15:30，每年10月至次年4月每日13:00进行。

USA全攻略

地 密歇根大街，位于东沃尔顿广场与东凯泽街之间

02 希尔斯大厦

观光指数：★★★★ 推荐等级：★★★★★

希尔斯大厦高443米，含天线527.3米，1974年落成时曾是世界上最高的大楼，超越纽约当时的世界贸易中心，并保持了世界上最高建筑物的纪录25年。大厦的造型由9个高低不一的方形空心筒子集束在一起，挺拔利索，简洁稳定。不同方向的立面形态各不相同，突破了一般高层建筑呆板对称的造型手法，成为了建筑设计的典范。

亲历者体验 FOLLOW ME

希尔斯大厦就位于密歇根河南岸汇合点附近，正好处在城中心。它的第103层作为观景台对游人开放，这个观景台项目有个名字叫作“SKYDECK”，由此环顾四周，湖水无边，绿地成片，高楼如盒，车行如蚁。

希尔斯大厦高达443米，其平面由九个22.9米见方组成的竖筒，底层平面就是一个68.7米见方的大筒了。大厦的外形是逐渐上收，9个竖筒分别截止在不同的高度上，1到50层由9个竖筒组成正方形平面，51到66层截去3对角的两个竖筒，67到90层截去了另一组对角的两个竖筒组成一个十字形平面，91层到110层截去3个边形竖筒，只剩两个竖筒直达顶点。这种处理方法，不仅突破了顶部天际线的平头规则，而且减少了风力的影响。大厦顶部的设计风压力为305千克，“平方米”设计允许位移为90厘米。如果说足以造成帝国大厦顶层摇摆10厘米的巨风，但对于高出帝国大厦100多米的希尔斯大厦顶部摇摆最多2～3厘米，这就得益于筒式的结构了。

USA全攻略

地 威克大道南233号

电 312-875-9596

交 乘坐地铁在昆西下可达

时 5～9月，10:00～23:00；10月至次年4月，10:00～20:00

03 约翰•汉考克中心

观光指数：★★★★ 推荐等级：★★★★★

约翰•汉考克中心是芝加哥的一幢摩天大楼，由结构工程师法兹勒汗所设计，别名“Big John”，楼100层，高343.5米，加上天线有457.2米，于1969年建成，是当时除纽约之外全世界最高的摩天大楼。大楼的94楼设有观景台，95楼设有餐厅，能饱览芝加哥和密歇根湖的景色，44楼设有一个全美国最高的室内游泳池。

USA全攻略

地 密歇根大街南875号

电 312-751-3680

交 乘坐红线可到

时 9:00~23:00

了解点历史掌故

为使3亿8千4百万磅重的庞然大物能高举344米，SOM设计了直抵基岩的巨大沉箱基础，其中一个入地58米这是芝加哥市从来没有过的。为此，设计者还专门制作了前所未有的特别强大的钻井设备。

楔形塔身由基底处的3716平方米而积收缩到顶部的1672平方米面积。楔形造型既是功能需求使然，又是结构要求使然。这种造型不仅有利于结构稳定，还有利于有效使用空间。外檐柱与横梁构成一个钢筒，并由在外立面上清晰可见的斜撑以及与这些斜撑和角柱相连接的结构楼板所加强，其结果是结构体系非常简洁并且十分有效。

04 海军码头

观光指数：★★★★★　推荐等级：★★★★★

海军码头是芝加哥最美丽的地方，也是欣赏密歇根湖及芝加哥市景的最佳去处。岸边有剧院、商店、露天咖啡厅、还有游乐场中的摩天轮等各种建筑。晚上时登上摩天轮可欣赏密歇根湖的景色，别有一番韵味。夏季常常有许多免费的活动及音乐会，尤其是在展览馆内，常年活动不断。

亲历者体验 FOLLOW ME

海军码头北侧的芝加哥河边，远处停泊着一艘桅杆高耸的仿古海盗船，夏日会驶向湖中，供游客欣赏湖光水色，也可从湖面饱览全城风姿。河中鲈鱼资源很丰富，都是金黄色的鲈鱼。河边可以垂钓，但必须取得有关部门发放的许可证，否则就属违法。

海军码头边上有芝加哥儿童博物馆，就在葛兰东街700号，它是为8岁以下的儿童设计的博物馆。在这里，孩子们可以修建堡垒、利用3层高的绳索攀爬帆船，还能利用水坝和水闸修建水渠。博物馆周二至周日10:00～17:00开放，联系电话是312-527-1000。

USA全攻略

地 葛兰东街600号

电 312-280-2600

交 乘坐29、56、65、66、120、121、124路公交可到

时 10:30~19:00开放

了解点历史掌故

海军码头建于1914年，一直是芝加哥的地标。在二战期间，这里曾被军方用作海军训练基地，后来也成为伊利诺诺伊州大学最初的临时校地。但在20世纪70～80年代间，海军码头变得臭气熏天，污染严重。政府花了两亿美元，才将其改造成今天芝加哥最受欢迎的娱乐广场。

05 芝加哥艺术学院

观光指数：★★★★ 推荐等级：★★★★★

芝加哥艺术学院（Art Institute of Chicago）是美国顶尖的艺术教育机构之一，由博物馆和学校两部分组成。其博物馆以收藏大量印象派作品及美国艺术品著称，如莫奈、修拉、梵高、爱德华·霍普等人的作品，收集的类型包括油画、雕塑、纺织品、照片、文物等。

芝加哥艺术学院校风

芝加哥艺术学院的校风自由，来此就读的学生，并不会被限定要主修什么科目，以提供学生在视觉、艺术方面的完善教学；学院鼓励学生卓越、批判性的询问、实验，以增进学生在技能概念上的进步。芝加哥市的建筑给艺术家提供了无限革新艺术观念，这里有世界级博物馆、书廊，丰富的人文历史，因此在芝加哥艺术学院就读的学生，在课业之余可以前往芝加哥市区各个博物馆、书廊等世界级的展览会场参观，以增广见闻，丰富知识。

USA全攻略

地 密歇根大道南111号

电 312-443-3600

交 乘坐地铁到亚当斯下或乘坐公交3、6、7、126、145、147路公交可到，也可以乘坐火车在范布伦街下，然后前往

时 周一至周三、周五，10:30～16 :30；周四10 :30～20 :00；周六10 :00～17 :00；周日12 :00～17 :00

06 菲尔德博物馆

观光指数：★★★★ 推荐等级：★★★★

菲尔德博物馆藏品超过了2000万件，包括世界与动物学、地质学、人类学相关的物品，有最完整的暴龙化石、印第安人和古埃及人的史前古器物以及对哺乳动物和鸟类的详细展示。在博物馆内，还有一个翡翠厅，展示了从新石器时代到铜器时代以及中国各个朝代的文物。

USA全攻略

地 湖滨大道南1400号

电 312-922-9410

交 乘地铁到达罗斯福站后，转乘免费的电车可以到达；也可以乘坐公交12、146路到达

时 9 :00～17 :00（最迟16 :00入馆）

亲历者体验 FOLLOW ME

本来以为一个多小时应该够了，可是进去一看，所陈列的内容实在是太丰富了，根本都看不完。看了关于美国的历史，生命的演变，植物等内容，还有很多地方没有时间去。陈列的展品特别特别的多，比如关于动物的展室，都是栩栩如生的实物，看起来就像活的动物一样。这个博物馆太值得看了，如果仔细看的话，好几天都看不完。

07 科学与工业博物馆

观光指数：★★★★★ 推荐等级：★★★★★

科学与工业博物馆（Museum of Science and Industry）拥有超过3.5万件展品，是世界上最大的科学博物馆之一，旨在激发人类的科学探索和创新精神。展品注重互动性、趣味性，能让参观者在游戏中接受知识。全馆配备约150名讲解员，负责向导、设备操作和表演。博物馆还举行一年一度的学生科学博览会，并为儿童举办书展。

USA全攻略

地 57街与湖滨大道南 电 773-684-1414

交 乘坐1、6、10路公交可到

时 除12月25日停止开放外，全年开放

★关于U505潜艇

1944年6月4日，星期天。德国海军U505潜艇在非洲海岸遭遇美国海军"瓜达尔卡纳尔"号航母、"皮尔斯伯格"号、"波普"号、"弗莱厄蒂"号、"詹克斯"号以及"查特林"号驱逐舰组成的第22.3猎杀大队的攻击。U505身负重伤，艇员不得已投降，潜艇也被美军"皮尔斯伯格"号上的船员俘获（这是美国海军自1815年以来在公海上俘获的第一艘敌军战舰）。59名艇员被俘，1名艇员在这次事件中丧生。而从潜艇上搜出的密码本则对此后德国海军潜艇作战造成了重大的影响。

了解点历史掌故

该博物馆里收藏有U505潜艇，它是二战中美国俘获的唯一一艘德国潜艇，也是当今世界现存的唯一一艘IX－C型U艇。不用说这艘潜艇本身的传奇经历，就仅凭这两个"唯一"就足以使它身价百倍。美国人还以该潜艇的故事为背景，拍摄一部好莱坞影片，片名为《U—571》，感兴趣的话不妨看看。馆方为此专门修建了地下展厅，使观众可以身临其境的重回二战烽火连天、情报战线斗智斗勇的时代。

08 芝加哥大学

观光指数：★★★★ 推荐等级：★★★★★

芝加哥大学在美国的私立大学中非常出名，不仅有着杰出的学术，还有着众多的获奖人士。校园内的瑞根斯坦图书馆拥有数百万的藏书，还收藏稀有的书籍与手稿；斯迈特艺术馆收藏了8000多件藏品，其中包括古代与早期绘画大师的作品、亚洲的油画、书法和陶器；东方学院博物馆引人瞩目的收藏品包括亚述宫殿的重建品以及5米高的古埃及法老图坦卡蒙雕像。

USA全攻略

地 56和59大街，埃利斯和伍德大道内

交 乘坐绿线到达加菲尔德站后，转乘55路汽车到达

★奥巴马在芝加哥大学

美国总统奥巴马曾是芝加哥大学法学院的教授，而且他的名字一直都很响亮。上世纪90年代，统计学分析方法风行芝大法学院，但是，巴拉克·奥巴马教授却是个例外，在课堂上，他对学生直呼其名，还嘲笑学生的浪漫情调。这一秒，他还满脸严肃地讲解一个案例，下一秒却开始分析好莱坞经典黑帮电影《教父》。学生们当然喜欢这样的老师，这些学生后来成为奥巴马的第一批粉丝，他们自发走上街头，分发奥巴马的竞选传单、募集资金。

了解点历史掌故

第二次世界大战期间，芝大在曼哈顿计划中扮演了重要角色。这一时期，大量物理学家聚集芝大，奠定了芝大在自然科学界的地位。但进入50年代以后，芝大校区附近的治安问题成为吸引生源的主要障碍。20世纪60年代，随着美国反战运动以及女权主义的兴起，芝大校园内的学生运动进入高潮。1962年，学生占领校长办公室以抗议学校租赁政策。1969年，为抗议学校开除左翼文人马琳·迪克森，400名学生占领行政大楼达两周之久。

09 芝加哥美术馆

观光指数：★★★★　推荐等级：★★★★

芝加哥美术馆在1863年作为美术大学而被建立，后成为博物馆藏品有绘画、摄影、版画、雕塑等，地域包括地球上任何一角落，时间上从公元前到现代。美术馆共有10个展览馆，藏品有30多万件，收藏的作品有乔治·修拉的《大碗岛的星期日下午》，格兰特·伍德的《美国哥特人》等。

亲历者体验 FOLLOW ME

美术馆分为3层。地下是照片、建筑、微缩景观等，一楼有中国和日本馆、非洲馆、拉美馆及中东馆，二楼是欧洲绘画馆，其他还有大量较小的陈列室。中国馆印象较为深刻，展品较多，以唐代陶器，明瓷和东汉以前的青铜器为主要特色，但书画很少。这些展品都是来自圆明园。

USA全攻略

地 密歇根大道111号

电 312-443-3600

交 乘坐公交151路在Art Institute站下可到

¥ 成人12美元；儿童7美元（周二免费）

时 周一至周五10：30～16：30，周四晚上延长到20：00；周六、周日10：00～17：00

芝加哥周边景点

01 密歇根湖畔

观光指数：★★★★★ 推荐等级：★★★★★

密歇根湖是唯一的全部属于美国的湖泊，也是旅游的圣地。湖畔周围布满了沙滩、19世纪的旅游胜地、港口和20多座观光灯塔，还有因湖波冲蚀而成的悬崖。东南岸多有沙丘，尤以印第安纳国家湖滨区和州立公园的沙丘最为著名。

USA全攻略

地 密歇根州东北部

电 800-442-2084

交 大瀑布市东南28大街950号有飞机与公交的信息

亲历者体验 FOLLOW ME

每逢周末，一家一家的美国人会来到密歇根湖边。7月4日是美国的国庆日。这一天从早晨起，就有美国家庭陆续自发地向密歇根湖岸边集结，到了傍晚，已是倾城出动，人山人海，等待着观看一年一度的湖上焰火晚会。

02 底特律

观光指数：★★★★ 推荐等级：★★★★★

底特律是密歇根州最大的城市，也是世界传统汽车中心和音乐之都。市内的建筑风格多种多样，是全美保存1920年代和1930年代摩天楼和历史建筑最多的城市之一。所有的建筑中，最为突出的建筑是全美第一家福克斯电影院、特底律歌剧院和底特律美术馆，加上后现代主义风格的文艺复兴中心，共同构成了独特的城市景观。

USA全攻略

地 密歇根州底特津

电 800-338-7649

交 可以乘坐飞机到达，也可乘坐汽车或火车到达

了解点历史掌故

底特律是法国毛皮商于1701年建立的皮毛交易中心，同时也为往来于五大湖的法国军舰提供保护。1760年，英国军队控制了该地区并将地名简化为底特律。当地土著部落因为英军的到来而受到了威胁。1763年，由渥太华首领庞蒂亚克酋长率领的几个部落，发动了被称之为庞蒂亚克起义的战斗，但最终被英军击败。1796年，底特律加入美利坚合众国。

亲历者体验FOLLOW ME

1 底特律的娱乐

音乐是底特律夜生活主要的特色，DTE能量音乐剧院和奥本希尔斯宫是全美最顶级的两座现场音乐比赛场馆。底特律还拥有美国座位数第二多的剧院。此外，主要的剧院还有福克斯电影院、底特律歌剧院和费希尔剧院。底特律音乐厅是底特律交响交团的驻地。

2 底特律的观光线路

在底特律的downtown有一条people mover观光线路，开设在高架轨道上，设有13个站点。游客可以乘坐people mover绕down town一周，可以看到GMC的高楼，Detroit river对面的加拿大风光。在Detroit river上有一个叫Belle Isle的小岛，该岛属于美国领土。夏天的时候很多人会去岛上休闲。冬天虽然很冷，但可以在岛上看到很多成群结队的候鸟，如加拿大雁等。

03 辛辛那提

观光指数：★★★★ 推荐等级：★★★★

辛辛那提是俄亥俄州西南端工商业城市，它始终蜿蜒的街道和从山顶亚当斯山社区看到的壮观景象让英国当时的首相丘吉尔也赞叹不已，并给了辛辛那提一个“美国最美丽的内陆城市”的称号。辛辛那提市内有两个标志性的景点，分别是横跨俄亥俄州将辛辛那提与肯塔基州的卡温顿连接起来的吊桥，另一个建于1933年的拱形圆顶艺术装饰联合车站，市内的辛辛那提艺术博物馆值得一看。

USA全攻略

地 俄亥俄州辛辛那提

电 800-246-2987

交 沃尔纳特大街511号有飞机、汽车以及火车的信息

亲历者体验FOLLOW ME

辛辛那提艺术博物馆位于市内伊登公园大道953号，是俄亥俄州最大的艺术博物馆。博物馆不仅收集了欧美展品，还收集了阿拉伯、伊斯兰国家、中国、印度和南亚国家、非洲国家的各类展品，有经典的绘画摄影作品，不同时代的雕塑，出土文物、非洲民族乐器、中国书画和景泰蓝，埃及木乃伊等。博物馆电话是513-721-5204。

了解点历史掌故

1788年首批欧洲人来此定居，一开始叫Losantiville，1790年改名为辛辛那提。这个名字是对乔治·华盛顿的一个尊称，它来自古罗马时期的一位将军路西斯·奎蒂斯·辛辛纳图斯，这位将军在拯救罗马后退位。1802年，辛辛那提还是一个村，1819年被提升为一个城市。1811年俄亥俄河上开始使用蒸汽机船，加上从迈阿密和伊利运河的完工使得城市居民数于1850年达到11.5万。1827年后随着迈阿密运河和俄亥俄河－伊利湖运河先后建成，逐渐成为美国中西部主要河港和商业中心。1835年左右辛辛那提获得了“猪都”之称，因为当时它是美国的猪贩中心，市内街上有许多猪群。

04 蛇形土墩

观光指数：★★★★　推荐等级：★★★

俄亥俄州的大蛇形土墩是许多动物土墩中最引人注目的，它不是葬地，主要作宗教祭祀。蛇形土墩有411米长，高1.5米，宽6米，代表一条未舒展开来的蛇。蛇的一端是紧紧缠绕的尾巴，另一端是张开了嘴要去吞一个椭圆形的蛋。站在上面可以俯瞰俄亥俄州河上的布拉什克里克。

USA全攻略

地 俄亥俄州辛辛那提

电 800-246-2987

时 每天

亲历者体验 FOLLOW ME

美国中西部和南部不同形状的土墩是由居住在早期北美洲的3种土著人建造的。他们是阿登纳人、霍普韦尔人和密西西比人。大约在公元前300年，霍普韦尔有开始建造有围墙的墓葬土墩。他们将死者与大量珠宝、陶器之类的礼物一起埋葬。密西西比人是最后一批土墩的建造者。从公元9世纪～16世纪，他们建造了金字塔形土墩。他们将更为精美的礼物与死者葬在一起。许多年以来，人们不相们美洲土著人建造了土墩，直到1881～1888年通过发掘才证实了这一点。20世纪时发现了一位16世纪的西班牙探险家留下的著作，他当时记录下了现今美国东南部的美洲土著人建造土墩时的所见所闻。

05 托莱多艺术博物馆

观光指数：★★★★　推荐等级：★★★★★

托莱多艺术博物馆像一个透明的玻璃大帐篷，而博物馆内部的展厅，是一个个玻璃的“圆形房子”，和整个博物馆的外围互相映射，让托莱多博物馆之旅成为一次曼妙的视觉享受。博物馆内除了收藏埃及、希腊、罗马和中世纪一些国家的展品外，还有世界上最大规模的玻璃装饰，如里贝公司制造的特大型酒杯以及多米尼克·来比诺制造的玻璃雕像维多诺。

USA全攻略

地 俄亥俄州托莱多门罗大街2445号

电 419-255-8000

交 杰斐逊大道401号有到托莱多市内的飞机、火车与汽车信息，电话800-243-4667

时 周二至周六10:00～16:00，周日11:00～17:00

了解点历史掌故

托莱多艺术博物馆的设计师来自日本知名的SANAA建筑设计事务所，由媚岛和世和西泽立卫担纲。两位设计师因擅长使用透亮材质和偏爱自然光闻名，他们的代表作还有时尚品牌DIOR位于东京的旗舰店，那也是一幢晶莹剔透的建筑。

亲历者体验 FOLLOW ME

穿过门罗大街，可到托莱多艺术博物馆古希腊建筑风格的旧馆。该团由石头砌筑，上下两层，一推开旋转的玻璃门，就像走进一座欧陆式的古典艺术殿堂。博物馆的东面是古埃及、波斯和古希腊、古罗马厅，里面居然收藏着埃及古老的木乃伊彩绘人形棺和象形文字的彩绘浮雕壁画。另外还有古罗马皇帝和希腊女神的雕像、角斗士的面罩、雕琢的罗马浴缸，乃至古希腊的金箔花环，都是稀世珍品，简直让人跌破眼镜。

06 阿帕索群岛

观光指数：★★★★　推荐等级：★★★★

阿帕索群岛包括21个岛屿和附近的贝菲尔德半岛，内有古老的森林，现在已经成为了秃头鹰和黑熊的保护地。阿帕索群岛还有着独特的海蚀洞，在风和湖水的作用下，形成了崎岖的褐色沙石断崖。

亲历者体验 FOLLOW ME

只有5月中旬以后公园方面有船前往，但多数的游船节目只有6月中旬后才开放，其他月份内每天10点到一点只有Grand Cruise前往，但只是驶经10个左右的小岛，不在岛上作任何停留。另有Water Shuttle是逢周末开放，10:00～凌晨2 :00，把游客送到一到两个最大的岛，时间到了再把人接回来。最后还能坐的是Water Taxi，时间和目的地都可以自定，需要提前至少一天预约。

在冬天可以沿湖岸的冰盖走到公园的岸边部分去看悬崖下的海蚀洞，但在初春和深秋，湖边没有结冰但游船又没开放的时候，这里就没什么可玩的了。公园正好位于 Bayfield 镇的岸边，Bayfield 镇是游艇、航海、钓鱼、表演艺术、逛街及用餐受欢迎的景点。

USA全攻略

- 地 贝菲尔德华盛顿大道415号
- 电 715-779-3397
- 交 阿什兰有船到达
- 时 周一至周五，8:00～16:30，夏季延长到晚上21:30

07 明尼阿波利斯

观光指数：★★★ 推荐等级：★★★★

明尼阿波利斯是一个非常华丽的城市，曾是德国和北欧移民选择定居的目标，素有崇尚自由和创新的传统。市内拥有现代化的摩天大厦，并是大多数公司总部的所在地，市内还拥有博物馆、高级零售商店等，是一个繁华的商业中心。市内多公园，西南郊湖泊成群，风景优美，有明尼哈哈瀑布等游览。

USA全攻略

- 地 明尼苏达州明尼阿波利斯
- 电 800-445-7412
- 交 马凯特大道215号有飞机、汽车与公交的信息

亲历者体验 FOLLOW ME

1 沃克艺术中心

位于亨内平大道1750号的是沃克艺术中心，它展览的主题是行为、视觉与媒体艺术，其中有雕刻家唐纳德·贾德德最低纲领主义作品，画家爱德华·霍普的《夜间的办公室》。中心周二至周六的11:00～17:00及周四和周五晚上开放，联系电话是612-375-7622。

2 明尼阿波利斯艺术协会

市内第三大道2400号是明尼阿波利斯艺术协会，这里的收藏品包括希腊和罗马雕像以及意大利和荷兰文艺复兴时期的油画，还有众多美国风格的作品。这里周二至周六的10:00～17:00、周四和周五晚上开放至21:00、周日11:00～17:00开放，联系电话是612-870-3131的

08 圣保罗

观光指数：★★★★ 推荐等级：★★★

圣保罗是明尼苏达州的首府，与明尼艾波利斯在西边和西北边接壤，这两个大城市一起被人们称作“双子城”。圣保罗是一个安静的小城。小城内有着丰富与保存完好的历史遗迹，并有着一些独特的建筑与风光。因为它保留了19世纪将欧洲的尖塔，所以像一座欧洲城市。

USA全攻略

地 明尼苏达州圣保罗

电 800-627-6101

交 凯洛格大街西175号

了解点历史掌故

1766～1767年冬天，一个名叫乔纳森·卡伟的英格兰人沿密西西比河和明尼苏达河而上，开始了探索太平洋的航程，他在现在的圣保罗停了下来，调查一个印第安墓葬地。从1803年开始，陆续有人买下了密西西比河及明尼苏达河周围的土地，并在此安家，修建城堡。到了1820年，圣保罗成了密西西比河上游的一个轮船始发站。

亲历者体验 FOLLOW ME

1 明尼苏达州议会大厦

明尼苏达州宪法大街75号的明尼苏达州议会大厦，拥有壮观的拱顶，为布扎艺术风格，是美国最高法院的建筑师卡斯·吉尔伯特设计的。建筑的前面还有一组金箔铜、铁雕像。参观大厦，只能在周一至周五9:00～17:00，周六10:00～16:00，周日13:00～16:00。

2 明尼苏达州历史中心

明尼苏达州历史中心记载着明尼苏达州19世纪的历史，陈列了一些珍贵的展品，如巨大的火车车厢、巨大的谷物升降机，还有逼真的肉类加工厂等。该中心在凯洛格西大街345号，周二10:00～20:00；周三至周六10:00～17:00；周日12:00～17:00开放。

09 沃亚哲斯国家公园

观光指数：★★★★　推荐等级：★★★★

沃亚哲斯国家公园有许多优美的风景，包括迷人的卡伯托格马半岛和边界水域泛舟区以西的一些荒野地带。公园35%以上的面积被水覆盖，但大多可以通过狭窄的水道和小溪相连。在这里，你可以野营、远足、钓鱼、游泳、越野滑雪，甚至乘独木舟、汽艇或游艇可往来于美国和加拿大之间，观看白头鹰、鱼鹰、河狸、苍鹭和狼等动物。

USA全攻略

地 明尼苏达州北部

电 218-283-9821

交 国际瀑布城53号高速公路3131号有飞机与公交的信息

亲历者体验 FOLLOW ME

造访水壶瀑布历史区（Kettle Falls Historic District）的游客从边界向南面看，可一直看到加拿大境内。请务必去看看大坝，以及大坝看管人的小屋和建于1912年的水壶瀑布酒店。此外公园内有一条回音湾小径（Echo Bay Trail），这是长约3.7千米穿过白杨树林、松树覆盖的岩石岭和河狸塘的小道。在这条小道上可以看见大蓝鹭、北美莺鸟、啄木鸟和罕见的大灰鸮。

要领略沃亚哲斯国家公园的自然美景，游客们可以在公园管理员的带领下，从卡伯托格马湖游客中心出发，前往罗克特湖。一周的旅行包括乘船、乘独木舟和徒步旅行。首先，游客乘船穿过卡伯托格马湖，来到拉邦特斯点（La Bontys Point）附近的码头。再从那里沿着一条长约3千米的小道穿过长满云杉的沼泽，经过一道风景迷人的河狸坝和坝上的小屋。爬上山岭后，接着沿小道向下穿过松林，就来到了罗克特湖的岸边。

公园管理处在这里备有几条小船。在公园管理员的带领下，游客们可登上独木舟，在这个美丽的林地湖上划行。在这里你有机会看到白头鹰、潜鸟、鱼鹰、蓝翅野鸭，偶尔还可以看到青鹭，会让你觉得真的不枉此行。

芝加哥旅游资讯

自助游必须掌握的交通

飞机

芝加哥有两个机场，分别是奥黑尔国际机场与米德韦机场，而从中国飞往芝加哥的班机一般都降落在奥黑尔国际机场。

奥黑尔国际机场是世界上旅社最多的机场之一，有航班通往欧、亚、非、澳以及中东等地，中国的东方航空公司每周有4班以上的飞机降落到奥黑尔国际机场（773-686-3700）。

从奥黑尔国际机场前往市区非常方便，你可以在地铁站乘坐蓝线地铁到达市中心，也可以乘坐机场巴士到达市中心或者指定的地点，只需要1小时左右，票价一般26美元。乘坐出租车到市区只要半小时左右，但是费用稍微贵一点，需要50美元左右。

火车

芝加哥是美国最大的铁路枢纽，美国中北部30多条铁路线的集结点，城市铁路线总长1.24万多千米，居世界各大城市之首。联合火车站位于市中心西面的Canal街和Adams街之间，有到美国各大城市的列车，电话800-872-7245。

汽车

灰狗长途汽车站在市中心西南部的W.Harrison街，车站24小时开放，通往全美各地的汽车每天都有，电话312-408-5883。

市内公交

芝加哥市内的交通分为高架铁和地铁、公共汽车、观光巴士、密歇根游船与出租车。

高架铁和地铁：它们共同组成了芝加哥的交通系统，目前有7条线路，用7种颜色代替，分别是蓝、红、棕、绿、橙、黄、紫线，其中蓝、红号线是地铁，其他的都是高架，票价一律3美元。

● **公共汽车：**芝加哥有170多条公交线路，其中有多条通往芝加哥的郊区，票价一律是2美元。

● **观光巴士：**有两种，分别是Chicago Trolley和Double-Decker，这两种巴士都运行于市内主要景点，并且有导游讲说，票价20美元左右。

● **密歇根游船：**芝加哥有多家游船公司开通了沿密歇根湖巡游的船，基本上是从密歇根大道旁的码头出发，也有从海军码头出发的。坐在船上，能看到众多的摩天大厦。行程约1.5小时，费用25美元左右。

● **出租车：**在市中心的酒店可以乘坐出租车。出租车起步价2.25美元，另外每增加一名乘客多加1美元。

驴友力荐的住宿地

名称	地址	电话	费用
The Drake	140 E.Walton Pl.	312-787-2200	150～190美元
Chicago Hilton & Towers	720 S.Michigan Ave.	312-922-4400	150美元起
Club Quarters Central Loop	111 West Adams Street	312-214-6400	80美元起
Cass Hotel	640 N.Wabash Ave.	312-787-8544	65美元起
Harrison Hotel	65E.Harrison	312-427-8000	250美元
Chicago International Hoste	6318 N.Winthrop	312-262-1011	床位35美元起
International House of Chicago	1414 E.59th St.	312-753-2270	65美元

饕餮一族新发现

芝加哥是英国版《时尚旅游》杂志推荐的“最佳美食之都”，另外还是《美食与美酒》杂志评选的“美国最佳美食城市之一”。而美食之一的深碟匹萨是具有浓郁“芝加哥风格”的匹萨，也只有在芝加哥才能吃到最正宗的。

芝加哥有很多不错的餐馆，在这些餐馆中都可以尝到不错的美食。

位于纽维尔斯街439号（439 N.Wells St）的Lou Malnati's Pizzeria匹萨店是美食家首肯的芝加哥第一家匹萨店；

位于纽维尔斯街633号（633 N.Wells St.）的好莱坞行星餐厅（Planet Hollywood）是由阿诺·史瓦辛格、布鲁斯·威利斯、席维斯·史泰龙共同经营的餐厅，内部陈列了许多电影造型、服装等，很多著名影星来芝加哥的时候都会到这家店里用餐；

迈克尔·乔丹餐馆（Michael Jordan's Restaurant）反映出乔丹对芝加哥的影响。餐馆极富特色的标志是置于餐馆屋顶上的巨形篮球及正门入口处写着“飞人乔丹”（Air Jordan）的牌子。2层餐厅的墙上满是乔丹创造过的辉煌。

另外，芝加哥还有很多外国料理店，其中的Joy Yee Noodle便是一间以亚洲美食为主的，集韩国、日本和东南亚等风味的餐馆。

淘宝达人爱去的街店

芝加哥是美国的又一个“购物天堂”，这里的密歇根大街和国家大道是芝加哥最核心的购物地点，有大量的零售商、专卖店以及奢侈品专卖店。从小孩儿服饰到家用家具，应有尽有。

橡树街也是一处不错的购物地点，这里有多家精品店、沙龙，代表了巴黎、伦敦和米兰的最新潮流。在这里，你可以看到很多世界知名的品牌。

高地公园是芝加哥老牌的富人区，有大量犹太居民和欧洲裔居民住在这里，这里的街道非常有特点，也有一些不错的小店。

消夜族恋恋不舍的地方

芝加哥的夜间娱乐活动非常丰富，每晚都能观看舞蹈、歌剧以及各种音乐的现场表演。蓝调音乐在芝加哥非常流行，所以在芝加哥的蓝调音乐酒吧着实吸引了众多为“纯正”音乐而来的游客，其中最火爆的当属“Buddy Guy 传奇”（南Wabash大道754号）。

●芝加哥市内的梦露雕像

10

美国最热门的旅游圈

Hawaii 夏威夷

在夏威夷群岛里，夏威夷是最年轻的一个岛，也是最大的一个岛，而不断爆发的活火山仍在继续为夏威夷大岛增添新的土地。可以说，夏威夷是世界上旅游业最发达的地方之一，拥有得天独厚的美丽环境，风光明媚，海滩迷人。在这里，你可以在一天内上山滑雪，下海冲浪，然后到火山公园看火山，去感受冰与火同在的奇观。

Hawaii 夏威夷

夏威夷景点

01 夏威夷火山国家公园

观光指数：★★★★★

推荐等级：★★★★★

夏威夷火山国家公园位于美国夏威夷州的夏威夷岛上，主要包括冒纳罗业和基拉韦厄两座现代活火山。公园内各种热带作物生长茂盛，热带雨林的主要树种有桉树、棕榈和松木等，也有不少经济林木如橡胶、可可树和椰树等。还有蝙蝠、夏威夷雁、大鹰、乌鸦、夏威夷白腹水鸟等动物。此外还生长着经济价值很高的其他热带植物，有甘蔗、菠萝、香蕉、番石榴等，产量异常丰富。

USA全攻略

地 夏威夷岛夏威夷带状公路，也就是11号公路

电 805-985-6000

交 自驾车或者租车前往

亲历者体验 FOLLOW ME

游览中心会举办展览会、放映电影，并有大量的文件资料，中心还提供专题导游项目。沥青铺就的公路网使游客可以环绕基拉韦厄山的边缘游览，或是一直走到海边。缤纷的景致让人惊叹，步行小路更是四通八达。当夕阳西下，你沿途会看到喷吐着烟雾的银灰色火山口，一堆堆橙色的硫磺，蕴含矿物质的沙漠以及茂密的森林，高耸的蕨类植物同深色的树叶交织在一起。游客们可以登上4170米高的冒纳罗亚火山，这个由一次次熔岩流堆积而成的山峰，它那精美的圆形山顶上有时也会白雪皑皑。

★关于公园的传说

相传在很久以前，烈火女神皮尔是大地母亲奥梅阿的女儿。这位女神四处旅行，寻找安身之处。她一个接一个地试遍了夏威夷群岛的每个地方，但是每当她用魔铲挖土掘火坑时，总是距海太近，海浪滚滚扑灭了火焰。最后，女神终于在夏威夷岛东南角的基拉韦厄火山上找到了梦寐以求的家园。人们有时也把这座岛叫作比格文兰岛。

02 希洛市

观光指数：★★★　推荐等级：★★★★

希洛市位于莫纳克亚和莫纳罗亚火山的对面，是夏威夷本岛的首府，是全美降水最多的城市，拥有无与伦比的地理、生态、气候，并交织成了多样性的文化。希洛市的莱曼博物馆及莱曼传教士所仍保持着19世纪30年代的鸳鸯，展出了许多维多利亚装饰品和手工艺品。

USA全攻略

地 夏威夷岛希洛市

电 808-961-5797

交 卡米哈米哈街，靠近马莫街有关于乘坐飞机与汽车的信息

了解点历史掌故

在古代，希洛是一个大型的贸易中心，在这里夏威夷人与来自于威陆库河彼岸的人进行贸易。1824年，这里吸引了西方传教士来此定居。在19世纪末，随着制糖业的发展，成就了希洛这座城市。1946年和1960年毁灭性的海啸严重破坏了这座城市，不过希洛现在仍然是夏威夷的一个主要人口中心。

亲历者体验FOLLOW ME

这里盛产芒果、木瓜与坚果。坚果其外壳是任何动物都咬不破的，所以到收成时，都是在地上收集放在袋子里，一袋袋运去加工。有一个生产朱古力的购物中心，不过对出售的朱古力不敢恭维，因为隔着玻璃看到了里面的制作过程，工作人员都带着手套头套，唯独没有带口罩，在工作谈话过程中很不卫生雅观。

03 瓦胡岛

观光指数：★★★★★ 推荐等级：★★★★★

USA全攻略

地 檀香山旅游局

电 808-923-1811

瓦胡岛是美国夏威夷州火山岛，也是夏威夷的人文和经济中心，在夏威夷群岛中居第三位。岛上有该州首府火奴鲁鲁（Honolulu，又称檀香山）及珍珠港（Pearl Harbor）和怀基基（Waikiki，又称威基基）海滩。其中最热闹、最闻名的是怀基基海滩，远处碧海蓝天，白云悠悠，近处椰林婆娑，金黄的沙滩，滔滔的白浪，令人感到心旷神怡。

亲历者体验 FOLLOW ME

1 檀香山必游景点

檀香山最出名的景点是约拉尼宫和华肖普展览馆。约拉尼宫位于市中心，是夏威夷王国时代的王宫，现在是夏威夷州众议院和参议院所在地。在这里，可以看到雕花描金的御座，用羽毛装饰的夏威夷王权杖，工艺精湛的镀金家具以及卡拉考阿国王从欧洲买回的水晶灯；华肖普展览馆堪称为波利尼西亚文化艺术的“珍宝箱”，馆内陈列着26顶夏威夷国王们曾经戴过的羽冕，其中卡梅哈麦哈一世的羽冕价值超过百万美元。

2 Byodo-In庙

Byodo-In庙是一座有900年历史的日本寺庙复制品。它亮红色的墙壁掩映在青山之间，显得出尘脱俗，一弯朱红色的小桥和一个重达3000千克的大钟守在庙口，很有情调。日落时分，悬崖峭壁发出粉红、紫红的光芒，宛若仙境。旅游电话是808-239-8811。

3 北部海岸最精彩

北部海岸是冲浪族的聚集之地，阿利伊海滩的大浪和冲浪比赛也非常有名。另外，在北部海岸有怀梅阿谷奥德班中心——一个植物的天堂。在这里，可以看到成千上万种珍稀热带植物，还有各种鸟类。怀基基夏威夷旅游局有前往此地的汽车，旅游局电话是808-924-0266。

04 毛伊岛

观光指数：★★★★ 推荐等级：★★★★★

毛伊岛是夏威夷群岛中的第二大岛，海岸线总长为193千米。岛上的哈莱阿卡拉火山海拔3063米，最后一次活动在1750年；火山顶庞大的休眠火山口是一个彩虹色的锅穴，由于视错觉似乎每分钟都在改变颜色，已成为哈莱阿卡拉国家公园中的一部分。岛上种植甘蔗、菠萝。近西北海岸的怀卢库是最大城市，西海岸的拉海纳是早期捕鲸港口。

USA全攻略

地 夏威夷州夏威夷岛西北41千米处

电 808-572-4400

时 7:30～16:00

亲历者体验 FOLLOW ME

1 最有趣的是赏鲸

在夏威夷所有岛屿之中，毛伊岛是最常发现鲸鱼踪迹的地方。每年的12月至来年4月是当地的旅游旺季，也是最佳的赏鲸季节。在毛伊岛赏鲸，成功机率相当的高，有时候甚至不需出海，只要顺着沿海公路开车，就有机会望见鲸鱼群远远地在海面上现身。不过，如果真想近距离接触它们，当然还是得搭乘赏鲸船出海观赏才过瘾。赏鲸船大多能容纳约百人，出海时，赏鲸船都会特别安排相关专家在甲板上进行生动精彩的鲸鱼生态解说，让游客对于鲸鱼的习性有基本的认识。

2 哈莱阿卡拉国家公园

毛伊岛上最有名的是哈莱阿卡拉国家公园，它被誉为毛伊神和“阳光家园”。大山的山顶有一个圆形火山口，山顶之下便是山麓胜景，有火山灰堆和火山熔岩雕塑，这些雕塑的红、黄色调令人惊叹，与其他风景共同构建了美不胜收的山麓风景。到这里，你还可以参加远足、露营、眺望、观鸟等活动。

3 岛上的捕鲸石镇拉海纳

毛伊岛西海岸的拉海纳是有名的捕鲸镇，它曾经被称为“Lele”，意为“无情的太阳”。而现在，这里有充足的阳光让能够欣赏到拉奈岛美景以及茂宜岛西部的迷人日落，随着遍布小镇的拉海纳历史小径标牌行走，你依然能够探寻拉海纳的丰富历史游客中心电话是808-667-9193。

05 考爱岛

观光指数：★★★★ 推荐等级：★★★★

USA全攻略

地 夏威夷群岛最北端

电 808-245-6410

交 赖斯街有关于飞机与汽车的信息

考爱岛就像一颗镶嵌在蓝色汪洋之中的绿宝石，璀璨夺目。岛上风光旖旎，驱车沿哈那佩佩溪谷缓缓而行，看到的将是一片田园风光。在这里，雨后天晴后，总可见到彩虹，有时一天可见到五六次彩虹，还可见到两条彩虹重叠的奇景。考爱岛的活动特别多，从远足旅行到爬山，从划海豹皮艇到骑马应有尽有。

亲历者体验 FOLLOW ME

1 利胡埃是必逛的地方

利胡埃是考爱岛的行政和商业中心，面积虽然不大，却有着优美的卡拉帕基海滩。小镇的考爱岛博物馆展出漂亮的传统手工艺品，包括羽毛编制的王室旗标，古代武器等。

2 最精彩的是怀梅阿峡谷州立公园

怀梅阿峡谷州立公园曾被美国著名作家马克·吐温称为“太平洋上的大峡谷”。公园内，经过岁月沧桑、被风雨剥蚀的岩层在游客面前呈现出不同的颜色，在阳光的照耀下，这些岩层会幻化出各种奇异的色彩。而在幽深的峡谷底部或之间还会喷涌出一片冰冷的雾气，宛如童话中的意境。游客中心电话是808-335-9975，沿550号公路行走可到。

3 卡拉劳卢小路最有情趣

卡拉劳卢小路始于库希奥公路尽头，直通马卡纳峰。沿着小路行走，可以欣赏美丽壮观的海岸线，观看卡拉劳卢峡谷魔术般奇幻的景色，还能到达夏威夷最有名的草裙舞学校。但在出发前，必须提前得到州立公园办公室（808-274-3444）的允许。

了解点历史掌故

早在公元2世纪时，考爱岛就已有人居住了。夏威夷的一些老人说，他们的祖先在考爱岛的密林里看到过一种神秘小矮人——曼涅胡内人。这一人种个子很矮，平均不到1.5米。根据当地的传说，考爱岛上曾住过100万名曼涅胡内人，不过到最后一个统治者阿里掌权时，他们只剩下1万人了。在夏威夷的波绍波弗博物馆里，记载着曼涅胡内人建造34座庙宇的情景。据当地老人说，这些神奇的建筑大军总在晚上工作，一旦白昼降临，便立即匆忙返回自己的家园。如今，小矮人早已消失，留给人们的只有神秘的传说和珍贵的建筑遗址。

06 莫洛凯岛

观光指数：★★★★★ 推荐等级：★★★★★

USA全攻略

交 坐小飞机从檀香山到莫洛凯岛有大约15分钟的航程

莫洛凯岛素有“友好的岛屿”之称，它是夏威夷土著居民占人口比例最多的一个岛。因而岛上的旅游开发相对较少，但这里的景色非常美丽。南部海滨鲜花满地，卡劳帕帕国家历史公园也在此。南岸有小港口，输出菠萝和牲畜。该岛卡劳帕帕(Kalaupapa)半岛建有州立汉森麻疯病治疗中心。

了解点历史掌故

联在西方文明进入夏威夷之前，莫洛凯岛以神灵强、神职人员众多著称。外来民族进来之后，带来了很多夏威夷以前没有的疾病。19世纪之后，莫洛凯岛成为夏威夷群岛中专门关押麻疯病人的地方，乘船的麻疯病人从其他岛屿被抓来，在靠近海滩的地方被推下海水，病人游到岸上，在岛上自生自灭。神父德民（Father Damien）为了给麻风病人传播基督福音并从生活上救助他们，在岛上和麻疯病人一起整整生活了16年，最终不幸也染上了麻风病而死。至今，在夏威夷州政府大楼的正面，夏威夷人为他树立了铜像，以永远纪念他的博爱。

亲历者体验 FOLLOW ME

1 考纳卡凯

考纳卡凯是莫洛海岛上的最要城镇，市中心的风格很古朴、木板路街道，成排的商店，显得非常宁静。考纳卡凯东边有夏威夷沿途风景最美的沿海车道之一——卡米哈米哈五世公路。这条公路沿途有古代遗迹、教堂、原生态海滩、在热带雨林掩映下的小村庄。游客中心电话是808-553-3876，自驾车沿卡米哈米哈五世公路可到。

2 卡劳帕帕国家历史公园

卡劳帕帕国家历史公园曾经是一处专门收留麻疯病患的隔离区域，患这种病症的人都会被送到卡劳帕帕半岛上的收容所与世隔绝，而这地方也被美国文学家密契纳写进他的小说《夏威夷》章节之中。游客中心电话是808-567-6171，通过卡劳帕帕小路步行或骑骡子可以到达。

Hawaii 夏威夷

夏威夷旅游资讯

自助游必须掌握的交通

飞机

到夏威夷旅游，可以先飞到檀香山国际机场，所有的美国大型航空公司和许多国际航空公司，都有直飞檀香山国际机场（位于欧胡岛）的航班，或者从美国大陆直飞茂宜岛、大岛。机场距檀香山市中心4千米，距怀基基海滩8千米。

到达夏威夷之后，在众多岛屿之间的交通以搭乘飞机为主，夏威夷飞机班次多，有夏威夷航空、阿罗哈航空两家主要的航空公司，各主要岛屿之间的飞行时间约为20～40分钟，单程费用在63～103美元之间。早晨和晚上的航班通常较便宜。

机场的国际和国内航班的候机楼不在一处。一种叫做威基威基（Wiki Wiki）的免费班车负责乘客在候机楼间的交通。行李车的租金为1.5美元。

游轮

岛屿之间没有渡轮可搭，但许多豪华游轮定期往返夏威夷，而这是游览夏威夷群岛的诱人方式。有些游轮甚至从美国西岸出发，若你想体验超大型豪华游轮黄金时代人们旅游的方式，这是最佳选择。

叮当车

是畅游威基基最省钱的方法，起点在夏威夷皇家购物中心，若你选择住宿Hilton Hawaiian Village、Renaissance Thellikai、Radisson Prince Kuhio Hotel及Ohana West Hotel等饭店，叮当车均在各饭设站经过，旅客仅需在饭店门口上、下车即可，若需额外购票，可前往夏威夷皇家购物中心或洽当地金鸥旅行社购买。

接驳巴士

接驳巴士是前往威凯丽直营购物商场最便捷的交通工具，若你选择住宿Hilton Hawaiian Village、Renaissance Thellikai、Radisson Prince Kuhio Hotel等饭店，威凯丽接驳巴士（Waikele Trolly）均在各饭设站经过，旅客仅需于饭店门口上、下车即可。但每天仅有两班前往，需事先订位，订位电话为（808）591-2561、价格为成人22美元，11岁以下儿童8美元，或翻阅旅游资料袋中的TROLLY MAP GUIDE手册。

公共汽车

公共汽车（Bus）每趟成人仅1美元，学生票5角，6岁以下儿童免费。于Kuhio大道上可搭乘下列路线前往各风景区。

租车

夏威夷道路系统简单清楚，车辆与台湾相同也是靠右走，租车旅游是不错的方式。主要游览地威基基(Waikiki)，是以3条平行的道路为主干，一条是沿威基基海滩而行的Kalakaua大道，另外向内陆延伸的分别是以公车为主干的Kuhio大道及阿拉威运河(AlaWai Canal)旁的Ala Wai大道，若能掌握这三条道路便能轻松地游遍威基基。出国前请先在台湾申请国际驾照，并在台湾就先预约租车并买好保险，租车公司在机场都设有取车地点，相当方便

驴友力荐的住宿地

夏威夷各岛建有各式各样的宾馆饭店，与美国本土相比，这里的住宿费用相当昂贵，而且根本没有便宜的汽车旅馆。"观光饭店和度假村"(hotelgresort)等级从一般到超级豪华都有，通常设施齐全、环境优雅，有着各项休闲设施、会议设备、餐厅、酒吧等，价钱从50美元到2,500美元不等。"公寓式旅馆"(condominiums)，通常是整栋公寓长期分租给旅客，每间约有1～2个房间，起居室、厨房、投币洗衣室及停车场，可住2～8人，费用比饭店便宜。通常以月、周计算，住得愈久折扣愈多。

酒店

名称	地址	电话
群岛B&B	瓦胡岛凯卢阿镇凯库伊公路823号	808-263-2342
夏威夷B&B	考爱岛卡帕阿镇449号信箱	808-822-7771
米岛B&B	夏威夷岛沃尔卡诺镇	808-967-7216
太平洋夏威夷B&B	瓦胡岛凯卢阿镇凯纳尼19号	808-262-6026

饕餮一族新发现

到过夏威夷的游人，对那里的小吃难以忘怀，街头摊档里鲜美的海鲜及芋头、椰子，风味千种，糅合来自世界各地的口味特色。夏威夷的传统主食是芋头，品种达150多种；而海鲜又极其丰富，给爱好烹饪的厨师提供了施展身手的机会。夏威夷是个移民岛，于是来自中国、日本、菲律宾、葡萄牙等国人因地制材，创造出各类美味小吃。夏威夷特色菜肴岛上其他的美食也是由移民带来的，例如中国菜、菲律宾

菜和越南菜。一些大型饭店和旅游胜地从欧洲和美国大陆引进了名厨主理，他们采用岛上最新鲜的原料，充分吸收了其他菜的优点，做成了独具特色的美味，称为“夏威夷地方美味”（HRC）。在夏威夷到处可以看到(HRC)，它们有的设立在宾馆内，有的独立开店。猪肉饭团和POKI就是著名的夏威夷美味。

淘宝达人爱去的街店

在夏威夷，游客可以买到散发着大海气息的纪念品——珊瑚和贝壳，由成千上万的小贝壳编成的花链价值数千美元，在阿拉冒纳购物中心的岛屿商店就可以看到各式各样的贝壳和贝壳饰品。公爵路上挤满了大大小小的店铺，销售各种珠宝。要买咖啡豆的请到科纳海岸的咖啡种植园。如果你想变成一个地道的夏威夷人，你可以到希洛市哈蒂商店，买几件印满花卉图案的阿洛哈衬衫或姆姆裙。ABC平价商店在岛上处处可见，单是怀基基就有28家，这些商店东西很齐全，食品、防晒霜、纪念品应有尽有，它们的营业时间都很长。7-eleven连锁店也遍布全岛，每天24小时营业，经营多种食品，有时还有快餐和热饮。

消夜族恋恋不舍的地方

夏威夷的娱乐项目少得令人失望，在檀香山以外的地方，游客的选择余地就更少。除了电影，就是波利尼西亚舞剧或者酒吧音乐。报纸上会列出完整的演出预告，游客可以查看一下《檀香山广告家》或《檀香山明星快报·周末版》。街头一些免费提供的周刊，也有类似的内容，但它们通常只刊出其广告客户的信息。《本周》和《黄金视点》则为四大岛分别设计了专刊。《檀香山》杂志也登载着各种娱乐活动的详细日程安排。夏威夷艺术委员会（电话808-524-7120）每月还出版一份文化活动指南，供游客查阅。

檀香山最好的娱乐方式是去怀基基贝壳音乐厅听免费的音乐会，当地任何一家日报都有详细介绍。每年5月1日卡基麦罗兄弟乐队都会来这里为挤坐在草地上的人群演奏。还有什么比沐浴在夏威夷温暖的海风中欣赏美妙乐曲更加惬意呢？

夏威夷每个岛上表演的波利尼西亚舞剧都会有所不同，有的壮观华丽，有的较为质朴，但形式大多相同。塔希提岛的姑娘们穿着草裙，灵活地晃动着她们的腰胯，接下来是一种被称作萨摩亚之火的舞蹈和毛里波伊舞蹈，每一个夏威夷式的宴会都会以这些舞蹈为主旋律，把气氛推向高潮。

11

美国最热门的旅游圈

Houston 休斯敦 New Orleans 新奥尔良

休斯敦在150多年前是卡伦卡娃印第安部落的居住地，现在已经成为美国第四大城市，除了戏剧、芭蕾、歌剧和交响乐4种主要艺术外，休斯顿还有众多的博物馆，如梅尼尔藏品、美术博物馆等。新奥尔良濒临墨西哥湾，是一个重要的港口城市，是美国仅次于纽约的第二大港城，以爵士乐和法国殖民地文化闻名。

美国最热门的旅游圈

Houston

休斯敦

New Orleans

新奥尔良

Washington 休斯敦

休斯敦—新奥尔良景点

01 约翰逊航天中心

观光指数：★★★★★

推荐等级：★★★★★

约翰逊航天中心以美国第36任总统林登·约翰逊命名，是美国载人航天飞机的研发基地和控制中枢，也是美国最大的太空研究中心。约翰逊航天中心除进行宇航飞行、飞行器制造、太空科学等研究外，还承担直接指挥控制佛罗里达州肯尼迪航天中心的发射活动。在这里，你可以了解宇航员以及宇航员登月的一些情况。

USA全攻略

地 国家航空和航天局1路1601号

电 281-244-2100

亲历者体验 FOLLOW ME

航天中心的很多场所对公众开放，被称为“宇航科普的大课堂”。在航天中心的围墙外设有航天展览馆，陈列有各种太空设备实物与模型，对观众进行宇航知识的启蒙教育。要进入约翰逊航天中心参观，也要由此出发。

★国飞控中心的大本营

约翰逊航天中心的飞控中心始建于1962年底，1964年投入使用。飞行任务控制中心的主要任务是在发射到着陆期间，通过遥测特定格式的数据指挥和管理太空中的飞行活动。1965年6月，著名的“双子星-4”飞行任务确立了该飞控中心作为美国飞控中心大本营的地位。如今，它已经成为美国航天飞机和国际空间站飞行任务控制的神经中枢。

02 休斯敦姚明餐厅

观光指数：★★★ 推荐等级：★★★★★

USA全攻略

地 威斯海默街9755号

姚明餐厅位于美国休斯敦西城区最繁华的高档餐饮街，餐厅靠街一面的外墙，有3个大大的红色字母“YAO”和1个汉字“姚”的中国印，门口是两个石狮子。餐厅的主要经营者是姚明的父母及在休斯敦有多年餐馆管理经验的中国朋友，NBA球迷可以在这里边消遣边看球赛。如今，这里不仅是火箭队队员的聚会之所，也是其他NBA球队队员及名人光顾之所。可以说，休斯顿姚明餐厅是美国家喻户晓的“餐饮景点”。

★姚餐厅“出口转内销”

2006年，姚餐厅“出口转内销”，从休斯敦把分店开到了上海。去休斯敦体验姚餐厅或许太远，到上海静安寺的姚餐厅，可行性就会大很多了，上海这家姚餐厅的真名叫做“YEEHA”，是德州牛仔放牧时喊的口号，代表着奔放和勇往直前。上海姚餐厅是运动休闲餐厅，一楼为美式中餐厅，二楼还设有得克萨斯烤肉和体育酒吧。

亲历者体验 FOLLOW ME

1 很难吃到正宗的“姚家菜”

姚餐厅最吸引人的莫过于姚妈妈做的菜，什么姚太太馄饨、姚太太私房菜、姚太太私房汤……但是，即使你到了姚餐厅，也不会有口福吃到正宗的“姚家菜”，除非你和“小巨人”的关系非同一般。姚明妈妈方凤娣已经坦言：“我不会亲自为顾客们下厨，只会给自己的儿子做饭。”和普通的食客相比，姚明的哥们会得到一点特殊待遇，姚妈妈在亲自给儿子下厨时，会顺便将儿子的朋友们一起招待好，弗朗西斯等几个与姚明私交甚笃的朋友都有幸尝过。

2 和姚明“近距离”接触

餐厅里随处可见姚明的照片，还有他父母姚志源和方凤娣年轻时打球的老照片。在餐厅的酒吧里配备了超宽屏幕电视，不间断地转播各种体育节目。餐厅共有6个包间，姚志源和方凤娣特意为儿子姚明在VIP包间内定制了一把超大型坐椅，餐厅墙壁上姚明的比赛照片随处可见，这个包间里还配备计算机和电视等，在姚明不使用时，这个包间也对外开放营业。

03 新奥尔良法国居民区

观光指数：★★★★★ 推荐等级：★★★★★

USA全攻略

地 新奥尔良市中心

电 504-568-5661

法国居民区是新奥尔良的著名的旅游景点，到处都是历史足迹。它最初是法国军队建于1718年的阵地，后来变成法国人的定居点。现在是个以商业和娱乐为中心的区域，此区街道狭窄，商店一个连一个，漫步在街上，感觉好像是在欧洲，具有新奥尔良风味的餐厅和酒吧里有精彩的现场音乐演奏。

了解点历史掌故

广场的中心是圣路易大教堂，1788年复活节前发生了火灾。时值斋戒期，按规矩不能鸣钟。教士没敢破戒，任大火肆意蔓延，拒不报警。结果，整个法国区几乎被烧光，教堂也未能幸免。火灾后重建的建筑都变成了耐火的西班牙式——锻铁或铸铁的窗冰激凌和栏杆、灰泥砖墙，比起木结构法国式建筑要结实许多。直到今天，整个法国区也没有一栋完好的法式建筑，就连圣路易大教堂，也基本上是西班牙式风格。

亲历者体验 FOLLOW ME

1 去那些有名街道逛逛

波旁大街（Bourbon Street）是新奥尔良最有名的街道，就在法国居民区的中央，是脱衣舞厅和同性恋酒吧所在地，有过往的怀旧电车和游玩的马拉的棚车，旁边很多音乐和艺术商店，有街头艺人的表演，黑人吹爵士乐，打鼓的，画人物头像和街景的。黄家街（Royal Street）上有世界一流的各式古董店，和波旁大街相比，该街更靠近密西西比河，极富欧洲风情。此外，法国居民区有一些宁静典雅的小街，和波旁街的喧闹恶俗形成鲜明对照。20世纪的油画、印第安头饰、维多利亚式家具、巫道的器具、旧中国的灯笼等构成了肃穆的街景。

2 杰克逊广场最能代表法国区

这个广场是法国区也是新奥尔良城的中心，广场上永远熙熙攘攘，节假日更是流浪艺人的天然舞台：云游歌手、哑剧小丑、落魄画家、看手相的吉普赛女巫……法国区的流浪艺人是另类的游侠。广场一角的“人间咖啡”是观光的绝佳处，有所谓“不到‘人间’就算没到过新奥尔良”之说。这里的咖啡有独到之处，奶咖啡(cafe au lais)比法国的同名饮料多含一种菊苣块根的碎末，使咖啡变得更浓郁。在这里捧一杯咖啡，望一眼圣路易大教堂的尖锥顶，再看杰克逊广场的人间活剧，啜饮间不觉时光流逝。

04 新奥尔良沼泽地

观光指数：★★★★　推荐等级：★★★★★

USA全攻略

地 新奥尔良市郊外

电 504-509-1401（沼泽地带旅游团）

时 每日9:00、11:00出发，冬季取消

靠近新奥尔良的密西西比河河口附近的地方有大片的沼泽地，庆幸的是这里有如网一样的水路。据说这是居住在那里的居民开辟的线路，后来成为海盗们隐藏专用的地方。如今这片沼泽地是研究生态学的重要基地，而被植物学者、动物学者、鸟类学者所关注。据说这里有50万只鳄鱼，还有鹤等鸟类，是动物繁衍生息的天堂。

亲历者体验 FOLLOW ME

新奥尔良市内有数家船运公司经营沼泽地带的观光汽艇，但是汽艇登船处较为偏僻，不过这些公司会派专车接送游客往来于酒店和码头。游客若想参加，需要预约。

休斯敦—新奥尔良周边景点

01 达拉斯

观光指数：★★★★ 推荐等级：★★★★★

USA全攻略

地 得克萨斯州中北部，跨特里尼蒂河两岸

电 214-571-1300（达拉斯游客中心）

交 从休斯敦乘灰狗巴士或飞机前往

达拉斯创立于1814年，1856年正式建市，为重要工商业中心，也是全美三大会议中心之一。市内歌剧院、芭蕾舞剧院、音乐厅、博物馆等设施广布，并设有毕晓普学院、南方卫理市徽公会大学、达拉斯大学等多所高等院校，而一年一度的得克萨斯州博览会也在此举行。

★达拉斯小牛队

得克萨斯州达拉斯市是NBA小牛队的主场所在地，20世纪80年代，小牛队一直被看成是一支很有前途的球队。但在90年代初，小牛队开始下坡路，两度逼近球队最差战绩。从20世纪90年代中期开始，小牛队重新开始恢复元气。进入21世纪后，小牛队终于洗尽铅华，再次踏入季后赛门坎。在2006～2007赛季，虽然小牛队创造了联盟史上第六佳绩，但季后赛第一轮被勇士淘汰，成就了对方的黑八奇迹。

亲历者体验 FOLLOW ME

1 去费尔公园看看

达拉斯第一大街的费尔公园每年10月都会举行德州展览会，园内最著名、最美丽建筑物是HallofState，它是为了纪念德州独立100周年而建的。园内还有棉花馆、植物园、德州历史博物馆以及水族馆、美术馆等。沿1～75公路向南，然后转1～30公路，最后转1～47公路直行可到，公园电话是214-670-8400。

2 不可错过的博物馆

达拉斯有两个不可错过的博物馆，第一个位于埃尔姆街411号的是第六层博物馆，乘坐DART有轨电车可以到。它是为纪念美国前总统肯尼迪被刺杀而建，博物馆用图片和录像记录了肯尼迪总统的生平资料与遇害现场的资料。第二个是位于北哈伍德街1717号的达拉斯艺术博物馆，馆内每周都会展出古代玛雅文化和印加文化的瑰宝，博物馆周二至周日11：00～17：00开放，联系电话是214—222—1200。

3 欣赏达拉斯周围夜景

位于重聚大街东300号的重聚大楼是达拉斯的地标性建筑物，从这里能看到达拉斯及周围的美景，因此，这里也成为了看夜景的好地方。重聚大楼周日至周四10：00～20：00；周五至周六10：00到午夜开放，电话是214—651—1234。

02 奥斯汀

观光指数：★★★★ 推荐等级：★★★★

USA全攻略

地 得克萨斯州奥斯汀
电 512—478—0098
交 东第六大街209号有飞机、火车与公交的信息

奥斯汀气候温和，阳光充足，是全美最适合居住、工作和休闲的城市之一，并以其繁荣的商业社区，优美的自然风光，交错的河流，风格迥异的运动队，令人难以置信的多样化户外活动和现场音乐而著称。而没有任何其他城市能够象奥斯汀这样将大都市的娱乐、饮食和文化与闲散的小镇风情结合得这么完美。

亲历者体验 FOLLOW ME

1 得克萨斯州议会大厦

奥斯汀第11大街和康格雷斯大街的得克萨斯州议会大厦是美国最大的州议会大厦，建筑为文艺复兴风格，外墙是“夕阳红”花岗岩，非常美丽。大厦内的圆形大厅内陈列了西班牙、法国、墨西哥、英联邦和美国等六国的图章，而这些国家的国旗也在这里飘扬。

2 布兰顿艺术博物馆

奥斯汀康格雷斯大街是得克萨斯州大学校园所在地，校园内的布兰顿艺术博物馆非常出名，它收藏了1.3万多件从文艺复兴时期到抽象表现主义时期的艺术品，其中有很多收藏是小说家詹姆斯·米切纳捐赠的。博物馆联系电话是512—471—7324。

03 沃斯堡

观光指数：★★★★ 推荐等级：★★★

USA全攻略

地 得克萨斯州奥斯汀
电 512—478—0098
交 东第6大街209号有飞机、火车与公交的信息

沃斯堡面积虽小，但是它环境优雅，纯朴自然，是一座有着

高档“文化”的城市。市内有着众多的名胜，如森丹斯广场、金贝尔艺术博物馆等。除众多经典，购物在沃思堡是一大特色，这个城市有美国的百货公司、精品店、高档商店，跳蚤市场、古董店和一些一流的购物中心的集聚地。

亲历者体验 FOLLOW ME

1 不可错过的博物馆

沃斯堡鲍伊营大街3501号是亚蒙卡特博物馆所在地，该馆是牛仔艺术藏品最多的博物馆之一。除了绘画、素描以及雕刻外，多是众多记录发现、探索西部的照片。联系电话是817-738-1933。位于鲍伊营大街3333号的是金贝尔艺术博物馆，主要收藏了哥伦布发现美洲发现美洲大陆之前的玛雅陶器、珠宝以及罕见的亚洲古代青铜器，并有多个文艺复兴时期和巴洛克时期画家的作品。联系电话是817-332-8451。

2 森丹斯广场

森丹斯广场上有19～20世纪之交的商品房，还有众多的电影院、餐馆，改成的交响乐团、芭蕾舞团和歌剧团也都聚集于此。其中的锡德·理查森西部艺术博收藏博物馆是一个值得观看的地方，它展出了很多著名艺术家的作品，如弗雷德里克·雷明顿。

04 密西西比三角洲

观光指数：★★★★　推荐等级：★★

USA全攻略

地 密西西比三角洲
电 662-627-7337
交 格林伍德有汽车与火车前往全美各地

密西西比河三角洲由通过密西西比河在注入墨西哥湾时沉积的沙泥造成，是蓝调音乐的诞生之地，也是世界各地音乐爱好者的试金之地。每年9月，密西西比三角洲布鲁斯音乐节都会在三角洲地区的达格林威尔举办。届时，众多音乐爱好者从各地赶来，非常热闹。

亲历者体验 FOLLOW ME

克拉克斯戴尔布鲁斯路1号是三角洲布鲁斯博物馆所在地，它本是蓝调音乐的储藏库，内有大量的私人财产、照片、乐器以及罗伯特·杰克逊、马迪·沃特斯等人的录像带。每年8月，太阳花河布鲁斯和福音乐界都在博物馆的外面举行。博物馆电话是662-627-6820。

Washington 休斯敦

休斯敦—新奥尔良旅游资讯

自助游必须掌握的交通

休斯敦是美国西南部陆上交通中心，5条铁路干线和多条公路线呈辐射状通向各地，城周有高速公路环绕。市内设有2个机场，其中市中心以北27千米处的休斯敦洲际机场，为通往拉美和欧洲各国的空中门户。

新奥尔良的交通也很方便，主要交通工具包括巴士、电车、出租车、渡船等，主要的租车业者也有在这里设站。机场前往目的地交通工具。

驴友力荐的住宿地

来新奥尔良参观的旅客，都会选择住在就近French Quarter的旅馆，也因此French Quarter的旅馆都较其它地区昂贵。如果要选择低价位的旅馆，Warehouse & Lower Garden Districts可以提供较多的选择。在房间价格方面，Mardi Gras和Jazz Fest等节庆时期的房价是最高的，但在湿热的夏季，房价可节省最多一半。

酒店

名称	电话	价格
YMCA International Hotel	504-568-9622	30美元
Audubon Hotel	504-568-1319	25美元
Prytania St.	504-566-1515	35美元
Hotel La Salle	504-523-5831	30美元

饕餮一族新发现

新奥尔良的美食融合了法国、意大利、墨西哥、加勒比海风味，再加上克里奥尔人的传统美食，因而显得丰富多彩。muffuletta是路易斯安那州特产，在众多餐厅中，923 Decatur St.上的Central Grocery是最好吃的。

名称	电话	类型	价格
Arnaud ′s	504-523-0611	Creole美食	午餐35起美元
NOLA	504-522-6652	Cajun美食	30美元
GALATOIRE'S	504-525-2021	Creole美食	25美元

淘宝达人爱去的街店

新奥尔良是美国主要的旅游地区之一，因此并不缺乏可以购物的地方。除了大型购物中心外，Riverwalk和Bourbon Street是户外的逛街场所。此外，Mardi Gras节庆时所戴的面具更成了新奥尔良流行的商品，送人、纪念或装饰皆很适合。通常仿冒品都较为便宜，且面具上没有制作人的专属标志。好的陶制或羽毛制的面具通常在10美元以上，有的甚至可高达1000美元。购买时，应注意制作的材质、艺术性和面具大小。

消夜族恋恋不舍的地方

休斯敦的娱乐以体育赛事为主，它不仅是NBA火箭队的主场，还是NFL德克萨斯人队、MLB太空人队的主场。NFL是美式橄榄球大联盟的缩写，MLB是美国职业棒球大联盟的缩写，可见，在休斯敦，除了篮球外，人们还热衷于橄榄球和棒球。

●新奥尔良街景

12 美国最热门的旅游圈 Denver 丹佛

丹佛是科罗拉多州的首府，也是一个为矿工供应必需品的基地。其温和的气候吸引了众多的移民，后来，成为了该州的主要贸易基地与居民地。丹佛的风光非常迷人，市内的公园风景如画，还有很多的博物馆，如西部美国黑人博物馆与遗产中心、美洲博物馆等。

12

美国最热门的旅游圈

Denver 丹佛

Denver 丹佛

丹佛市内景点

01 市中心公园

观光指数：★★★★★
推荐等级：★★★★★

USA全攻略

地 科尔法克斯大街和第14大街公园路之间，大道和班诺克街之间

电 303–866–2604（科罗拉多议会大厦）

市中心公园是丹佛的文化和政治中心，有装饰豪华的科罗拉多州议会大厦、科罗拉多州历史博物馆、丹佛美术馆。此外还包括一个大型的水景广场，一座连接着第16商业街的桥梁和一座72英尺的焦点建筑，所有的建筑都带有李贝斯金德设计的丹佛博物馆扩建工程的独特风格。重要的是公园保留了历史特色，例如雕塑和步行道极具历史的厚重感。

亲历者体验 FOLLOW ME

1 科罗拉多州议会大厦

科罗拉多州议会大厦是丹佛非常抢眼的建筑景观，比较有特点的是它的黄金圆顶，是为了纪念科罗拉多州淘金热（Colorado Gold Rush），1908年用真的黄金铺成的。议会大厦内部有无价的科罗拉多玫瑰缟玛瑙（Colorado Rose Onyx），另外，这里面还有手绘的美国总统画像。大厦每周一～周五开放，法定节假日时不对外开放。

2 科罗拉多州历史博物馆

该博物馆收藏了美国西部的历史，主要有19世纪初期上流人士穿的衣服、野营用具，以及很多发黄了的照片，还有淘金热时期用的挖掘机等。虽不是很大，但是收藏了很多宝贵的资料，喜欢古董的人一定不能错过。

3 丹佛美术馆

丹佛美术馆是全美最具有现代艺术特色建筑的艺术博物馆，也是全美20家收藏最丰富、艺术教育活动最多的场馆之一。馆内主要收藏了宝石、陶瓷、植物、篮球等小件物品，另外也收藏了100个部落的1.6万件物品，并有4万多件来自亚、非、欧三洲的绘画和雕刻。

02 丹佛自然科学博物馆

观光指数：★★★★ 推荐等级：★★★★

USA全攻略

地 2001 Colorado Blvd

电 303-322-7009

时 每日9:00～17:00

丹佛自然科学博物馆（Denver Museum of Nature & Science）是一个很值得参观的景点，主要由6个部分组成，分别涉及到人类学、地质学、健康科学、古生物学、空间科学以及动物学等。博物馆中种类众多的展览、节目，以及活动都可以帮助参观者了解到科罗拉多州、地球，乃至宇宙的自然科学。

亲历者体验 FOLLOW ME

博物馆增加了太空展览馆和世界上最先进的数字天文馆。此外，在Charles Gates天文馆里还有IMAX剧场，可在40多层楼高的屏幕上播放环绕声效的自然、科学、旅游和冒险电影。对于那些带着自己的孩子一起去博物馆的游客一定要将自己的孩子照看好。

了解点历史掌故

自从对外开放以来，博物馆曾先后更换过3次名字，从一开始的“科罗拉多州自然历史博物馆”（Colorado Museum of Natural History），到“丹佛自然历史博物馆”（Denver Museum of Natural History），最后到现在使用的“丹佛自然科学博物馆”。

03 落基山国家公园

观光指数：★★★★★ 推荐等级：★★★★

USA全攻略

地 1000 Highuay 36, Estes Park

电 970-586-1206（此电话提供此景点的旅游信息）

落基山国家公园建于1915年，内耸立着美国最雄伟最壮观的山脉。在这里，你能接触到高山地貌、矗立的山峰、高山冰斗湖和冰川冰碛，还可以进行自然参观和历史参观，穿雪鞋散步、远足，骑马走小路，骑自行车、钓鱼、攀岩和爬山等。在国家公园内，有很多珍稀的动物，如熊、落基山大角羊、长耳鹿、麋鹿、河狸、旱獭、美洲狮等。

亲历者体验 FOLLOW ME

1 驾车前往最方便

从丹佛商业区驱车3小时就可以到达，租车从机场出发，可沿I-70C在Exit274进入I-25A，再到Exit217沿US-36进入博尔德就到落基山的埃斯特斯公园了。在公园开车时需要注意力高度集中，稍不留神就可能酿成大错。

2 公园内注意事项

公园内山势过高，到一定高度后植被就不再生长了，这被称作“超越植被线”(above the timber line)。夏天14:00~17:00空气对流等原因会带来频繁的雷雨，如果这时候车或者人在植被线以上，就可能被大地当作避雷针，劈个结结实实。所以最好在一清早就进公园上山，12:00左右至山顶，14:00就开始向下走。山上天黑早，17:00左右就什么都看不清了。

3 山间小道及露营

这里的景点都是一些山间小道，方便人们健身和与大自然亲近。这里的山间小道有的比较短，大概1个小时就能走个来回；有的则很长，适合徒步旅行者锻炼，要走完估计需要一两天的时间。因此，在落基山国家公园里还能常常见到露营的人们。不过这里有熊和郊狼等大型野生动物，露营的人要注意安全。

丹佛周边景点

01 陶斯

观光指数：★★★★ 推荐等级：★★★★★

USA全攻略

地 新墨西哥州陶斯

电 505-758-3873

交 乘坐灰狗长途汽车可以到达，也可以沿着68公路自驾前往

陶斯是一个离新墨西哥首府圣塔菲既远又近的艺术家集中地，也是一个古色古香的土镇，大部分的建筑都是以土黄色为主或用泥砖建成的房子，就好像是一个印第安人的部落一样，所有建筑的门前都会挂着一串串红辣椒。不过，这个小镇虽然小，但却是一个艺术家的聚集地，吸引了许多外国人甚至是好莱坞明星及富豪来到这里置业度假，因此渐渐成为一个繁荣的艺术之都。

亲历者体验 FOLLOW ME

在陶斯镇内山谷中有个陶斯部落，步行就可以前往此地。其实它就是一个印第安村，考古学者推测它早在公元1400年以前就已经存在。1992年，它被列入世界文化遗产的名单中，成为美国历史演化的一个片段写照，同时也是至今保存最完美的一个土著部落。部落的建筑一般采用了欧洲建筑的风格，有壁炉、外层大门和多用途的窗户，成为美洲史前时期建筑风格和谐统一的典型代表。

了解点历史掌故

陶斯在20世纪二三十年代是女同性恋者的圣地，女人和女人公开调情实属平常，因此，有很多独立的女人、女艺术家、女资助人选择这里居住或度假，她们共同营造了一个极其艺术化极其女性化的陶斯。这个传统似乎一直延续到现在。

02 阿尔伯基克

观光指数：★★★★ 推荐等级：★★★★

USA全攻略

地 新墨西哥州阿尔伯基克

电 505-842-9918/800-284-2283

交 第二大街西北401号有飞机汽车与火车的信息

阿尔伯基克古城中有很多建于18世纪90年代的建筑，也有很多商业中心与博物馆，成为了古今文化交融的典范。广场是阿尔伯基克的中心，有200多年的历史，也是休闲的好地方。从这里出发，你可以观看阿尔伯基克生物园、美国世界响尾蛇博物馆等著名景点。

亲历者体验 FOLLOW ME

1 美国世界响尾蛇博物馆

对响尾蛇有兴趣，可以去市内圣达菲利浦大街北202号。这里是美国响尾蛇博物馆，展览的全是活的响尾蛇。其中有北美、中美以及南美的，每条蛇都给予了非常直接的解说标签。另外这里还展示了狼蛛和大毒蜥。博物馆周一至周六10:00～18:00；周日13:00～17:00开放，联系电话是505-242-6569。

2 美国国家岩石雕刻保护区

美国国家岩石雕刻保护区有近2万幅岩石雕刻作品，这些作品最早可以追溯到公元前1000年，包括人像，如乐手、舞蹈者，还有很多动物的图形，如蛇、鸟和昆虫。该保护区就在昂瑟林阴大道西北4735号，每天8:00～17:00开放，联系电话是505-899-0205。

03 黄石国家公园

观光指数：★★★★★ 推荐等级：★★★★★

USA全攻略

地 怀俄明州西北角，并向西北方向延伸到爱达荷州和蒙大拿州

电 307-344-7381

时 冬季降雪期间，也就是10月至次年6月期间封闭，其他时间开放

黄石国家公园（Yellowstone National Park）是世界第一座国家公园，它原本是印地安人的圣地，后因美国探险家路易斯与克拉克的发掘，因而成为世界上最早的国家公园，并在1978年被列为世界自然遗产。公园内河、湖纵贯其中，有峡谷、瀑布、温泉以及间歇喷泉等，景色秀丽，引人入胜。园内森林茂密，还牧养了一些残存的野生动物如美洲野牛等，供人观赏，园内设有历史古迹博物馆，并有200多只黑熊，100多只灰熊。

亲历者体验 FOLLOW ME

1 游园必知的那些事

由于公园内地热活动频繁，许多步道上会有浓郁炎热的蒸气，有呼吸相关疾病历史的访客，在参观公园之前，最好先能请教医生，以做好准备。此外，干燥的夏季常导致公园内发生森林大火，虽然主要的景点通常不会受到大火影响、但1988年的大火烧掉了范围很广的森林地带，因此许多森林才刚刚从大火中复原。

黄石国家公园管理处有许多对游客的警告，其中之一就是不要接近危险动物（当动物注意到你时，表示你已经太过接近了）、也不要停留在危险的区域，许多地热地型的温度都达到沸点，而且气体可能是有毒的，2004年，公园曾发现有5头美洲野牛因吸入有毒的地热气体而倒毙。

在黄石国家公园的园界附近共有11个小镇提供住宿，园内亦有小型旅馆、小木屋与露营地、其中最热门

的是老忠实旅馆，可在房内欣赏到老忠实喷泉，至于营地共有11处，家庭用旅行拖车的营地则仅有一处。

2 千万不可错过这些

老忠实喷泉（Old Faithful）

这个喷泉是美国的天然地标，欣赏它的最佳时间是避开拥挤人潮的晚上，这时会让人有种超脱现实的感觉。老忠实喷泉大约每94分钟喷发一次，若想知道确切喷发时间，可以到游客中心去询问，或者问一下喷泉旁边看台上正在等候的游客。离此一里之遥的观看点（Observation Point）可以观赏到老忠实喷发的全景及周围盆地的景色。

沼泽溪山路（Slough Creek Trail）

这条山路起始于沼泽溪露营地，前段路是过去马车行驶的陡峭山路，再往前走就是宽阔的草地，经常会有驼鹿和灰熊来此觅食，也是钓鱼爱好者喜欢光顾的地方。最后一段路变得十分平坦，一直通到公园的北边界。

乘老爷车巴士游览

乘坐老爷车巴士是这里游览最高雅的方式，每辆车可乘坐14人，车顶的可折叠软篷平时用于保暖，天气好时还可以折起来让游客晒晒太阳。每辆车上还配有训练有素的导游，在游览期间向你讲解旅行线路上的各个景点。游览时间从1小时到1天不等，费用成人一般在12.5～87美元。乘坐时需提前预订，电话是307/344-7901，网址为www.travelyellow stone.com。

攀登雪峰

攀登雪峰是黄石国家公园里秘而不宣的最好去处。从公园东入口路（East Entrance Road）出发，经过4小时即到顶峰，从山顶可以看到从北向南绵延不断的山脉。但要记住在6月底之前和9月初之后不要上山，因为那时山上会堆满积雪。护林员还会建议旅行者在9月和10月也同样不要上山，因为那时正是熊出没的季节。另外，不管什么时候登山，都记得要带好外套以抵御山顶的寒风。

了解点历史掌故

19世纪初期，这里还是肖肖尼人和其他印第安人的圣地。1806年，约翰·科尔特(John Colter)到这里进行勘探。之后他做了兴高采烈的报道，从而吸引了一批批狩猎者和探矿者纷至沓来，打破了这里的宁静。1859年，传奇人物吉姆·布里杰(Jim Bridge)率领着第一支政府授权的探险队进入黄石探险，从而拉开了黄石公园成立的序幕。

04 大蒂顿国家公园

观光指数：★★★★　推荐等级：★★★★★

USA全攻略

地 怀俄明州穆斯
电 307-739-3300
交 在杰克逊洞地区有一个机场，可由此前往公园

大蒂顿国家公园于1950年设立，名字取自蒂顿山脉的最高峰——大蒂顿峰。在这里，你可以观赏野生动植物、徒步旅行、骑自行车和游泳。园内有成群的美洲野牛、麋鹿和羚羊，温暖季节各种野花盛开，有些在雪中就已绽蕾，非常漂亮。在大蒂顿国家公园内，还有一个高1900多米的山洞——杰克逊洞。

亲历者体验 FOLLOW ME

1 入园不可不知的那些事

公园南门外有个名叫JACKSONVILLE的小镇，这是个旅游地方，很多酒吧、饭馆、旅店。公园游客中心也是一个科普教育中心，免费参观并为游客作解说，除了实物图像标本外，还循环放映短片，让每一个来此旅游的人能多了解当地自然环境和生态特点，增长知识。

2 摄影不可错过地方

从公园中任何一处都能拍到美景，但是有些地方的景色还格外动人。位于环型观景道上驼鹿聚集点以北约1.6千米处，是拍摄鱼鹰和驼鹿的最佳场所；孤独湖有一条小道通往灵感点，在这里可以看到珍妮湖全景；莫瑞山和环型观景道上驼鹿聚集点之间的东北路线边，是拍摄蒂顿山脉全景的最佳场所；驼鹿、秃头鹰和麋鹿等珍奇野生动物经常出没在杰克洞地区，从U形弯望去，景色非凡；在大路南面的一个岔道上，可以看到莫瑞山峰在蛇河中的倒影，闪闪发光、令人沉醉。

了解点历史掌故

早在白人涉足北美大陆之前，就有人来到了杰克逊洞。在公园北端发现的黑曜岩尖刀表明，11000年前这里就有人类出现。第一批到达此处的可能是狩猎人和采集者。1600年，肖松尼人和阿萨巴斯卡人发现了这个山谷。1807年，刘易斯与克拉克远征队的成员约翰·寇特独自到黄石—杰克逊洞地区闲逛，惊奇地发现了正在喷发的间歇泉和无法穿越的山脉。为了纪念约翰·寇特，该地区最初被命名为“寇特地狱”。首批永久定居者于19世纪80年代来到这里。在杰克逊洞东面有一个原始住宅，即坎宁安家庭用原木搭建的平房，由于其历史价值而在公园中保留了下来。

05 弗德台地国家公园

观光指数：★★★　推荐等级：★★★★★

USA全攻略

地 科罗拉多州西南部蒙特苏马山谷和曼科斯山谷之间

电 970-529-4465

交 沿着160国道自驾可到达

时 8:00～17:00

弗德台地国家公园在1978年列入世界遗产名录，是北美印第安人史前居住地遗迹保留地，其中包括平原村庄和悬崖上房屋。悬崖房屋是用石头在悬崖凹进的地方垒砌起来的，共有房屋200多座，以悬崖宫殿最为壮观。公园总部的博物馆内收藏了这个部族的手工艺品，如动物造型、几何花纹的灰陶、各种造型精巧的黑白花纹陶器，还有一些宝石、绿松石等工艺制品。

亲历者体验 FOLLOW ME

1 不可错过云杉之屋

云杉之屋是弗德台地保存最完好的遗址，也是阿那萨兹人高超的建筑工艺和熟练的砌石技术的明证。你可以顺着一条铺好的小路，经过一片甘伯尔橡树林，穿越峡谷谷底，到达阿那萨兹人收获干果的地方。

2 摄影不可错过的地方

峭壁之宫：这里拥有200多个石室，是北美最大的峭壁居所。观光者只能通过参加配有向导的游览项目才能参观峭壁之宫。

露天庭院：它座落在峭壁之宫环路上，有两处观景点可俯瞰下方峡谷里的居所。与峭壁之宫一样，想近距离参观该居所的游客必须参加配有向导的游览项目。

长屋：位于威勒瑞梅萨区(Wetherill Mesa)的长屋是公园内第二大峭壁居所。沿着一条徒步小径，游客将看到数个观景点，在那里可以俯瞰长屋和其他几个景点。

了解点历史掌故

约在2000年前，印第安人的阿纳萨扎伊部落在此建立小王国，成为最早聚居并以务农为生的印第安人，即普韦布洛印第安人。普韦布洛社会大概是一种母系社会。妇女拥有自己的居室和工具，财产由母亲传给女儿。该社会可能是一种民主的社会形式。

06 查科文化国家历史公园

观光指数：★★★ 推荐等级：★★★★

USA全攻略

地 新墨西哥州550国道附近的纳吉奇东南5千米处
电 505-786-7014
交 沿着160国道自驾可到达
时 8:00～17:00

查科文化国家历史公园是美国最富有和最奇妙的文化历史区，1987年根据文化遗产评选标准被列入《世界遗产目录》，因为它的纪念性、仪式性建筑和它独特的建筑风格而闻名。查科文化国家历史公园包括了大量的1020～1110年间查科文化达到鼎盛时期的遗址，并已具备了城市系统结构，周围拥有许多村庄和纵横交错的道路。此外，查科峡谷是公元850～1250年期间的一个古印第安文化主要中心，一个宗教仪式、贸易的中心，并且是史前四角地区的行政中心。

了解点历史掌故

查科地区最使人困惑不解的特征之一是它的“道路”。在悬崖峭壁上刻凿着一些至今不得其解的图画。种种迹象都说明，这里曾经是安纳萨吉人（北美印第安人的后裔）的政治、经济、宗教中心。安纳萨吉人这段空前绝后的创造力突发期，在查科创造了不可思议的史前文化，引起众多历史学家和考古学家的赞叹和重视。

亲历者体验 FOLLOW ME

如果时间充裕，可以走那些trail，例如Pueblo Del Arroyo旁边就有一条3.2～4.8千米的步道，可以通到查科峡谷深处的一些pueblo，一路上还有很多petroglyph可以看。另外，如果时间合适，你还可以在10:00或者14:00参加pueblo bonito的guided tour，公园的ranger会带你游览，告诉你一些背景知识。公园的visitor center也是很有特色的，可以通过看展览了解一些chaco人生活的基本情况。

07 卡尔斯巴德洞窟国家公园

观光指数：★★★★ 推荐等级：★★★★

卡尔斯巴德洞窟国家公园是各具特色的洞穴构成的一个多姿多彩的地下世界，1995年联合国教科文组织将卡尔斯巴德洞窟国家公园作为自然遗产，列入《世界遗产名录》。这里是神奇的洞穴世界，迄今探查到的最深的洞穴位于地表以下305米，溶洞中最大的一处比14个足球场面积的总和还大，整个洞窟群长达近百千米，是世界上最长的山洞群之一。

了解点历史掌故

卡尔斯巴德洞窟形成于2.8～2.5亿年前。雨水渗入瓜达卢佩山石灰岩山体的裂缝，溶解了松软的岩石，刻凿出隧洞和洞穴，水从洞穴中流出，留下的矿物质形成了各种造型。在千万年的地质演变过程中，古老的石灰岩沉淀慢慢断裂，含有丰富矿物质的流水不断溶解岩层，逐渐形成洞穴。

亲历者体验 FOLLOW ME

1 探访巨大的洞穴

公园内有一个巨大的洞穴，电影Journey to the Center of the Earth《地心游记》中的场景就在此地拍摄。游客在仔细观赏洞穴时，将会看到名为 Bashful Elephant 的岩石，它仿佛一尊由岩壁雕成的光滑的白色雕像，形似一头大象的背面。在 Papoose Room 中，悬垂的石帘使其看起来像是一个挂有门帘的房间。

2 最好的方式是徒步游览

园内中有3处最引人入胜的景点对游客开放，即称为King's Palace、Queen's Chamber和Green Lake Room的巨穴。大多数游客都会选择步行游览洞穴，因为景随步移，令人目不暇接。在洞穴中游览时，你会发现大量多彩的岩石，如Iceberg Rock、Boneyard和Rock of Ages，它们绚丽的色彩来源于其包含的氧化铁沉淀物。

USA全攻略

地 卡尔斯巴德国家公园公路325号

电 505–785–2232

交 乘公共汽车去怀威特可到，也可以乘飞机到达卡尔斯巴德，然后转车前往

时 5～8月8：30～17：00；9月～次年5月中旬8：30～15：30

丹佛旅游资讯

自助游必须掌握的交通

飞机

丹佛国际机场只有丹佛-欧若拉大都会一个，市郊的机场有Centennial机场、Front Range机场及Jeffco机场。

火车

美铁（Amtrak）—全国性的客运铁路系统，每日提供双向往来芝加哥和加州Emeryville（位于旧金山近郊）之间的加州微风号（California Zephyr）火车服务，丹佛即为其中段重要车站。此外，还有Denver and Rio Grande Western Railroad运作的滑雪火车（Ski Train），来往丹佛和冬季公园滑雪度假村。丹佛早年已是西部大型的火车运输中心，现时火车停于丹佛古老的Union Station，旅客可转乘公共运输系统—第16街免费的MallRide或使用轻铁游览本市。

公共交通

丹佛的现代公共交通并不发达，但区域交通区（RTD）运营着众多公交路线和少量轻轨系统。丹佛市内及前往周边乡村和社区的交通非常方便快捷，丹佛—博尔德地区就有65个停车和换乘点。

公交车单程票价为1.5美元；老人、医疗保险受益人和残疾人只需半价，5岁及以下儿童免费。区域和快车票价各不相同，不同地区的轻轨票价也不同，在1.5～2.75美元之间。乘公交车需自备零钱，轻轨车票可以到车站的自动售票机购买。为期12年的综合计划FaxTeracks旨在修建和运营高速轨道交通，扩展并改进公交服务，以及增加整个地区的停车-换乘点。这一计划正在实施当中，就目前而言，最主要的公共交通工具仍是公交车。

乘出租车、步行或骑自行车

令人惊讶的是，出租车并没有充斥整个丹佛市。游客可以打到出租车，但不会看到黄色出租车在酒店门口排成长龙，或是散布在每个街角。如果需要出租车，最好提前电话预订。如果住在市区的酒店，就可以徒步游览市中心。

驴友力荐的住宿地

丹佛有各种类型、规模和舒适程度的住宿处，但凭借着旧世界的古典魅力、一流的餐厅、令人惊叹的建筑和豪华的设施，市中心的美孚四星级布朗宫酒店（17街321号）无疑最受游客欢迎。你一定会沉浸在这家酒店中无法自拔！

游客也可以选择三星级酒店Teatro（14街1100号），它就在丹佛表演艺术中心对面，交通非常便利。若想外出观光，酒店会为你提供方便和乐趣：Teatro酒店提供区间车，带你环游市区。另外，Teatro酒店内有两个餐厅，可为你全家提供各式各样的美食。

三星级的Grand Hyatt酒店（Welton街1750号）就在16号步行商业街以南，相隔仅一个街区，位置非常便利；酒店提供宽敞的房间、一流的会议设施，以及装修精美的大厅酒吧，每周六个晚上都有丹佛的顶尖钢琴家在此演奏。

饕餮一族新发现

丹佛最知名的是牛排店，要吃到本市最好的牛排（非连锁店），可前往“十号牛排店”（南Elati街 3517号）。这家店的老板是一对希腊兄弟，他们引以为豪的不仅有希腊式热情，还包括一流的“Gangster”牛排和用白兰地烧制的Saganaki。丹佛令人称叹的还有民族的美食墨西哥卷饼、最美味的越南菜。若想在丹佛品尝最正宗的中国菜，就去JJ中国餐厅（南联邦大道1048号），这里的经典传统菜肴一定会让你对中国美食爱不释口。

Mizuna（东7街225号）是一个高档现代餐厅，凭借招牌菜龙虾通心粉和奶酪吸引着大量食客。Vesta Dipping Grill餐厅（布莱克街1822号）的大厨 Matt Selby曾凭借丰盛的菜单获得地区和全国大奖，该菜单用了30多种调料，最有名的菜肴当推胡椒烤鸡和椰奶鹿肉。

淘宝达人爱去的街店

若要购买西部服饰，可前往Rockmount Ranchwear（Wazee街1626号），这是一家三代经营的家族商店，出售衬衫、草原裙、牛仔裤、丝巾、防尘外衣等，各类牛仔服饰一应俱全。在店内的陈列馆转转，还能看到有关西部的各种物品。

到丹佛展厅（16街500号）可体验更舒适的购物，丹佛展厅是一座现代化3层户外建筑，里面有流行零售店、餐厅和娱乐设施。如果你更崇尚古朴，而不是最新的时尚品，可前往南百老汇的古董一条街，这条街包含14个街区，沿街的精品店收藏了众多以往的珍品。

真正的美食家和丹佛行家则会去珍珠街农贸市场（圣珍珠街1219号），这个集市只在夏季的周日才开放，地点在一个迷人的居民区内，集市上有独一无二的小店、流行餐厅、咖啡吧、甜点铺和冰激凌摊。

消夜族恋恋不舍的地方

丹佛的夜生活不断变化而又真实，在市郊的Ballpark区，有一家El Chapultepec（市场街1962号，电话303-295-9126），这个小酒吧已有些年头，可欣赏丹佛最好的现场爵士乐演奏。由于这家店面积很小，因此位置非常抢手，建议你早点过去，着便装即可。

酒吧在这里也非常盛行，例如：赖玛瑞广场的Cru Wine酒吧（赖玛瑞街1442号，电话303-893-9463）；樱桃溪的Sketch（斯蒂尔街250号，电话303-333-1763）；以及普拉特河谷的Paris Wine酒吧（普拉特街1553 号，电话303-217-5805）。无论上述哪个酒吧，都很难评出最好的酒，因为酒吧的调酒师永远都在改变和改进。只要你发现了自己喜爱的酒，就一定要询问酒的名称，以及这种酒是否会在酒吧里定时供应。

丹佛的运动酒吧都很大，但最大的要数Sports Column（布莱克街1930号，电话303-296-1930）。时髦人士喜欢聚在樱桃溪的North Restaurant（克莱顿路190号，电话720-941-7700）；啤酒爱好者则钟情于丹佛的第一个啤酒酒吧Wynkoop Brewery Co.（18街1634号，电话303-297-2700）。

要享受充满活力、自由自在的娱乐活动，最好的地点莫过于珍珠商业街（珍珠街1420号），这条街位于博尔德大学区内，距离丹佛市区30分钟车程。这条长达4个街区的步行街囊括了博尔德主要的商店、餐厅和街头表演者，其中不乏全美最优秀的表演。

在这条繁华的地标性商业街上，每时每刻都能看到这些街头艺人，包括哑剧演员、吞火人、音乐家和喜剧演员，有时还能看到最有名的娱乐艺人，那就是邮编强人——只要告诉他你住在哪个城市，只需几秒他就能说出该城市的邮编。

●美国黄石国家公园

美国其他可游地

01 纽波特

观光指数：★★★★ 推荐等级：★★★★★

纽波特是罗得岛州的滨海城市和重要海军基地，位于罗得岛州西南角的小岛上，借桥梁与大陆相连接。纽波特镇上许多的别墅，多半都效仿欧洲的宫殿，内部陈列着精美的艺术品。加上夏季气候凉爽，因此有很多的富翁来这里度假。镇上还有美国最古老的犹太教堂与优雅的别墅。

USA全攻略

地 罗得岛州纽波特

电 401-849-8048

交 在Cateway中心，美国杯Ave23号街有火车与飞机的信息，也可以在皮罗特公园乘船到普罗维登斯

亲历者体验 FOLLOW ME

位于Ochre Point Ave的是著名的听涛山庄，山庄就建在离海平面9米的峭壁上，非常雄壮。听涛山庄每个房间风格各异，就如皇宫般豪华。接待室是法国文艺复兴风格，一楼大厅是意大利文艺复兴时风格；许多房间还参照法国皇室的风格修建和装饰，比如范德比尔特先生的卧室是路易十四风格；夫人卧室、客房和他们的第四个孩子格特鲁特小姐的卧室都是路易十六风格；早餐室是路易十五风格等。山庄4月中旬～10月开放，电话是401-847-1000。

02 圣路易斯

观光指数：★★★★★ 推荐等级：★★★★

圣路易斯位于美国最长的密西西比河中游河畔，美国大陆本土的中央，几乎处于美国的几何中心，在地理位置上具有重要的战略意义。当年是法国的殖民地，城市由法国国王得名，被称为“通往西部的大门”，后来成为第三届奥运会的举办地。市内有西进运动博物馆、州立老法院大楼等景点。

USA全攻略

地 密苏里州圣路易斯

电 314-241-1764

交 华盛顿大街308号有飞机、火车与公交的信息

了解点历史掌故

1764年，法国冒险家兼商人皮尔·莱克利德从新奥尔良来到圣路易斯的发祥地——密西西比河与密苏里河的汇流处，当时法兰西帝国日趋衰落，他抱着摆脱英国殖民者控制建立法国式的最后一座城市的愿望，在密西西比河西岸建立了初期的城市雏形。为了纪念法国国王圣路易斯九世，就将该地命名为圣路易斯。

亲历者体验 FOLLOW ME

1 西进运动博物馆

圣路易斯梅默里尔林阴大道与马克特大街之间的拱门旁，是西进运动博物馆。馆内展出了1803～1805年刘易斯·克拉克远征探险以及19世纪其他探险有关的展品。另外，这里有两个电影院。在这里，游客可以乘坐升降机式的有轨电车到达拱门的顶端观看城市风景以及伊利诺伊州的农场。联系电话是314-655-1600。

2 码头和公园

圣路易斯的莱克里德码头是餐馆云集、休闲娱乐活动丰富地方，吸引了众多商家的加盟，也让很多人慕名前来，每年劳动节的大玛蒂布鲁斯节上，更是有很多人前往此地狂欢。美术馆林阴大道1号是美国最大的市区公园，园内的圣路易斯艺术博物馆收藏了一大批的美国艺术品。公园周二至周日、周六、周日10:00～17:00开放，联系电话是314-721-0072。

03 普罗维登斯

观光指数：★★★★　推荐等级：★★★★★

USA全攻略

地：罗得岛州普罗维登斯

电：401-274-1636

交：Gaspee街100号普罗维登斯站有火车与飞机的信息；Bonanza路1号线有汽车的信息；Point街有前往纽波特的轮船

1636年，马萨诸塞湾殖民地的教师罗杰·威廉斯因宣扬宗教信仰而被驱逐，便来到了罗得岛州，建立了普罗维登斯，也就是今天罗得岛州的首府。普罗维斯登保存着旧式的建筑，并有新的购物中心和商业中心。班尼福特街是普罗维登斯最值得去逛的街道。这条道上绿树成荫，有着100多座建筑，风格从殖民时期和联邦时期到希腊和维多利亚时期都有，精华之一便是普罗维登斯雅典神庙。

亲历者体验 FOLLOW ME

史密斯街42号是建于1904年的罗得岛会议大厦，其屋顶有一个“独立之人”的青铜雕塑，是罗得岛州自由精神的象征。内部有1663年美国宪章原稿与一副吉尔伯特·斯图亚特所画的华盛顿画像。大厦联系电话是401-222-2357，周二至周六的10：00～17：00；周日12：00～16：00开放。

04 大雾山公园

观光指数：★★★★★ 推荐等级：★★★★★

USA全攻略

地 田纳西州东部和北卡罗莱那州西部交界处

交 441号国家公路从北至南穿越其间，因此交通十分方便

大雾山公园以其终年笼罩其间的云雾而得名。云雾受浓密丛林和山风的影响，呈蓝紫色，颇有中国水墨画的韵味，徜徉其间尤如进入仙境一般。走进去，可以看见大雾山都覆盖的红云杉，空旷的地方在初夏时便开满红色、紫色的杜鹃花，非常漂亮。不仅如此，你还可以在里面看到熊、鹿、浣熊、负鼠、狐狸、鸟类以及火蜥蜴等动物。

亲历者体验 FOLLOW ME

1 阿帕拉契小径

这是世界上最长的连续步行路径，小径穿越Cheoah山脉和南达哈拉国家森林公园，自南进入大雾山国家公园，大部分路程都穿越远离人烟的原始荒野，沿途的住所和营地由远足小径俱乐部负责。站在瞭望塔上，天气适宜的时候可以纵览克凌曼山全景，还可以看到飞转的流云。徒步旅行者可以顺路穿越铁杉林，到Alum Cave Bluffs一游，那里是19世纪的商品明矾矿山。

2 园内著名景观

Cades Cove是园内最热门的景点，这里蕴含着南阿巴拉契亚迷人的历史。由于大受游客青睐，所以这里有时十分拥挤，最好根据具体情况制定出行计划。从Cades Cove山脊出发，步行8千米即可到达Abrams瀑布，而且这段路并不太难走。这个瀑布的水流量是公园之最，四周草木葱翠浓郁，景色十分美丽。此外，瀑布底部的池塘是绝佳的游泳场所。

Cataloochee是园中观赏野生动物的最佳地点之一，白尾鹿、黑熊、浣熊以及北美土拨鼠等都是这里的常客。不过进入峡谷颇为困难，需取道田纳西州哈特福的一条碎石路，或是北卡罗来纳州戴乌德附近的Cove Creek路。不过可以欣赏到四周美丽的山色，以偿旅途劳顿。

05 巴德兰兹国家公园

观光指数：★★★★★ 推荐等级：★★★★

巴德兰兹国家公园是苏族印地安人的古老家园，也是唯一兼具南部草原野生动物和独特地形的国家公园，有着无数峡谷、山脊以及稀疏的植被。除了壮丽景色外，这里在古生物学家眼里还有特殊意义，因为通过巴德兰兹国家公园丰富的化石资源，人们可以研究某些古生物的进化历程。跟着公园导游，就可以参观化石展览，了解化石形成的过程。

了解点历史掌故

在11000年前就有人类来过这里。这些人可能是游牧猎人，从亚洲跨过白令海峡来到这里。之后，达科他州的印地安人（也称为苏族人）成为了北部平原的主人。在苏族人与美国最后几年的战争中，他们以遥远的恶土地区作为对抗美国军队的屏障。在19世纪80年代后期，苏族人发起了一场神秘的宗教行动“招魂舞”。其他印第安部落，包括一度退缩的卡曼奇(Comanche)部落也接受了这种信仰，共同组成了阻挡白人定居者的最后防线。

亲历者体验 FOLLOW ME

1 到达公园之前

在到达公园之前，所经过的都是一望无际的草场，即使只有几步之遥，也可能意识不到那里有片完全不同的广阔土地。再多走几米，你会发现自己置身于千奇百怪的石塔和壮丽的拱壁之间。数十米高的岩石宫殿在大草原的天空下若隐若现。

USA全攻略

地 南达科他州南部

电 605-433-5361

时 6~9月，7:00~18:00；11月至次年5月，9:00~16:00

2 公园内的小路

公园内有3条小路不可错过，石门小路（Door Trail)很短，只需走一小段路，通过石墙的凹口，就可以到达一个类似月球表面的地方。槽口小路（Notch Trail)穿过恶土石墙，把人带到一扇由悬崖风化而成的石窗（槽口）前面。它面向西南，前面就是悬崖峭壁（Cliff Shelf）和雪松关（Cedar Pass)。那里的景色令人惊叹。石窗小路(Windows Trail)会将游客带到一扇壮观的自然石窗之前，游客可以在这里俯瞰一条延伸到高地中的深峡。

06 西奥多·罗斯福国家公园

观光指数：★★★★ 推荐等级：★★★★

西奥多·罗斯福国家公园以西奥多·罗斯福总统名字命名，屹立在19世纪80年代罗斯福总统所拥有的土地上。沿着北达科他州的小密苏里河向前延伸，地形高低起伏，令人称奇。这里是动植

USA全攻略

地 北达科他州埤斯麦以西

电 701-623-4466（此电话提供西奥多·罗斯福国家公园的旅游信息）

时 8:00~16:30

物的家园，物种丰富，包括野牛、草原土拨鼠以及麋鹿等。该公园还有许多可供旅游者观赏之处，在这里，可以从舒适的自驾车上欣赏美景，也可以体验徒步旅行或骑车穿过公园的小道，体验这让人魂牵梦萦的美国旧西部风情。

了解点历史掌故

1883年的秋季，罗斯福第一次来到这里并购买了一小群的牛并开始经营马泰塞·克罗斯农场。第二年，他又买下了另外一个距此有48.3千米的农场经营权。罗斯福称它为“麋鹿角”，并且总将它看作是他在北达科他的真正故乡，而马泰塞 克罗斯仍然是他养牛生意的中心。在1885～1886年期间，他的农场经营得相当成功，但在第二年严酷的冬季，灾难降临了，他损失了农场60%的牛群。与此同时，梅多拉镇开始没落。刚新婚不久又忙于政治的罗斯福逐渐地从养牛场中退了出来。在总统任职期间，他在此建立了3座国家公园。

亲历者体验 FOLLOW ME

1 游客中心

游客中心位于一间乡村小屋，曾经是泰迪·罗斯福的养牛场（马泰塞·克罗斯农场）。小木屋从原址向南迁移了11.3千米。罗斯福于1884和1885两年间住在这间小木屋。从梅多拉眺望小镇，旅游者会发现自己好像回到了罗斯福生活过的那段日子。

2 摄影好地方

公园的南区，有一种幽静难以忘怀之感。风和水塑造了下面的峡谷。雨后，这个地带变得像一个包含粉红色、红色、黑色以及绿色的万花筒。在北区，可以花费一定时间欣赏从景区入口到奥克斯博景点的风景线，饱览风景区的各种美好景色。

●西奥多·罗斯福国家公园

07 路易斯维尔

观光指数：★★★　推荐等级：★★★

路易斯维尔是世界最著名的赛大会——肯塔基赛马大会的会址所在，无论是新奥尔良马蒂·格拉斯活动，还是奥古斯塔的东道主锦标赛、路易斯维尔赛马大会都是当地人的盛会。到了这一节日，当地人就会穿上漂亮的服饰，带上别致的帽子来参加这一生活。在市内，还有一个名为J·B·速度艺术艺术博物馆，收藏了大量文艺复兴时期的绘画和雕塑。

USA全攻略

地 肯塔基州路易斯维尔

电 502-584-2121

交 商业大街30号有飞机与公交的信息

亲历者体验 FOLLOW ME

1 美丽的河滨公园

该公园位于克拉克纪念大桥与肯尼迪大桥之间，设置了大草坪、节庆广场、码头以及瞭望台等。大草坪是河滨公园的中心，作为主要的游憩空间和非正式剧场，在草坪周围设置广场灯，以使活动能一直持续到晚上。节庆广场是公园最靠近城市的部分，因此设计成最具城市特色、可作为大型活动（如肯塔基州赛马节、路易斯维尔市烟花节等）的场地。码头是商业游船停泊和大型活动空间，也是一个逐渐滑入水中的倾斜平台。广场上有一家迪斯尼风格的小饭店，和周边环境不相称，但是这家饭店很受欢迎，每到晚上，就会吸引无数人来这里消费。

2 路易斯维尔大学

到了路易斯维尔，就不能错过路易斯维尔大学，虽然它不能和耶鲁大学相比，但是也非常了不起，因为每年都吸引着全美及全世界近80个国家和地区的学生到这里求学。目前，该校共有3个校区，共有12个学院，170多个专业领域。其学校图书馆现有藏书190万册，期刊23406种，其中包括国家级珍藏本和大量影音资料。

08 冰川国家公园

观光指数：★★★★　推荐等级：★★★

冰川国家公园（Glacier National Park）因有50余条冰川，故得名冰川国家公园。那被冰河剥蚀得像金字塔似的峰峦，覆盖着皑皑的白雪，显得格外妖娆。冰雪消融之际，绕着山峰的陡峭山谷呈现出优美的曲线，谷中溪流自几十米高处飞泻而下，形态不一，形成250多处大小不同的湖泊。冰川国家公园还是北美特有物种的大观园，有1000多种树木花草，并有大角山羊、美洲豹、驼鹿、美洲大角鹿、黑熊、灰熊、白尾鹿等动物。

USA全攻略

地 蒙大拿州北部、与加拿大相毗连的国境线上
电 406–888–7800（有冰川国家公园的信息）
交 坐飞机前往这里，西雅图是最理想的出发地，其次Spokane的机场也很方便

亲历者体验 FOLLOW ME

1 什么时候来这里玩最好

冰川国家公园的大部分地方从6月开始开放，直到9、10月份。但最美的时间还是每年的7、8月份，即使是7、8月份来这里，白天也只能算是凉爽，晚上要称为寒冷了。所以，这里还真是一个避暑的好地方。值得注意的是，每年的6、7、8月份，公园都有一个“免门票”周末。

2 关于“免门票”周末的那些事

在特定周末进入冰川公园，一台车（不计算车内人头）可以省去25美元的门票，不开车的个人游客可省去12美元的门票。当然，持付费门票可在7日内自由进出公园，如果是免门票周末进入公园，最好在周日晚上回到公园内（West Glacier或Saint Mary售票口内），否则周一再入园就要收门票钱了。

3 自驾车游园最方便

自驾车游览公园是最方便的，进了公园大门买过门票之后，你会拿到一张公园的详细地图和景点介绍。然后就可以沿着Go–to–the–Sun Road（向阳大道）游览冰川公园了。向阳大道堪称全美国家公园中最美的一条自驾游路线，能够游览公园主要景点中的精华。向阳大道在景点附近设有很多可停车的区域，便于自驾车的游客停车欣赏，真是想停就停，想走就走。

4 公园内住宿的地方

冰川国家公园非常适合搭帐蓬（camping），既好玩，也很省钱。之前住过公园里的酒店、inn和小木屋，都非常贵，一晚要过百美元。而露营地费用就很便宜，一般的营地夏天价格是20美元/晚（可搭3～4人的帐蓬），住St. Mary营地（位于公园的最东部）可以停房车，不过要贵一些，每块营地是23美元/晚。

09 迪纳利国家公园

观光指数：★★★★★　推荐等级：★★★★★

迪纳利国家公园作为世界上最大的国家公园之一，住着大批迁移动物，如大灰熊、驼鹿、驯鹿、野大白羊、狼、狐狸等，它们自由自在地生活在这里，不用担心环境的污染。也正是这样的景象，使得迪纳利国家公园成为当今世界上独一无二的野生动物保护区。另外这里还有麦金利山、马蹄湖、Sable山道、Primrose山脊、倒影池等美丽壮观的景色。

USA全攻略

地 阿拉斯加州迪纳利国家公园

电 907-272-7275

交 从安克雷奇（南部约386.2千米）或费尔班克斯（北部约201.2千米）出发，乘坐火车、巴士或汽车都可以到达。此外公园区间有公共汽车，也有巴士到达艾尔森游客中心

亲历者体验 FOLLOW ME

1 终生难忘的景象

在日照时间长达14小时的夏日，可以看到令他们终生难忘的景象。成群结队的驯鹿沿着麦金利山下的一条小径，迁徙到它们夏季的觅食地；一只金鹰从沿途Polychrome山道的一处峭壁翱翔而出；奇迹湖对岸的潜鸟发出令人毛骨悚然的叫声；云雾散开，令人敬畏的麦金利山终于露出庐山真面目，这一刻似梦似真，这时一只大灰熊跑出来活动活动筋骨，巡查一下周围的情况，一边还不停地咀嚼Sable山道上的浆果。

2 著名的麦金利山

如果有云彩的帮忙，你将有机会一睹麦金利山不可抗拒的壮美奇景，不过这在夏日里只有大约一半的时间。正午时，明媚的太阳照耀着皓雪，使巨大的山峰闪闪发光。日出时，或是在亚北极漫长的黄昏时刻，这座巨大的山脉风光旖旎，叫人不敢相信。花岗岩和冰雪交织在一起，相互辉映，使山体掩映在精美的粉红、紫红和紫色阴影下，并且随着太阳的缓缓移动而变幻色彩。多变的光线使大山变得轻柔而飘逸，仿佛此景只应天上有。

3 其他不可错过的景点

马蹄湖是一个光彩夺目的湖泊，它就坐落在尼那那河的U字形弯曲区域上，与多山地形搭配，拍摄效果尤佳。Sable山道有绝佳的角度，四面八方的风景都颇为壮观。Primrose山脊蜿蜒起伏的绿草地与亚北极周边环境有着令人欣喜的反差。如果运气好，你可以拍摄到一队纯白色野大白羊向高山峭壁行进的画面，那里是它们避暑的好去处。倒影池是户外摄影师的最爱，原因很简单，它是许许多多阿拉斯加野生动物的家园。这里有驼鹿、海狸、麝鼠，以及包括潜鸟在内的水禽。

10 冰川湾国家公园

观光指数：★★★★　推荐等级：★★★★

冰川湾国家公园1925年设立，目的在于保护冰川环境和当地植被，以用于大众娱乐、科学探索和历史研究。延绵的高山、环抱着避风港的海滩、峡湾、潮汐冰川都是这一地区的特色景观。区内还有各种各样的动物，如棕熊、黑熊、山地羊（石山羊）、鲸（包括座头鲸）、海豹和鹰（雕）等，一些稀有动物如多尔羊、大灰熊等都可在这里看见它们的踪迹。每个夏季，在这里可以看见冰川消融的壮观景象。

USA全攻略

地 阿拉斯加州冰川湾

电 800-451-5752
游客中心907-697-2230

交 从朱诺乘飞机或者轮船出发可到

了解点历史掌故

1794年，英国航海家温哥华乘“发现”号来到艾西海峡时，还没有冰川湾。他所看到的只是一条巨大的冰川的尽头——一堵16千米长、100米高的冰墙。但是85年后美国博物学家缪尔来到此地，他发现的是个广阔的海湾。冰川已向陆地缩回了77千米。现在，在冰川湾国家公园里，冰蚀的峡湾沿着两岸茂密的森林，伸入内陆100千米，尽头是裸露的岩石，或是从美加边境山脉流下的16条冰川中的某一条。

亲历者体验 FOLLOW ME

1 什么时候来这里最好

冰川湾国家公园全年开放，在公园内有游客中心，该游客中心在每年5月底～9月初开放。另外，公园内还有一个信息中心、4个公园临时住宿处，以及一块露营区。巴特莱特谷露营区（Bartlett Cove Campground）在5月至9月对外开放；四个公园临时住宿处会在5月中旬～9月中旬开放。

2 公园内的亮点

原始崎岖的山羊步（Coat Trail）是公园最知名的陆地路线之一，它自古以来是阿萨帕斯卡人的打猎与交易路线，而大部分的朗格尔—圣埃利亚斯自然奇观，是无法经由道路系统接近的。公园内近来逐渐受欢迎的是“飞机观光”，它前往麦卡锡以外的地点，或是邻近朗格尔—圣埃利亚斯的社区。提供“飞机观光”的地方不仅提供了非常好的交通服务，而且还有向导，并提供了漂流、攀爬、登山的机会。

11 科迪亚克岛

观光指数：★★★ 推荐等级：★★★

科迪亚克岛地貌奇特、风景壮丽，沿岸有沼泽地、草原，也有冰川谷地和终年积雪的山峰。因为有几个海湾深入岛内，因此人们不论站在岛上的任何地点，距离大海都不会超过24千米。科迪亚克岛的2/3都是美国国家野生生物保护地，繁衍着大约3000只阿拉斯加棕熊，其密度可称世界之最。

USA全攻略

地 阿拉斯加州科迪亚克岛

电 907-486-4782

交 安卡雷奇是阿拉斯加最大的空港，也是除海路外，科迪亚克岛(Kodiak Island)和外界的唯一交通通道

了解点历史掌故

该岛由一俄国皮货商人格洛托夫于1763年发现，称作Kikhtak。1890年改名为卡的阿克，1901年又改名为科的阿克。1784年有舍列霍夫在岛的东南部三圣湾首建居民点。19世纪，该岛是捕捉海豹、海獭和捕鲸的基地。俄国对该岛的控制随着美国购得阿拉斯加于1867年结束。

亲历者体验 FOLLOW ME

1 出海看鲸鱼

科迪亚克岛海域是鲸鱼洄游的路线，每年都有数以千计的鲸鱼经过这里北上南下。上一条快艇出海观鲸，没开多远，海岛就隐入雾中。半小时后，海面在眼前展开。远处海面喷起一道水柱，海鸥纷纷往那儿赶去。浮上水面换气的鲸鱼会在水面游动一会儿，稍作休息，等它将巨大的尾鳍高高翻出水面时，也就是下次深潜的开始。再浮上来的时候，可能就已经在几千米之外了。

2 更精彩的是看熊

比观鲸更刺激的是去海岛的偏远角落看熊。岛上山势起伏，山溪入海，到了夏末秋初，也就有了无数的阿拉斯加三文鱼洄游，这也是著名的科迪亚克棕熊最活跃的时候。看熊，就只能搭乘大名鼎鼎的丛林飞行（Bush Flight）前往，丛林飞行只是对阿拉斯加荒野飞行的统称。

12 阿拉斯加半岛

观光指数：★★★ 推荐等级：★★★

阿拉斯加半岛迷人的荒原与野生动植物吸引着众多游人的参观。雄伟的巴甫洛夫火山靠近半岛的西南边缘，是阿留申火山弧中最活跃的火山；麦克尼尔河州立禁猎区是大量野棕熊的生息地。另外，半岛上还有其他野生动物保护区，如卡特迈国家公园和自然保护区、阿尼亚查克国家保护区以及别恰罗夫、伊泽姆贝克等国家野生动保护区。

USA全攻略

- 地 阿拉斯加州阿拉斯加半岛
- 电 907-246-4250
- 交 萨蒙王机场有飞机飞往

了解点历史掌故

阿拉斯加以前一直是印第安人、爱斯基摩人和阿留申人的居住地。17～18世纪，俄国人的的“土地开拓者”在白令海峡航行时被风暴吹到这里，于是给它名叫做Alashak或是Alyeska，翻译出来就是“广阔的土地”。俄国发现阿拉斯加后，自18世纪80年代起在此建造居民点。1798年成立俄罗斯美洲公司（俄美公司），独家经营渔猎场并开采矿物。1867年阿拉斯加被沙皇政府卖给美国。1884年以前属美国军事管辖，以后为美国的一个地区。1959年成为美国的第四十九州。

13 阿留申群岛

观光指数：★★★ 推荐等级：★★★★

打开地图，将目光投向太平洋的北部，有一状若上弦月的群岛，自阿拉斯加半岛向西横亘绵延数千公里，与亚洲的堪察加半岛相呼应。这便是被称为“阿拉斯加踏脚石”的阿留申群岛。阿留申群岛是海味的生产地，在这里，可以尝到鲜美的蟹、比目鱼、鲟鱼和绿鲟。由于群岛重要的军事地位和巨大的经济价值，这里被美国人称为“西部三角洲”，还有来自中国、越南、菲律宾的移民。

USA全攻略

地 阿拉斯加州阿留申群岛

电 907-581-2612

交 乌纳拉斯卡有飞机与轮船前往各地

了解点历史掌故

二战期间，日本曾占领阿留申群岛，在岛上修建了大型机场和秘密油库，将其作为后勤补给基地。在1942年的中途岛海战中，日本曾派出航母编队对阿留申群岛实施佯攻。二战后，美国除了在阿留申群岛上修建空、海军军事基地外，还部署了先进的雷达系统，用以监视前苏联堪察加半岛的导弹试验。1969年，美国还拨款1.4亿，把阿留申群岛西端的无人岛——安奇特卡岛辟为世界最大的地下核试验场。

亲历者体验 FOLLOW ME

1 环太平洋山带

群岛是环太平洋火山带（通称环太平洋火环：the Ring of Fire）的一段，属阿拉斯加阿留申山脉半淹没部分。大部分为火山岛，有些火山仍在活动。岸边岩石密布，受海浪冲击而磨蚀，接近极危险。陆地自海岸突起形成险峻、陡峭的山脉。群岛间的主航线有经过乌尼马克（Unimak）、乌姆纳克（Umnak）、阿穆克塔（Amukta）和塞瓜姆（Seguam）等通路。

2 繁荣的景象

昔日一片荒凉的阿留申群岛，经过美国人的辛勤建设，已呈现出一派繁荣景象：一座座新建的水产加工厂飘出阵阵鱼腥味，一排排即将落成的码头正在紧张施工，捕鱼网和捕蟹笼堆积如山。港湾里，千吨级的现代化渔轮穿梭往来，远处锚地里，锚泊着万吨级货轮，推土机和打桩机的呼呼声交织在一起，从空中不时传来飞机的轰鸣声，更增添了喧闹气氛。

凤凰国旅 AIR CHINA TRAVEL 400-810-6806
欲知线路详情请登录 www.51tour.com
500元 代金券 Cash voucher
适用 欧洲、美洲、非洲、澳洲线路
使用说明：
每人仅限用一张优惠券；
特价线路不参与优惠活动；
有效期至2012年12月30日
地址：朝阳区建国路甲92号
世茂大厦A座6层
电话：65812672 65816606
北京凤凰假期国际旅行社有限公司